## 权威·前沿·原创

皮书系列为
"十二五""十三五""十四五"时期国家重点出版物出版专项规划项目

BLUE BOOK

智库成果出版与传播平台

河南省社会科学院哲学社会科学创新工程试点项目

河南蓝皮书
BLUE BOOK OF HENAN

# 河南创新发展报告
（2025）

ANNUAL REPORT ON INNOVATION DEVELOPMENT
OF HENAN (2025)

以科技创新培育和发展新质生产力
Cultivate and Developing New Quality Productive Forces Through
Technological Innovation

主　编／王玲杰　袁金星
副主编／高泽敏　赵晶晶

社会科学文献出版社
SOCIAL SCIENCES ACADEMIC PRESS (CHINA)

**图书在版编目(CIP)数据**

河南创新发展报告.2025:以科技创新培育和发展新质生产力/王玲杰,袁金星主编;高泽敏,赵晶晶副主编.--北京:社会科学文献出版社,2024.12.(河南蓝皮书).--ISBN 978-7-5228-4762-7

Ⅰ.F127.61

中国国家版本馆CIP数据核字第20246FM429号

---

河南蓝皮书

## 河南创新发展报告(2025)

——以科技创新培育和发展新质生产力

| 主　　编 / 王玲杰　袁金星 |
| 副 主 编 / 高泽敏　赵晶晶 |

| 出 版 人 / 冀祥德 |
| 组稿编辑 / 任文武 |
| 责任编辑 / 张丽丽 |
| 文稿编辑 / 张　爽 |
| 责任印制 / 王京美 |

| 出　　版 / 社会科学文献出版社·生态文明分社(010)59367143 |
|       地址:北京市北三环中路甲29号院华龙大厦　邮编:100029 |
|       网址:www.ssap.com.cn |
| 发　　行 / 社会科学文献出版社(010)59367028 |
| 印　　装 / 天津千鹤文化传播有限公司 |

| 规　　格 / 开本:787mm×1092mm 1/16 |
|       印张:19.5　字数:291千字 |
| 版　　次 / 2024年12月第1版　2024年12月第1次印刷 |
| 书　　号 / ISBN 978-7-5228-4762-7 |
| 定　　价 / 128.00元 |

读者服务电话:4008918866

▲ 版权所有 翻印必究

# 河南蓝皮书系列（2025）
# 编委会

**主　任**　王承哲

**副主任**　李同新　王玲杰　郭　杰

**委　员**（按姓氏笔画排序）

　　　　　万银锋　马子占　王宏源　王新涛　邓小云
　　　　　包世琦　闫德亮　李　娟　李立新　李红梅
　　　　　杨　波　杨兰桥　宋　峰　张福禄　陈东辉
　　　　　陈明星　陈建魁　赵西三　赵志浩　袁金星
　　　　　高　璇　唐金培　曹　明

# 主要编撰者简介

**王玲杰** 经济学博士,河南省社会科学院党委委员、副院长,二级研究员。享受河南省政府特殊津贴专家、河南省学术技术带头人、河南省宣传文化系统"四个一批"人才、全省百名优秀青年社科理论人才。主持国家级、省部级社会科学研究项目20余项;发表论文80余篇,出版著作20余部;获得省部级一、二、三等奖多项。多次参与省委、省政府重要政策、重要文件的起草工作,发表多篇政策建议、调研报告、决策咨询报告,其中多项成果被省委、省政府主要领导批示肯定。

**袁金星** 河南省社会科学院创新发展研究所副所长、副研究员。郑州大学硕士生导师。长期从事科技经济、产业经济等相关领域的研究工作。近年来,公开发表各类论文30余篇,出版专著1部,主持完成国家级项目1项、省级项目10余项,获省部级优秀成果奖励6项,省部级以上领导批示10余项。

# 摘　要

2024年是贯彻党的二十大精神的关键之年，是推动"十四五"规划目标任务全面落地的攻坚之年，也是河南"十大战略"蝶变成势的突破之年。一年来，全省深入贯彻落实党中央、国务院关于培育和发展新质生产力的决策部署，坚持把创新摆在发展的逻辑起点、现代化建设的核心位置，以科技创新引领新质生产力发展，抓创新载体、抓高端平台、抓创新主体、抓人才引育、抓配套改革，全省创新能力得到显著提高，创新发展继续保持强劲的进取态势。

《河南创新发展报告（2025）》由河南省社会科学院主持编撰，全书系统深入地分析了2024年河南创新发展的主要态势以及2025年河南创新发展的形势，全方位、多角度地研究和探讨了河南以科技创新培育和发展新质生产力的举措及成效，并对新形势下河南开拓创新发展新局面提出了对策建议。全书运用数据分析、比较研究等多种研究方法，力求内容翔实、分析准确，同时，邀请相关科研院所、高等学校和政府部门的知名专家学者参与研究，深度融入了习近平总书记重要讲话和重要指示批示精神，以期为省委、省政府和各领域各行业提供高质量的决策参考依据。全书分为总报告、分报告、改革篇、专题篇、实践篇五部分。

本书的总报告是关于河南省创新发展的年度分析报告，由河南省社会科学院课题组撰写，是对2024~2025年河南创新发展形势的分析与展望。总报告认为，2024年河南坚定走好创新驱动高质量发展之路，以科技创新引领新质生产力发展，全链条部署、全领域布局、整体性推进，全省科技创新呈现向上向好的发展态势。2025年，面对新一轮科技革命和产业变革的深入发展，河南科技创新将进入由积势蓄能到实现跃升的关键阶段，必须持续抓好科技创新这个"牛鼻子"，深化科技体制机制改革，全面增强科技实力和创新能力，奋力建设国家创新高地和重要人才中心，为推进中国式现代化建设河南实践提供根本支撑。

本书的分报告，主要通过建立相关指标体系和量化模型，运用定量分析与定性分析相结合的研究方法，分别对2024年河南区域科技创新能力以及中部六省主要科技创新指标进行深入的比较分析与研究，并对河南科技创新"十四五"发展成效进行总结、梳理和研究，对"十五五"进行展望。

本书的改革篇主要围绕河南新质生产力发展、科技创新平台建设、教育科技人才体制机制一体改革、以科技成果转化助力新质生产力发展、重大科技基础设施布局，以及加强企业主导的产学研深度融合等问题开展研究，运用文献研究、比较分析等方法，针对改革热点与难点提出发展思路与对策建议。

本书的专题篇针对河南强化企业科技创新主体地位、省管国有企业创新发展、河南研发投入、河南民营高新技术企业发展，以及招才引智创新发展等问题展开研究，运用数据分析、调查研究等方法从多种角度提出推动全省科技创新迈上新台阶的创新思路和相应举措。

本书的实践篇主要围绕中原农谷建设、中原食品实验室高质量发展、河南省科协服务、河南省科技馆建设运营经费保障机制、鹤壁市创新平台助力产业发展的模式等，运用案例分析、实地调研等方法展开分析与研究，为不同领域、不同产业、不同创新平台的发展提出切实可行的战略举措。

**关键词：** 科技创新　新质生产力　河南省

# 目 录

## Ⅰ 总报告

**B.1** 以科技创新引领新质生产力发展
　　——2024~2025年河南省创新发展形势分析与展望
　　………………………………… 河南省社会科学院课题组 / 001

## Ⅱ 分报告

**B.2** 河南省区域科技创新能力评价报告
　　………………………………… 河南省社会科学院课题组 / 020
**B.3** 河南省"十四五"科技创新发展成效及"十五五"展望
　　………………………………… 河南省社会科学院课题组 / 036
**B.4** 中部六省主要科技创新指标比较分析研究
　　………………………………… 河南省社会科学院课题组 / 054

## Ⅲ 改革篇

**B.5** 河南构建新质生产力发展体制机制的着力点研究……… 王　楠 / 072

B.6 河南加快科技创新平台建设对策研究
............................................ 河南省社会科学院课题组 / 086
B.7 河南统筹推进教育科技人才体制机制一体改革研究…… 王元亮 / 106
B.8 河南以科技成果转化助力新质生产力发展对策研究…… 崔　岚 / 115
B.9 河南加快重大科技基础设施布局建设的对策建议……… 胡美林 / 129
B.10 河南加强企业主导的产学研深度融合对策研究 ……… 袁金星 / 142

## Ⅳ 专题篇

B.11 河南省强化企业科技创新主体地位研究 …………… 冯凡栩 / 154
B.12 河南省管国有企业创新发展的做法、成效及建议 …… 都鹤鸣 / 166
B.13 比较视角下河南研发投入的短板及对策建议 ………… 宋正昱 / 177
B.14 制约河南省民营高新技术企业发展的主要因素及突破路径
............................................ 张祝平　钱　鹏 / 193
B.15 河南招才引智创新发展的成效及建议 ………………… 赵晶晶 / 203

## Ⅴ 实践篇

B.16 河南加快中原农谷建设的思考与建议 ………………… 高泽敏 / 213
B.17 中原食品实验室高质量发展的创新实践与对策建议
............................................................ 姚　晨 / 226
B.18 河南省科协服务创新发展的亮点、不足与对策建议
............................................................ 刘建军 / 236
B.19 强化河南省科技馆建设运营经费保障机制研究
............................................ 刘记强　刘国洁 / 248

目 录

B.20 鹤壁市创新平台助力产业发展的三种模式分析
　　　　　　　　　　　……………… 河南省社会科学院鹤壁分院课题组 / 266

Abstract ……………………………………………………………… / 275
Contents ……………………………………………………………… / 278

皮书数据库阅读使用指南

# 总报告

## B.1
## 以科技创新引领新质生产力发展
——2024~2025年河南省创新发展形势分析与展望

河南省社会科学院课题组[*]

**摘　要：** 2024年，河南坚定走好创新驱动高质量发展之路，以科技创新引领新质生产力发展，全链条部署、全领域布局、整体性推进，全省科技创新呈现向上向好的发展态势。2025年，面对新一轮科技革命和产业变革的深入发展，河南科技创新将进入由积势蓄势到实现跃升的关键阶段，必须持续抓好科技创新这个"牛鼻子"，深化科技体制机制改革，全面增强科技实力和创新能力，奋力建设国家创新高地和重要人才中心，为推进中国式现代化建设河南实践提供重要支撑。

---

[*] 课题组组长：王玲杰，河南省社会科学院党委委员、副院长、研究员。课题组成员：袁金星、高泽敏、赵晶晶、冯凡栩、赵雅曼、史璇、王楠、宋正昱。执笔人：袁金星，河南省社会科学院创新发展研究所副所长、副研究员，研究方向为科技经济、区域经济；高泽敏，河南省社会科学院创新发展研究所助理研究员，研究方向为创新政策与创新管理；赵晶晶，河南省社会科学院助理研究员，研究方向为人事人才、科技文化；冯凡栩，河南省社会科学院创新发展研究所科研人员，研究方向为技术经济；赵雅曼，河南省社会科学院创新发展研究所科研人员，研究方向为科技创新管理与评价。

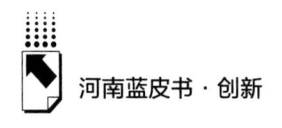

**关键词：** 科技创新　新质生产力　国家创新高地　河南省

# 一　2024年河南创新发展的总体态势

2024年，河南深入贯彻落实党中央、国务院关于培育和发展新质生产力的决策部署，坚持把创新摆在发展的逻辑起点、现代化建设的核心位置，以科技创新引领新质生产力发展，抓创新载体、抓高端平台、抓创新主体、抓人才引育、抓配套改革，全省创新能力得到显著提高，创新发展继续保持强劲的进取态势。

## （一）"两城一谷"成为新引擎

河南省委、省政府着力打造高峰突起、多点支撑的协同创新格局，推动形成了以中原科技城、中原医学科学城、中原农谷为核心的"两城一谷""三足鼎立"科技创新大格局。截至2024年9月，中原科技城累计引进各类高层次人才3300余人，引进高新技术企业664家、科技型企业1233家，建立了一批高能级研发平台，依托省科学院创新平台建设研发实体42家，总数居全国省级科学院首位，引领支撑全省国家创新高地和重要人才中心建设。[1] 中原医学科学城累计引进高层次人才54人、产业拔尖人才2565人、教育医疗人才6481人，6位院士受聘为省医学院首席科学家，引进长江学者、国家杰出青年33人，组建PI团队66个；入驻企业1068家，其中生物医药企业有205家，占航空港区的15.8%，千亿产业集群初步形成；已建成省级实验室1所（中原纳米酶实验室），入驻10个临床研究所，在建5个产业研究院。[2] 目前中原农谷收集保藏各类种质资源8.2万份，集聚了58家省

---

[1]《创新为要起高峰（礼赞新中国　出彩大中原·郑州篇）》，《河南日报》网站，2024年10月1日，https://www.hnsjb.cn/content/dianzibao/henanribao/20241001/1163259.html。

[2]《建设一周年，中原这座"城"有何新面貌？》，大河财立方，2024年7月15日，https://t.10jqka.com.cn/pid_370755582.shtml。

级以上创新平台，引育种业科研团队49支、种业领域各类人才390余人，招引种业龙头企业82家，建成服务平台4家，建立国家首个生物育种产业创新中心、神农种业实验室、中国农科院中原研究中心、省农作物种质资源保护利用中心等一批创新平台，中原农谷种子质量检验检测中心、中原农业科技成果转化交易中心已经挂牌。[①]"三足鼎立"科技创新大格局迈入新纪元，引领带动全省实现动能之变、结构之变、质量之变的核心引擎作用愈加凸显。

## （二）科创平台质效得到新提升

科创平台是创新活动开展和经济发展的关键支撑，河南聚焦科创平台建设，不断跑出科创平台"加速度"。2024年2月，蓝天实验室等4家省实验室和中原人工智能产业技术研究院等5家省级产业技术研究院集中揭牌，标志着河南在科创平台建设方面迈出新步伐。短短两年，河南省实验室实现从"0到20"的历史性跨越（见表1）；2024年重组入列7家、新建6家全国重点实验室，高能级科创平台实现量的突破；布局41家产业研究院，注重创新链、产业链的深度融合。[②] 截至2024年10月，河南已建设国家级创新平台172家、全国重点实验室13家、国家级工程技术中心10家、省实验室20家、省级重点实验室255家、省级新型研发机构156家、省级工程技术研究中心3842个、省技术创新中心24家（见图1）。[③] 此外，2024年河南拟认定810家工程技术研究中心，涵盖电子信息、先进制造与自动化、新能源与交通等领域，拟培育28家绿色技术创新示范企业（基地）。[④] 全省科创平台加速落子布局，逐渐成为新质生产力的"苗圃"，体现出全省越发浓厚的创新底色。

---

[①] 《农谷上新　种企升级》，河南省人民政府网站，2024年9月13日，https：//www.henan.gov.cn/2024/09-13/3063100.html。
[②] 《河南之变　悄然有成》，"金台资讯"百家号，2024年7月29日，https：//baijiahao.baidu.com/s?id=1805869757815795422&wfr=spider&for=pc。
[③] 数据来源：河南省科学技术厅。
[④] 《央媒看河南｜拟认定810家工程技术研究中心河南加速推进省级创新平台建设》，河南省人民政府网站，2024年1月23日，https：//www.henan.gov.cn/2024/01-23/2890979.html。

表1 河南省实验室名单

| 序号 | 实验室名称 | 所在城市 |
| --- | --- | --- |
| 1 | 嵩山实验室 | 郑州 |
| 2 | 神农种业实验室 | 总部新乡、注册地郑州 |
| 3 | 黄河实验室 | 郑州 |
| 4 | 龙门实验室 | 洛阳 |
| 5 | 中原关键金属实验室 | 总部郑州、基地三门峡 |
| 6 | 龙湖现代免疫实验室 | 郑州 |
| 7 | 龙子湖新能源实验室 | 郑州 |
| 8 | 中原食品实验室 | 漯河 |
| 9 | 天健先进生物医学实验室 | 郑州 |
| 10 | 平原实验室 | 新乡 |
| 11 | 墨子实验室 | 郑州 |
| 12 | 黄淮实验室 | 郑州 |
| 13 | 中州实验室 | 郑州 |
| 14 | 牧原实验室 | 南阳 |
| 15 | 中原纳米酶实验室 | 郑州 |
| 16 | 尧山实验室 | 平顶山 |
| 17 | 蓝天实验室 | 安阳 |
| 18 | 龙都化工新材料实验室 | 濮阳 |
| 19 | 中原电气实验室 | 许昌 |
| 20 | 大别山实验室 | 信阳 |

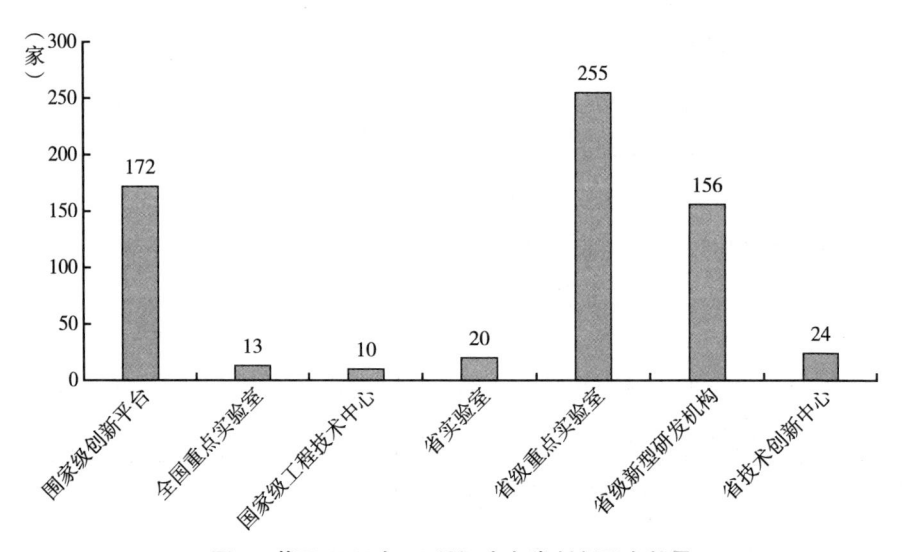

图1 截至2024年10月河南各类创新平台数量

国家级创新平台 172
全国重点实验室 13
国家级工程技术中心 10
省实验室 20
省级重点实验室 255
省级新型研发机构 156
省技术创新中心 24

资料来源：河南省科学技术厅。

## （三）关键技术攻关涌现新成果

关键核心技术是衡量一个国家或地区科技水平、创新能力的重要指标，近年来河南勇攀技术高峰，在多个产业领域涌现出一大批关键技术成果。2024年6月召开全省科技大会，对2023年度全省获得的15项国家科学技术奖进行表彰，标志着全省关键技术取得历史性重大突破。截至2023年，全省共有78项省重大科技专项通过验收，研制开发的集成电路用超纯化学品、多波长数字光刻照明及曝光系统等，打破国外长期垄断；研发制造世界首台硬岩泥水平衡顶盾机，巩固了河南在盾构领域的领先优势；研制出世界首台252千伏真空环保断路器，核心技术国际领先；芝麻新品种"豫芝NS610"填补了国内宜机收芝麻品种的空白，有望实现我国芝麻主推品种更新换代。[①] 2024年上半年在关键技术攻关上河南又有新突破，比如中原食品实验室突破关键技术16项，发布代表性成果36项，为280余家企业提供技术服务380余次；龙门实验室围绕芯片制造"卡脖子"问题，重点攻克了高纯度电子级多晶硅制造工艺等关键核心技术[②]，体现了河南在科技创新方面的实力。据统计，2024年上半年全省技术合同成交额达884亿元，同比增长45%，相比2023年全年全省技术合同成交额（1367.4亿元），成功实现时间、任务"双过半"目标（见图2）。一系列关键核心技术的攻关突破为河南科技实力从量的提升迈向质的飞跃、从点的突破迈向系统能力提升提供了强有力的支撑。[③]

## （四）企业主体培育取得新进展

创新主体是推动创新创造的生力军，河南不断强化企业科技创新主体地

---

[①] 《中国人民政治协商会议第十三届河南省委员会第二次会议第1320360号提案及答复》，河南省科学技术厅网站，2024年9月5日，https://kjt.henan.gov.cn/2024/09-05/3059154.html。

[②] 《中原食品实验室获评中国商业联合会休闲食品营养健康重点实验室》，河南省人民政府网站，2024年7月24日，https://www.henan.gov.cn/2024/07-24/3026246.html。

[③] 数据来源：河南省科学技术厅网站。

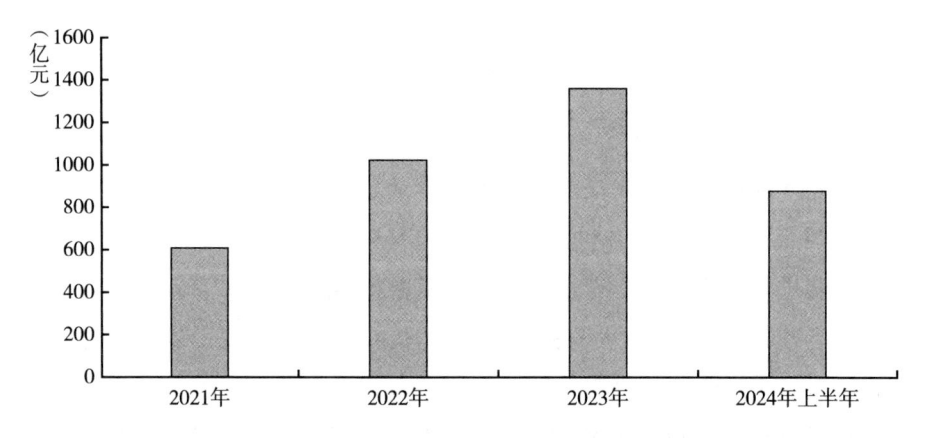

**图 2　2021 年至 2024 年上半年河南技术合同成交额**

资料来源：河南省科学技术厅。

位，培育企业主体，创新创造生力军队伍不断发展壮大。一方面，持续优化创新型企业梯次培育机制，大力实施创新型企业树标引领行动。截至2024年4月，全省共建设28家创新联合体，培育创新龙头企业116家，认定头雁企业100家、国家级专精特新"小巨人"企业394家、省级专精特新中小企业2762家（见图3），超聚变、华兰疫苗、致欧科技等5家企业进入胡润全球独角兽榜。[①] 全省已培育"瞪羚"企业454家、高新技术企业1.2万家、国家科技型中小企业2.6万家，规模以上工业企业研发活动"四有"（有研发机构、有研发人员、有研发经费、有产学研合作）覆盖率达72.7%。[②] 另一方面，加强科技金融支持，为企业主体"输血补气"。全省不断强化企业创新主体地位，2021~2023年，省财政累计拨付21.96亿元用于企业研发投入补助和高新技术企业认定奖补，高新技术企业享受所得税优惠67.85亿元，落实企业研发费用加计扣除额达1422.45亿元，特别是为更好地解决科技型企业"融资难、融资贵"的问题，大力发展科技贷业务。截至2024年上半年已

---

[①] 数据来源：河南省科学技术厅网站。
[②] 《梯次培育创新型企业！河南省启动科技型中小企业申报入库工作》，河南省人民政府网站，2024年7月23日，https://www.henan.gov.cn/2024/07-23/3025779.html。

累计为科技型企业贷款211.6亿元。① 创新型企业队伍的不断壮大增强了河南以科技创新引领产业创新、加快形成新质生产力的内生动力。

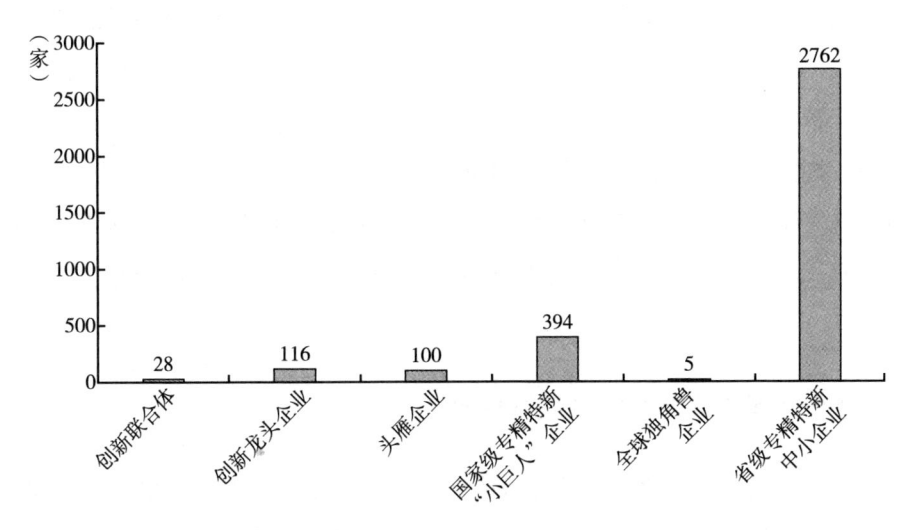

**图3 截至2024年4月河南创新型企业数量**

资料来源：河南省科学技术厅。

## （五）高新技术产业实现新跃升

高新技术产业的崛起是科技创新的重要推手，河南抢抓新一轮科技革命和产业变革的历史性机遇，以科技创新引领产业创新，高新技术产业实现新跃升。2024年上半年，河南高技术制造业、工业战略性新兴产业增加值同比分别增长14.3%、7.7%；全省工业战略性新兴产业、高技术制造业增加值占全省规模以上工业总产值的比重分别为22.4%、12.0%；集成电路、锂离子电池、光电子器件产量分别增长11.8倍、54.1%、14.1%；全省计算机通信和其他电子设备制造业增加值增长18.7%，服务器、电子计算机整

---

① 《河南培育科技型中小企业2.6万家 累计为科技型企业贷款211.6亿元》，东方财富网，2024年9月20日，https://finance.eastmoney.com/a/202409203187169836.html。

机产量分别增长100.2%、46.1%。① 根据《工业和信息化部关于2024年度中小企业特色产业集群名单的通告》，巩义市高精铝制造产业集群、信阳市平桥区绿色家居产业集群、鹤壁市淇滨区商业卫星装备制造及应用产业集群，成为国家级中小企业特色产业集群。特别在前瞻布局未来产业方面，围绕人工智能和先进计算、量子科技等重点产业和技术领域，推进中原量子谷建设，持续打造算力高地，算力指数排名跃升至全国第9位。高新技术产业的跃升表明河南科技创新的"关键变量"正在激活现代化产业体系的"最大动量"，有效促进了全省产业结构的优化升级、推动了新质生产力的形成。

### （六）科技人才集聚构筑新高地

创新之道，唯在得人。河南坚持把人才引育作为基础性、战略性工程，不断强化科技人才引育工作，推动科技人才集聚成效凸显。自《关于加快建设全国重要人才中心的实施方案》实施以来，河南出台"1+20"一揽子人才引进政策，着力构建具有河南特色的人才发展雁阵格局。

2021~2023年，全职在豫两院院士新增26人；入选国家级、省级重点人才项目的高层次人才新增1033人次；全省高校数量增至174所，在校生达305.5万人，均居全国首位；累计引进顶尖人才30人、领军人才387人、博士及博士后1.6万人，全省人才总量超过1410万人，新增两院院士6人。截至2024年9月，全省已有在豫两院院士47人，获国家杰出青年、优秀青年资助17人，总数达到70人，中原学者、中原科技创新领军人才、科技创新青年拔尖人才、博士后创新人才分别增加24人、105人、109人、75人。② 此外，全省持续加大人才引进力度，强化人才、产业供需匹配。2024年9月成功举办第七届中国·河南招才引智创新发展大会，引进高

---

① 数据来源：河南省统计局。
② 《筑牢中原更加出彩的人才支撑》，河南省人民政府网站，2024年9月8日，https://www.henan.gov.cn/2024/09-08/3060239.html。

层次人才，发布《2024年"人人持证、技能河南"稳规模优结构增实效建设工作方案》，提出2024年全年力争完成职业技能培训200万人次以上，并精准实施"十大专项"行动，紧密对接"7+28+N"产业链群，大规模培养新质生产力发展、传统产业转型升级、战略性新兴产业培育壮大急需的紧缺中高级技能人才、大国工匠。全省科技人才的加速集聚使得创新成果不断涌现，带动了创新活动的蓬勃发展，为新质生产力的形成提供了坚实的智力支撑。

### （七）"三位一体"改革迈出新步伐

河南持续推进创新发展综合配套改革，旨在通过推进教育、科技、人才"三位一体"改革，激发创新创造活力。2024年9月18日召开全省教育大会，强调深入推进高校"三个调整优化"，积极实现河南高等教育起高峰。截至2024年上半年，全省省属高校的89个和5个学科分别进入ESI全球前1%和1‰，分别位居全国各省份省属高校的第5位和第4位，博士硕士高校和学位点立项建设取得历史性突破，新增2所博士高校、4所硕士高校和44个博士点、210个硕士点，并加强学科专业与产业需求对接，对接"7+28+N"产业链群培育。[1] 破除科技体制藩篱，推进科技体制改革。河南在全国率先成立科技创新委员会，机构改革后调整为省委科技委，先后召开21次会议，仅2024年就召开了7次会议，有力加快科技创新和制度创新"双轮驱动"。创新体制机制，在全国率先为科研机构"量身立法"，打造《河南省科学院发展促进条例》《河南省医学科学院发展促进条例》，将制度优势转化为竞争优势。持续深化人才发展体制机制改革，聚焦人才管理、集聚、评价和激励机制等重要领域和关键环节精准施策。举办中国·河南招才引智创新发展大会，累计签约各类人才数十万人，落地高质量人才项目数千个，坚持"破四唯"与"立新标"并举，推动科研经费管理制度改革，实行重大科研课题"揭榜挂帅"、科研经费"包干制"、首席专家负责制。"三位一

---

[1] 《积极推进"三个调整优化" 河南高等教育起高峰》，河南省人民政府网站，2024年9月20日，http：//m.henan.gov.cn/2024/09-20/3065018.html。

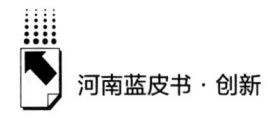

体"改革的纵深推进，推动全省教育、科技、人才更加紧密地融合与协同发展，充分释放了全省创新动力、活力、潜力。

与此同时，也要清醒地认识到，河南科技创新整体实力不强、引领带动能力不足的基本面还没有得到根本改变。比如原始创新能力依然薄弱，关键核心技术攻关能力不强；高能级创新平台、重大科技基础设施较少，国家实验室仍未取得突破；创新主体实力不强，创新型领军企业数量还不够多；高端创新人才团队匮乏，以两院院士为代表的顶尖人才还有较大的提升空间；科技成果转化和产业化水平不高，产业链、创新链深度融合有待进一步推进。为此，河南以科技创新引领新质生产力发展仍需举非常之力、用非常之策、下非常之功。

## 二 河南创新发展向"新"向"好"原因分析

### （一）党对科技事业的领导坚强有力

坚持党的领导，是推进新时代中国特色社会主义事业的根本保证。河南不断加强党对科技事业的全面领导，在全国率先成立科技创新委员会，由省委书记和省长任双主任，机构改革后调整为省委科技委，围绕集聚顶尖人才和一流团队、建设高能级科研平台以及聚焦"卡脖子"技术、关键共性技术、颠覆性技术凝练一流课题、产出一流成果，谋划确立重大制度安排、重大科技政策、重大战略规划、重大建设项目，统筹解决全省全局性、长远性的重大科技创新问题。成立省"十大战略"工作领导小组，下设"第一战略"工作专班，建立"月总结、季调度、年报告"制度和省委督查委常态督导机制，以抓铁有痕的力度推动中央和省委重大科技创新决策部署落地见效。牵头开展创新生态评估和"十四五"规划实施中期评估，服务保障省委决策咨询。此外，健全部门间横向沟通、省市县纵向联动工作机制，探索建立科技服务综合体，加强对高校、科研院所、企业等创新主体的常态化服务，形成协同高效推进科技创新的良好局面。

## （二）科技创新政策体系不断健全

河南省委、省政府先后召开全省教育科技创新大会暨人才工作会议、创新发展综合配套改革大会和全省科技工作会议，打出科技创新和制度创新"组合拳"。颁布实施《河南省创新驱动高质量发展条例》《郑洛新国家自主创新示范区条例》《河南省科学院发展促进条例》，制定出台《河南省"十四五"科技创新和一流创新生态建设规划》《实施创新驱动、科教兴省、人才强省战略工作方案》《河南省创新发展综合配套改革方案》等政策措施，绘就建设国家创新高地的"规划图"、"路线图"和"施工图"。2024年，河南省人民政府办公厅发布《推动科技金融增量扩面降价提质工作方案》和《推动科技型企业利用资本市场高质量发展工作方案》，为扩大全省科技金融总量、降低科技型企业融资成本和促进科技型企业高质量发展提供根本遵循。同时，河南省科学技术厅、河南省财政厅联合印发《河南省新型研发机构备案和绩效考核办法》《河南省中试基地绩效考核办法（试行）》《郑洛新国家自主创新示范区协同创新券管理办法（试行）》等文件，为科技创新平台载体高质量发展提供科学依据。政策密度之大、推动力度之强前所未有，推动河南新时期科技创新政策体系不断健全。

## （三）财政对创新的支撑愈加稳固

河南坚决落实省委、省政府决策部署，优先保障"第一战略"，为加快国家创新高地建设提供了坚实支撑。一方面，全省财政科技支出保持增长态势。近年来，河南坚持"日子保基本、调结构保战略"，将科技创新作为重点支出优先保障，持续加大科教投入力度，财政科技支出连续突破300亿元、400亿元大关，2023年达到463.8亿元。自2020年以来，财政科技支出年均增长22.2%，远高于一般公共预算支出，继续保持强劲增长态势。财政科技支出占一般公共预算支出的比重从2021年的3.37%上升到2023年的4.19%，提高0.82个百分点。此外，积极构建多元投入机制，新兴产业投资引导基金、创业投资引导基金和科技研发联合基金陆续启动实施，引导推动市县落实科技投入责任，形成各方力量共同投入的创新合力。另一方面，财政将资金"精准"投向科技攻关重点领域。聚焦支持新型研发机构、重大科创项目、企业科技研发和一流创新人才，推动全省科技力量实现"大突破"。2024年，省财政安排省级创新生态支撑专项资金1.93亿元，用于产业研发联合基金项目实施和全国重点实验室、国家级及国家联合工程实验室、国家企业技术中心等奖补，不断提升创新能力；下达3.6亿元资金支持科技创新，重点支持科研项目研发、企业创新创业和"三区"科技人才发展等，为全省创新发展提供坚实的财政支撑。

### （四）一流创新生态加快营造

构建一流创新生态是创新发展向"新"向"好"的关键支撑。近年来，河南持续推进创新发展综合配套改革，中原科技城、中原医学科学城、中原农谷"三足鼎立"科技创新大格局已初步形成。先后实施科研经费"包干制"、"直通车"、顶尖领衔科学家负责制等试点，构建了以创新价值、能力、贡献为导向的科技人才评价体系，河南保护创新、激励创新的制度环境不断优化，科研主体、科研人员创新活力得到有效释放，创新活力十足。2024年，河南在此基础上进一步加大改革力度，着力推动教育、科技、人才一体化融合发展，完善"两城一谷"和科创平台高质量运行体制机制，创新院地、院企、院校科研合作模式，强化企业科技创新主体地位，采取"编制待遇在高校院所、工作在企业"模式，向企业试点选派"科技副总"，试点惠企财政经费"直通车"制度，深化高校与科研院所管理体制机制改革，持续优化人才发展"大生态"和用人单位"小气候"等，全省已形成尊重创新、崇尚创新、鼓励创新的浓厚氛围。

## 三 2025年河南创新发展面临的新形势、新要求

### （一）国际层面：国际格局调整叠加科技革命和产业变革

从国际层面来看，当今世界正处于百年未有之大变局，世界局势愈加复

杂多变。俄乌冲突爆发后，国际格局加速调整和演变，国家关系更加错综复杂，国际竞争日益激烈，各国都在寻求新的国际定位，谋求更多的战略自主权。此外，中美博弈已成为国际局势中的重要一环。与之相伴的是，新一轮科技革命和产业变革加速演进，前沿科学技术与产业发展加速融合，全球科技创新空前活跃，颠覆性创新竞相涌现，各国争相围绕科技创新、产业创新高地布局新赛道。国际格局的调整和科技革命、产业变革的叠加，对河南科技创新提出新要求，河南要应势而动，增强核心科技攻关能力，提升原始创新能力，提高科技创新水平，面向世界科技前沿、产业前沿，完善各领域科技创新、产业升级的战略布局。

### （二）国家层面：进入创新支撑高质量发展的破题攻坚期

从国家层面来看，中国已进入创新支撑高质量发展的破题攻坚期。党的二十届三中全会指出："高质量发展是全面建设社会主义现代化国家的首要任务。"中国的高质量发展离不开科技创新的支撑，中国式现代化的关键在于科技现代化，而科技现代化的关键在于更高水平的科技自立自强。迈向新征程，我国比历史上任何一个时期都更加需要科技创新，在推动经济高速发展、培育新质生产力、增进民生福祉等实践中都需要科技创新"破题攻坚"。党的二十届三中全会指出："必须深入实施科教兴国战略、人才强国战略、创新驱动发展战略，统筹推进教育科技人才体制机制一体改革。"这些重大战略部署对河南提出了新要求，河南要全力走好创新驱动高质量发展"华山一条路"，不断加强教育、科技、人才之间的协同联动，持续深化教育、科技、人才发展体制机制改革，不断提升创新发展的质效与活力，构建较为完善的创新体系。

### （三）省域层面：创新已成为决定区域竞争力的关键变量

从省域层面来看，创新已成为决定区域竞争力的关键变量，提升区域竞争力的关键在于提升区域创新能力。一方面，河南在科技创新层面取得了显著成效，财政科技投入、全社会研发投入大幅增长，创新产出能力明显提升，创新主体、创新平台不断取得突破，形成了中原科技城、中原医学科学城、中原农谷"三足鼎立"科技创新大格局。另一方面，河南在创新驱动高质量发展中与发达省份相比仍存在一定的差距，表现在科技创新整体实力不强、原始创新能力薄弱、关键核心技术攻关能力薄弱上，高精尖创新人才团队匮乏，科技成果转化和产业化水平不高，全社会推动科技创新的合力尚未完全形成。在这种形势下，河南要根据现实情况补短板、强弱项，要加快建设具有全国影响力的国家区域科技创新中心，优化区域创新布局，加强区域间科技创新合作，形成区域创新的增长极，把创新这个"关键变量"变成"主要增量"。

### （四）发展趋势：创新活动的组织、技术边界全面融合

从发展趋势来看，创新活动的组织与技术边界正在全面融合。当前，科技范式已发生变革，创新活动向数据密集型及网络化、集成化等方向转型。创新模式更多依赖技术场景和应用导向，创新活动的组织与技术边界不断融合，更多的创新活动由多个创新主体的协同联动、互助合作完成。科技研发与市场应用的联系更加紧密，成果转化成为科技创新的关键环节，市场需求对科技研发的倒逼作用更加突出，成为影响"科技突破"的关键因素。河南要全面把握科技创新发展的新趋势，加强产学研用的深度融合，发挥企业作为"出题者"的作用，发挥高校、科研院所作为"做题者"的优势，提高产学研用的合作效率，培育新优势，推动产业发展全链贯通，攻克关键核心技术。

### （五）具体领域：主要学科领域和行业正在加速变革

从具体领域来看，主要学科领域和行业正在加速变革，人工智能、物联网、区块链等技术的研发应用加快了信息技术领域的变革，合成生物学、基因编辑等技术的突破应用加速了生命科学领域的变革，航天科技、海洋科技加速了人类生存空间的变革，数字化、新材料等先进制造技术加快了传统制造业向数字化制造业转型的步伐，科技创新推动了相关学科和相关行业

的发展。面对科技创新发展的新趋势，河南要紧跟时代发展潮流，加快人工智能、物联网、生物医学、量子科技、基因编辑、新材料等新兴学科与科技创新前沿学科的建设，培养一大批具有国际竞争力的科技创新人才，加快传统制造业数字化、智能化、绿色化转型升级，加快战略性新兴产业和未来产业布局。

## 四 加快河南创新发展的对策建议

习近平总书记强调，"发展新质生产力是推动高质量发展的内在要求和重要着力点"，"必须继续做好创新这篇大文章，推动新质生产力加快发展"。[①] 面对新形势新要求，只有以科技创新为战略引领，加快发展新质生产力，才能不断释放发展新动能、开辟发展新赛道、塑造发展新优势，形成河南经济高质量发展的不竭动力。

### （一）全面深化科技体制机制改革

党的二十届三中全会明确提出，"构建支持全面创新体制机制"，并对"深化科技体制改革"做出系统部署。中国共产党河南省第十一届委员会第七次全体会议进一步提出，"推进创新发展综合配套改革"。为此，要牢牢把握党中央关于新时期进一步深化科技体制机制改革的实践基础和总体安排，按照省委要求，坚持目标导向、问题导向、结果导向，构建与发展新质生产力相适应的科技创新体制机制。一是深化科技管理体制改革。进一步整合全省创新资源，优化创新资源配置，加强对基础研究领域、交叉前沿领域和重点领域的前瞻性、引领性布局，加强对新一代信息技术、新能源、新材料、生物制造等战略性新兴产业、未来产业的战略性、引领性布局。二是深化重大科技创新组织机制改革。坚持"四个面

---

① 《习近平：发展新质生产力是推动高质量发展的内在要求和重要着力点》，中国政府网，2024年5月31日，https://www.gov.cn/yaowen/liebiao/202405/content_6954761.htm。

向"，强化关键核心技术攻关，健全"7+28+N"重点产业链群发展体制机制，全链条推进技术攻关及成果应用。三是深化科技成果转化机制改革。重点在职务科技成果单列管理、技术转移人才评价和职称评定制度、高校与科研院所收入分配制度等方面展开积极探索，促进科技创新与产业创新深度融合。

### （二）巩固"三足鼎立"科技创新大格局

"两城一谷"是河南紧抓全国新一轮战略科技力量布局机遇，全力建设国家创新高地和重要人才中心的战略性制度安排，是全省科技创新的最强策源地。一是围绕打造环科学院创新生态圈，充分发挥省科学院、中原科技城、国家技术转移郑州中心一体化发展优势，全面加强前沿基础研究、关键核心技术攻关，提升原始创新能力，产出更多原创性、颠覆性科技成果，为新质生产力提供源源不断的科技支撑。二是围绕打造环省医学科学院创新生态圈，依托"一院一城一产业集群"，聚焦前沿交叉领域，特别是脑科学、生物医学、人工智能、合成生物、多靶标组合药物等领域的创新突破，系统推进生物医药核心技术链与产业创新链的协调发展，以科技创新与产业创新融合促进新质生产力发展。三是围绕打造环国家生物育种产业创新中心创新生态圈，聚焦生物育种科技创新，优化全省农科教、育繁推资源的布局，做强做大种业"芯片"，全面助力农业新质生产力发展。与此同时，要积极建立健全"两城一谷"融合发展协调机制，统筹推动"两城一谷"联动发展，确保"三足鼎立"科技创新大格局在引领、带动全省创新发展中发挥更大作用。

### （三）持续壮大国家战略科技力量

国家战略科技力量是国家创新体系的重要组成部分，是实现科技自立自强、支撑现代化产业体系建设的重要保障。《中国区域创新能力评价报告2023》显示，河南区域创新能力在全国的排名上升至第13位，应进一步强化国家战略科技力量的牵引作用，为河南加快发展新质生产力提供动能。一是积极对接国家重大科技任务实施、战略科技力量建设，加强对国家战略科技力量培育的统筹谋划。健全全国重点实验室、省实验室、省级重点实验室协同创新体系，建立有利于协同创新的组织管理模式和运行机制，力争在省实验室跻身国家实验室或全国重点实验室行列方面有所突破。二是深化科研院所改革，健全现代科研院所制度，强化其作为创新策源地的带动作用，建成一批突出国家使命、承担关键核心技术的高水平新型研发机构，提升国际战略科技力量的引领能力。三是促进国家战略科技力量与河南产业科技创新协同发展，优化重组省级重点实验室，构建新型基础设施等科技资源开放共享体制机制，鼓励科技领军企业成为国家战略科技力量。四是积极布局建设大科学装置。聚焦科技前沿和全省发展所需，争取国家大科学装置在河南布局，使河南在服务"国之大者"的硬实力方面有新突破；抓好重大科学基础设施项目建设，推进超短超强激光平台、国家超算互联网核心节点工程建设等，力争早日产出一流创新成果。

## （四）进一步巩固企业科技创新主体地位

企业不仅是科技创新的核心力量，也是新质生产力发展的重要参与者和推动者。与深圳等发达地区相比，河南独角兽企业较少，高新技术企业数量与其作为经济大省的地位不匹配，企业整体创新能力不强。一是在制度上强化企业的科技创新主体地位。加快构建企业主导、产学研深度融合的创新体系，提高企业在科技创新资源配置中的主导权，特别是发挥领军企业的主导作用，推动各类企业在技术决策、研发投入、科研组织、成果运用上成为真正的主体；要支持企业申报国家级、省级重大科技项目，促进资金、技术、人才等创新要素向企业集聚，引导企业向创新链前端发力。二是在政策上强化企业的科技创新主体地位。发挥企业在产学研中的主导角色，通过产业基础再造、首台（套）、创新产品、场景开放、企业牵头组建创新联合体等多种方式支持企业创新，使企业成为从源头创新到成果产业化"创新循环"的核心。三是在环境上强化企业的科技创新主体地位。积极搭建创新中心、技术中心、工业设

计中心和新型工业技术研究机构等高水平产业科技创新平台网络，汇聚产业链上下游创新资源，大力弘扬企业家精神，加强知识产权保护，营造公平竞争的市场环境。

### （五）精准打造引才育才留才培才全链条

人才驱动是新质生产力的本质要求。随着人工智能、大数据、量子科技、生物医药等蓬勃兴起，人才作为科技创新第一资源的特征和作用更加突出，必须紧扣人才的引育留用全链条精准发力，以"引"为先、以"育"为本、以"留"为重、以"用"为要，夯实科技创新引领新质生产力发展的人才基础。一是制定出台以《关于加快建设全国重要人才中心的实施方案》为引领，涵盖引才措施、推进机制、配套服务等各环节的"1+20"一揽子人才引进政策措施，以重大平台、重要学科、重大产业为依托，打好"老家牌""特色牌""创新牌"，处理好"所需"与"所求"的关系，引进、培育一大批战略科学家、科技领军人才、卓越工程师、大国工匠和高技能人才，全力建设全国重要人才中心。二是深入实施创新驱动、科教兴省、人才强省战略，以深化改革为动力，畅通教育、科技、人才良性循环，从政策供给、资源配置、评价考核、协调机制等方面，深化产教融合、校企合作，构建创新链、产业链、人才链一体化大格局。三是打造全方位人才服务体系，提高人才服务专业化能力，充分关注人才的社会属性，注重人岗相宜、人事相宜，增强人才对城市的认同感和归属感，吸引高校毕业生、海内外高层次人才等各类人才来豫就业创业。

### （六）拓展科技创新开放合作广度和深度

习近平总书记强调，要扩大高水平对外开放，为发展新质生产力营造良好国际环境。[①] 科技进步是世界性、时代性课题，开放合作是科技创新的底

---

[①] 《为发展新质生产力营造良好国际环境 稳步扩大制度型开放（新知新觉）》，"环球网"百家号，2024年5月17日，https：//baijiahao.baidu.com/s? id = 1799291096658487942&wfr = spider&for = pc。

色，培育和发展新质生产力离不开科技创新的有力支撑。一是积极融入全球科技创新网络。发挥好河南历史人文、区位交通、制造业基础等优势，积极参与共建"一带一路"科技创新行动，支持科技、教育领域的国际交流，支持企业加强与国际高端供应链厂家的合作，借力提高创新起点、补齐创新短板。二是加强与京津冀、长三角、粤港澳大湾区等国内创新高地的合作。打破制约知识、技术、人才等创新要素流动的壁垒，支持省内高校、企业、科研院所等加强与先进地区的技术交流与合作，推动科技联合攻关、资源共享、成果协同转化。三是拓展对外交流合作空间。持续提升中原城市群、郑州都市圈等对外开放的层次和能级，提升各类战略平台、园区平台、活动平台等开放平台体系能级，引导更多科研成果率先在河南就地产业化、市场化，以高水平开放支撑高水平创新。

### 参考文献

本报评论员：《谱写新时代更加出彩的科创篇章》，《经济日报》2024年9月26日。
郑波等：《中原焕新》，《经济日报》2024年9月25日。
任伟等：《河南省级重点实验室建设现状与投入产出绩效评价研究》，《河南科学》2024年第9期。
张毅力：《走出科技创新"华山一条道"》，《科技日报》2024年8月19日。
马正兰：《向"新"而行提"质"赋能以新质生产力打造发展新优势》，《中国煤炭工业》2024年第6期。

# 分报告

## B.2 河南省区域科技创新能力评价报告

河南省社会科学院课题组*

**摘　要：** 2024年，党的二十届三中全会和中国共产党河南省第十届委员会第七次全体会议胜利召开，河南省贯彻党中央决策部署，坚持以新发展理念引领改革，扎实推进中国式现代化建设河南实践。在此背景下，本报告借鉴现有区域科技创新能力评价相关成果，遵循科学性、系统性和客观性原则，构建了包括5个一级指标、27个二级指标的河南省区域科技创新能力评价指标体系，并结合相关数据对全省17个省辖市和济源示范区科技创新能力展开评价。结果表明，郑州市、洛阳市、新乡市、焦作市、南阳市和漯河市的科技创新能力综合得分处于领先地位。在以科技创新培育和发展新质生产力的过程中，河南省要以坚持科技创新和体制机制创新"双轮驱动"、推动产业链与创新链深度融合、加快创新资源要素配置、构建高质量区域创新体系为抓手，全面提升河南省区域科技创新能力。

---

\* 课题组组长：王玲杰，河南省社会科学院党委委员、副院长、研究员。课题组成员：袁金星、高泽敏、都鹤鸣、赵雅曼、史璇、王楠、曹书睿。执笔人：赵雅曼，河南省社会科学院创新发展研究所研究人员，研究方向为科技创新管理与评价。

**关键词：** 科技创新能力　高质量区域创新体系　河南省

科技是第一生产力，科技创新是人类社会发展的重要引擎，在推动生产要素创新性配置、促进产业转型升级和高质量发展方面发挥关键作用。新质生产力更加强调科技创新的引领作用，科技创新能够催生新产业、新模式、新动能，成为发展新质生产力的核心要素。河南省坚决贯彻习近平总书记关于科技创新的重要论述，把创新摆在发展的逻辑起点、现代化河南建设的核心位置，大力实施创新驱动、科教兴省、人才强省战略，加快构建一流创新生态，建设国家创新高地和重要人才中心。基于此，聚焦省辖市层面持续开展河南省区域科技创新能力评价研究，有利于准确把握河南省科技创新综合能力和地区差异，对贯彻落实创新驱动发展战略、因地制宜发展新质生产力具有重要作用。

## 一　2024年河南省区域科技创新能力评价指标体系

在充分借鉴已有研究的基础上，课题组延续上年建立的河南省17个省辖市和济源示范区科技创新能力评价指标体系框架，并立足新质生产力发展和中国式现代化建设河南实践的目标与要求，构建了2024年河南省区域科技创新能力评价指标体系。

### （一）评价指标体系构建

从现有文献来看，严晗、朱启贵和李旭辉（2023）立足我国科技创新新阶段，从创新环境、创新投入、创新产出、企业创新和创新绩效5个维度入手构建我国区域科技创新高质量发展综合评价指标体系，对2012~2022年我国科技创新发展水平、特征和趋势进行评估。潘涛、王丽华和郭芳辰（2022）从科技服务业与先进制造业协同视角出发，构建了区域创新能力评价指标体系，并对我国区域创新能力进行测度和比较。也有不少学者针对省域范围内的科技创新能力开展评价研究。如郑夏雪、李文梅和陈铖（2024）从科技创新环境、区域创新投入、科技成果产出、科技企业创新、科技创新促进社会经济发展5个方面入手对2018～2021年福建省各设区市的科技创新情况进行评价。张可等（2023）从创新投入、创新产出、企业创新、创新绩效和创新环境5个方面入手，构建吉林省区域科技创新能力评价指标体系。陈婷、程跃（2023）基于投入产出视角，围绕科技创新投入、研发、产出以及支撑能力4个维度构建评价指标体系，对广西各城市科技创新能力及其空间差异特征进行研究。从实践层面来看，科学技术部、中国科学技术信息研究所发布的《国家创新型城市创新能力评价报告2023》从创新治理力、原始创新力、技术创新力、成果转化力、创新驱动力五大维度入手，对创新型城市进行综合评价。河南省科技情报中心在河南省科学技术厅和中国科学技术发展战略研究院科技统计与分析研究所的指导下，发布了《河南省区域科技创新评价报告2024》，主要从科技创新环境、科技活动投入、科技活动产出、高新技术产业化和科技促进经济社会发展5个方面入手，对全省17个省辖市和济源示范区科技创新水平进行评价和分析研究。

上述研究成果为课题组开展河南省区域科技创新能力评价提供了有益启示。在构建2024年河南省区域科技创新能力评价指标体系时，课题组沿用上年的评价指标体系，这是出于以下3个方面的考虑：一是贯彻党的二十届三中全会精神，以及中国共产党河南省第十一届委员会第七次全体会议精神，以新发展理念为引领推进创新发展综合配套改革，提升创新体系整体效能，聚焦培育和发展新质生产力，加快新旧动能转换。在指标体系构建过程中，尽可能体现河南省科技工作进一步全面深化改革的目标任务和要求，充分考虑科技创新发展需要的实践载体、制度安排和良好环境。二是坚持指标体系设计的科学性和合理性，使一级指标、二级指标的构成更加科学合理，以确保能够较好地反映省辖市和济源示范区的科技创新能力。三是兼顾指标数据的可靠性和可获得性，在指标选取过程中，指标数据大多来自统计局和政府有关部门，若有部分指标数据难以获取或缺失，则无法将此类指标纳入评价指标体系。

2024年河南省区域科技创新能力评价指标体系包括5个一级指标、27个二级指标。5个一级指标分别为创新治理能力、原始创新能力、技术创新能力、成果转化能力和创新驱动能力。其中，创新治理能力指标包括R&D经费投入强度、财政科技支出占公共财政支出比重、规上工业企业研发活动覆盖率、省级以上高新区数、省级以上科技企业孵化器数和省级以上众创空间数6个二级指标；原始创新能力指标包括普通高校数、万人高校在校生数、院士工作站数、省实验室数和省重点实验室数5个二级指标；技术创新能力指标包括高新技术企业数、创新龙头企业数、省级新型研发机构数、省工程技术研究中心数和万人发明专利拥有量5个二级指标；成果转化能力指标包括技术合同成交额与地区生产总值之比、国家科技型中小企业数、瞪羚企业数、中试基地数和省级以上技术转移示范机构数5个指标；创新驱动能力指标包括劳动生产率、居民家庭人均可支配收入、城乡居民家庭人均可支配收入之比、高新技术产业增加值占规上工业增加值比重、$PM_{2.5}$年平均浓度和单位工业增加值能耗6个指标（见表1）。

表1　2024年河南省区域科技创新能力评价指标体系

| 一级指标（权重） | 二级指标 名称 | 权重(%) |
| --- | --- | --- |
| 创新治理能力（23%） | R&D经费投入强度(%) | 6 |
|  | 财政科技支出占公共财政支出比重(%) | 5 |
|  | 规上工业企业研发活动覆盖率(%) | 4 |
|  | 省级以上高新区数(个) | 3 |
|  | 省级以上科技企业孵化器数(个) | 3 |
|  | 省级以上众创空间数(个) | 2 |
| 原始创新能力（18%） | 普通高校数(个) | 3 |
|  | 万人高校在校生数(人) | 4 |
|  | 院士工作站数(个) | 3 |
|  | 省实验室数(个) | 6 |
|  | 省重点实验室数(个) | 2 |

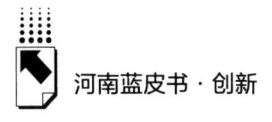

续表

| 一级指标（权重） | 二级指标 | |
|---|---|---|
| | 名称 | 权重(%) |
| 技术创新能力（18%） | 高新技术企业数(家) | 4 |
| | 创新龙头企业数(家) | 2 |
| | 省级新型研发机构数(个) | 4 |
| | 省级工程技术研究中心数(个) | 3 |
| | 万人发明专利拥有量(件) | 5 |
| 成果转化能力（18%） | 技术合同成交额与地区生产总值之比(%) | 6 |
| | 国家科技型中小企业数(家) | 2 |
| | 瞪羚企业数(家) | 2 |
| | 中试基地数(个) | 4 |
| | 省级以上技术转移示范机构数(个) | 4 |
| 创新驱动能力（23%） | 劳动生产率(万元/人) | 6 |
| | 居民家庭人均可支配收入(元) | 3 |
| | 城乡居民家庭人均可支配收入之比(%) | 2 |
| | 高新技术产业增加值占规上工业增加值比重(%) | 5 |
| | $PM_{2.5}$年平均浓度(微克/米$^3$) | 3 |
| | 单位工业增加值能耗(吨标准煤/万元) | 4 |

课题组在上年指标体系的基础上进行了三方面调整：一是主要考虑数据的可得性和时效性，删去二级指标万名就业人员中研发人员数、人均实际使用外资额、规上工业企业基础研究经费占研发经费比例、研发单位数、规上工业企业研发经费支出与营业收入之比、规上工业企业新产品销售收入与营业收入之比；二是增加了二级指标规上工业企业研发活动覆盖率、省级以上高新区数、省实验室数、省级工程技术研究中心数和单位工业增加值能耗，对指标体系进行了优化调整；三是对一级指标和二级指标不再赋予同等权重，而是依据重要性大小并结合专家意见进行差异化赋权，适当提高了创新治理能力和创新驱动能力指标权重。

## （二）评价方法

本次评价利用专家调查法确定指标权重，并对所有二级指标进行无量纲化处理，具体公式如下：

$$Z(x_i) = (x_i - x_{\min})/(x_{\max} - x_{\min}) \times 40 + 60$$

在上述公式中，$x_i$ 为城市二级指标数据，$x_{\max}$ 为该项指标最大值，$x_{\min}$ 为该项指标最小值，$Z(x_i)$ 是经过无量纲化处理后的指标标准值。在27个二级指标中，除城乡居民家庭人均可支配收入之比、$PM_{2.5}$ 年平均浓度和单位工业增加值能耗是逆向指标外，其余均为正向指标。对逆向指标先取倒数进行正向化处理后，再计算指标标准值。

### （三）数据来源

本报告涉及的统计数据主要来自河南省各地市发布的2023年国民经济和社会发展统计公报与政府工作报告，部分统计数据由政府相关部门提供，缺失数据通过外推法、类比法进行补齐，人均类、占比类指标通过基础数据计算得到。

## 二 河南省区域科技创新能力评价结果及分析

### （一）总体得分情况

将无量纲化处理后得到的各项指标标准值乘以相应的权重，加总求和，可得到各个区域科技创新能力的综合得分。河南省17个省辖市和济源示范区科技创新能力综合得分，以及创新治理能力、原始创新能力、技术创新能力、成果转化能力和创新驱动能力各分项得分情况如表2所示。

表2 2024年河南省区域科技创新能力评价结果

| 区域 | 综合得分 | 创新治理能力得分 | 原始创新能力得分 | 技术创新能力得分 | 成果转化能力得分 | 创新驱动能力得分 |
|---|---|---|---|---|---|---|
| 郑州市 | 96.156 | 20.376 | 18.000 | 18.000 | 18.000 | 21.780 |
| 洛阳市 | 78.178 | 20.734 | 11.997 | 13.490 | 14.480 | 17.477 |
| 新乡市 | 73.531 | 18.141 | 12.146 | 12.923 | 13.204 | 17.117 |

续表

| 区域 | 综合得分 | 创新治理能力得分 | 原始创新能力得分 | 技术创新能力得分 | 成果转化能力得分 | 创新驱动能力得分 |
| --- | --- | --- | --- | --- | --- | --- |
| 焦作市 | 71.972 | 17.260 | 11.696 | 12.008 | 13.138 | 17.871 |
| 南阳市 | 69.925 | 16.768 | 11.417 | 11.590 | 13.442 | 16.708 |
| 漯河市 | 69.475 | 18.308 | 11.225 | 10.958 | 11.575 | 17.409 |
| 许昌市 | 69.453 | 16.983 | 11.139 | 11.604 | 11.381 | 18.346 |
| 济源示范区 | 69.329 | 17.455 | 11.237 | 11.364 | 10.828 | 18.447 |
| 三门峡市 | 69.326 | 17.731 | 11.065 | 11.047 | 11.549 | 17.935 |
| 鹤壁市 | 69.216 | 17.649 | 11.090 | 11.234 | 11.724 | 17.519 |
| 开封市 | 69.132 | 17.939 | 11.251 | 11.499 | 11.743 | 16.701 |
| 平顶山市 | 67.704 | 17.229 | 11.310 | 11.373 | 11.746 | 16.046 |
| 驻马店市 | 66.819 | 16.624 | 10.904 | 10.977 | 11.680 | 16.634 |
| 安阳市 | 65.828 | 17.268 | 11.262 | 11.182 | 11.260 | 14.856 |
| 信阳市 | 65.753 | 15.126 | 11.423 | 11.000 | 11.238 | 16.967 |
| 濮阳市 | 65.365 | 15.707 | 11.089 | 11.280 | 11.557 | 15.731 |
| 周口市 | 65.285 | 15.863 | 11.030 | 10.933 | 11.393 | 16.066 |
| 商丘市 | 64.694 | 16.368 | 11.106 | 11.130 | 11.200 | 14.890 |

## （二）评价结果分析

**1. 区域科技创新能力**

总体来看，综合得分比较靠前的城市分别是郑州市、洛阳市、新乡市和焦作市，高于全省科技创新能力的平均水平（见图1）。其中，郑州市继续保持较大优势，以96.156的高分占据绝对优势，与其余地市拉开较大距离。洛阳市、新乡市和焦作市位列全省第一方阵。许昌市、济源示范区、三门峡市、鹤壁市和开封市的综合得分差距较小。安阳市、信阳市、濮阳市、周口市和商丘市依旧位于河南省区域科技创新能力的下游，与上年相比评价结果变化不大。三门峡市、鹤壁市和驻马店市主要系原始创新能力得分偏低拉低了综合得分，漯河市和周口市在技术创新能力方面明显落后于其他地区，许昌市和济源示范区的成果转化能力较弱是阻碍其综合得分提升的关键因素，洛阳市、新乡市、开封市、平顶山市和安阳市则是创新驱动能力较弱影响了综合得分。从空间布局情况来看，在2024年河南省区域科技创新能力评价中，以郑州都市圈为中心的中部地带城市得分靠前，"中间强，南北弱"和"西强东弱"的空间格局保持不变。

| 城市 | 得分 |
|---|---|
| 郑州市 | 96.156 |
| 洛阳市 | 78.178 |
| 新乡市 | 73.531 |
| 焦作市 | 71.972 |
| 南阳市 | 69.925 |
| 漯河市 | 69.475 |
| 许昌市 | 69.453 |
| 济源示范区 | 69.329 |
| 三门峡市 | 69.326 |
| 鹤壁市 | 69.216 |
| 开封市 | 69.132 |
| 平顶山市 | 67.704 |
| 驻马店市 | 66.819 |
| 安阳市 | 65.828 |
| 信阳市 | 65.753 |
| 濮阳市 | 65.365 |
| 周口市 | 65.285 |
| 商丘市 | 64.694 |

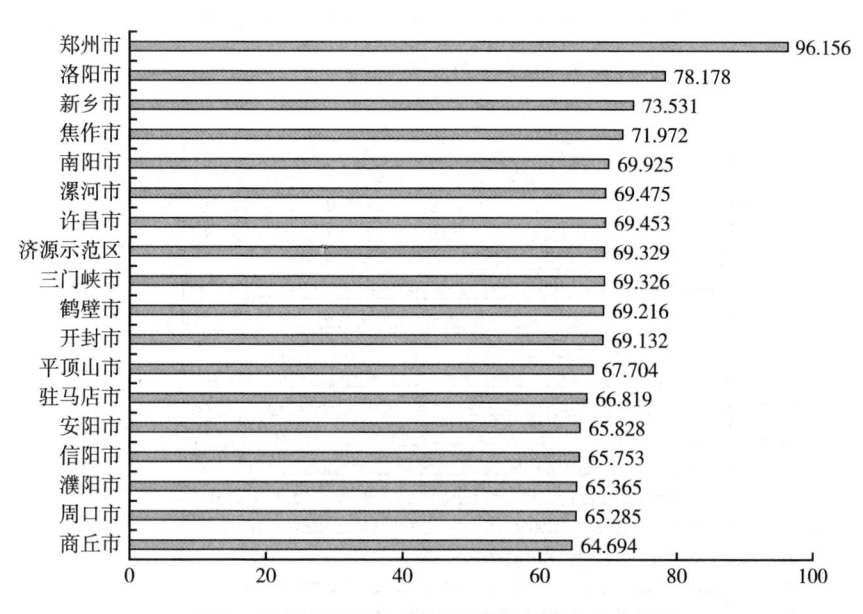

图1　2024年河南省区域科技创新能力综合得分

## 2. 创新治理能力

一级指标创新治理能力包括R&D经费投入强度、财政科技支出占公共财政支出比重、规上工业企业研发活动覆盖率、省级以上高新区数、省级以上科技企业孵化器数和省级以上众创空间数6个二级指标，突出了创新生态的重要性。该指标得分比较靠前的是洛阳市、郑州市、漯河市、新乡市（见图2）。其中，洛阳市和新乡市的R&D经费投入强度靠前；郑州市在省级以上科技企业孵化器数和省级以上众创空间数上具有较大的优势；漯河市财政科技支出占公共财政支出比重超过郑州市。经计算，创新治理能力得分的平均值为17.418，除洛阳市、郑州市、漯河市和新乡市外，开封市、三门峡市、鹤壁市和济源示范区的创新治理能力得分也高于全省平均水平。鹤壁市尽管在省级以上高新区数方面不占优势，但其财政科技支出占公共财政支出比重超过洛阳市。创新治理能力指标得分较上年变化较大，如漯河市和开封市得分较上年明显上升，而鹤壁市和济源示范区的得分有所下降。在推进中国式现代化建设河南实践的过程中，河南省致力于塑造创新驱动发展新动能，在加大科技投入、强化企业创新主体地位和打造创新生态等方面做出努力，为建设国家创新高地提供有力支撑。

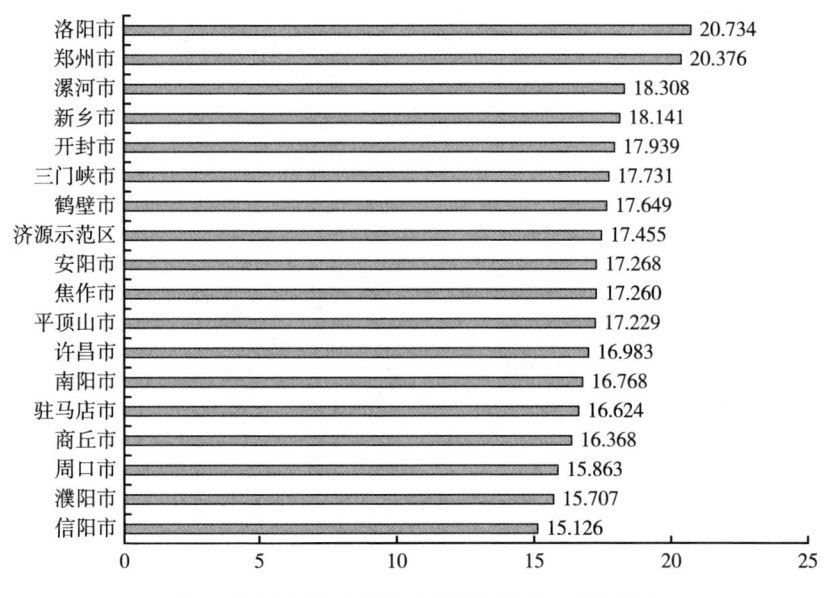

| 地区 | 得分 |
| --- | --- |
| 洛阳市 | 20.734 |
| 郑州市 | 20.376 |
| 漯河市 | 18.308 |
| 新乡市 | 18.141 |
| 开封市 | 17.939 |
| 三门峡市 | 17.731 |
| 鹤壁市 | 17.649 |
| 济源示范区 | 17.455 |
| 安阳市 | 17.268 |
| 焦作市 | 17.260 |
| 平顶山市 | 17.229 |
| 许昌市 | 16.983 |
| 南阳市 | 16.768 |
| 驻马店市 | 16.624 |
| 商丘市 | 16.368 |
| 周口市 | 15.863 |
| 濮阳市 | 15.707 |
| 信阳市 | 15.126 |

图2　2024年河南省区域创新治理能力指标得分

**3. 原始创新能力**

受指标替换和权重变化的影响，河南省各地区原始创新能力指标得分变化幅度较大，对评价结果产生了一定的影响。2024年原始创新能力指标评价结果排在前4位的是郑州市、新乡市、洛阳市和焦作市（见图3）。其中，郑州市在普通高校数、万人高校在校生数、院士工作站数、省实验室数和省重点实验室数方面均拥有绝对优势；新乡市的普通高校数和省实验室数仅次于郑州市，万人高校在校生数也相对较多；洛阳市的院士工作站数和省重点实验室数排名第二，普通高校数排名第三；焦作市尽管在省实验室领域尚属空白，但其万人高校在校生数排名第二，带动原始创新能力指标得分提升。

原始创新能力指标得分低于平均水平（11.688）的地市之间得分差距较小。焦作市、信阳市、平顶山市、安阳市、济源示范区原始创新能力指标得分均较上年有所上升，但驻马店市和周口市由于在人才和实验室数量方面不占据优势，得分相对靠后。

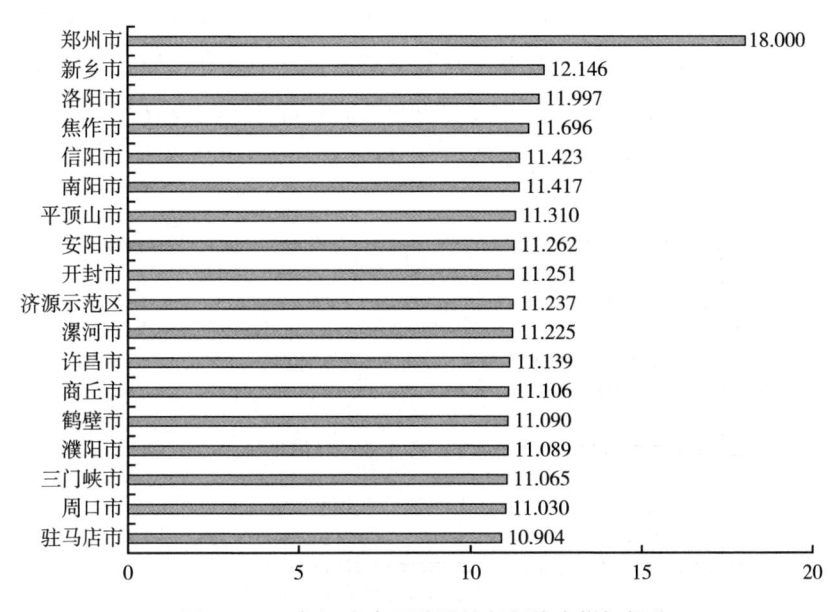

| 地市 | 得分 |
|---|---|
| 郑州市 | 18.000 |
| 新乡市 | 12.146 |
| 洛阳市 | 11.997 |
| 焦作市 | 11.696 |
| 信阳市 | 11.423 |
| 南阳市 | 11.417 |
| 平顶山市 | 11.310 |
| 安阳市 | 11.262 |
| 开封市 | 11.251 |
| 济源示范区 | 11.237 |
| 漯河市 | 11.225 |
| 许昌市 | 11.139 |
| 商丘市 | 11.106 |
| 鹤壁市 | 11.090 |
| 濮阳市 | 11.089 |
| 三门峡市 | 11.065 |
| 周口市 | 11.030 |
| 驻马店市 | 10.904 |

图3　2024年河南省区域原始创新能力指标得分

### 4. 技术创新能力

技术创新能力指标主要由高新技术企业数、创新龙头企业数、省级新型研发机构数、省级工程技术研究中心数和万人发明专利拥有量5个二级指标构成，用于反映河南省各区域的技术创新环境和水平。根据评价结果，技术创新能力指标得分相对领先的有郑州市、洛阳市、新乡市和焦作市（见图4），均高于河南省技术创新能力得分均值（11.866）。其中，郑州市的高新技术企业数、创新龙头企业数、省级新型研发机构数、省级工程技术研究中心数和万人发明专利拥有量远超其他城市，各项二级指标表现优异；洛阳市与郑州市的得分差距比其他地市小，各项二级指标表现相对较好；新乡市的高新技术企业数、创新龙头企业数和万人发明专利拥有量二级指标表现与技术创新能力指标得分表现相对一致，省级新型研发机构数超过洛阳市，但省级工程技术研究中心数相对较少；与上年相比，焦作市技术创新能力指标得分超过南阳市。在技术创新能力指标得分相对靠后的地市中，变动较大的有开封市、济源示范区和驻马店市。其中，开封市和济源示范区技术创新能力指标得分显著上升，但驻马店市的得分有所下降，后者主要是由于缺乏创新龙头企业和省级新型研发机构，且万人发明专利拥有量不具有优势。周口市这一指标的得分没有太大变化，其万人发明专利拥有量低于河南省其他地市，极大地影响了技术创新能力指标得分。

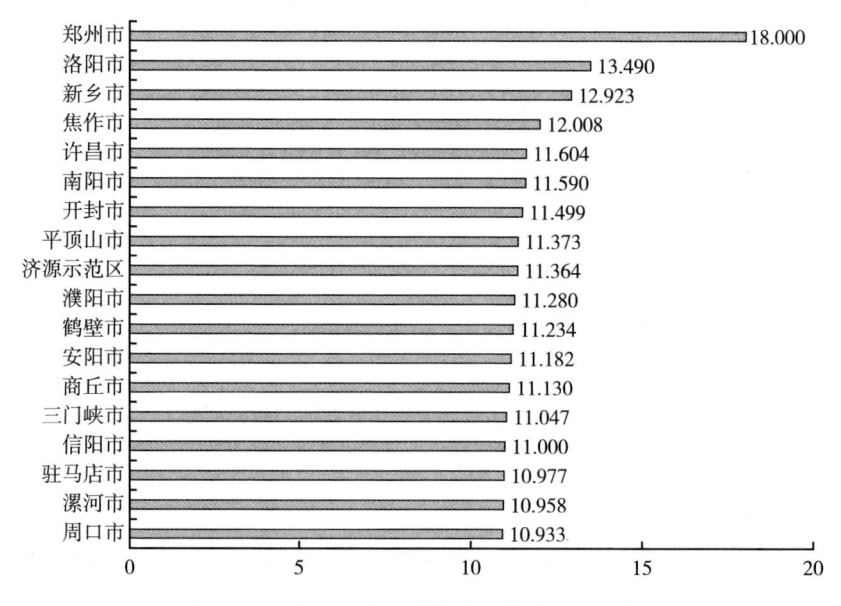

| 地市 | 得分 |
| --- | --- |
| 郑州市 | 18.000 |
| 洛阳市 | 13.490 |
| 新乡市 | 12.923 |
| 焦作市 | 12.008 |
| 许昌市 | 11.604 |
| 南阳市 | 11.590 |
| 开封市 | 11.499 |
| 平顶山市 | 11.373 |
| 济源示范区 | 11.364 |
| 濮阳市 | 11.280 |
| 鹤壁市 | 11.234 |
| 安阳市 | 11.182 |
| 商丘市 | 11.130 |
| 三门峡市 | 11.047 |
| 信阳市 | 11.000 |
| 驻马店市 | 10.977 |
| 漯河市 | 10.958 |
| 周口市 | 10.933 |

**图4　2024年河南省区域技术创新能力指标得分**

**5. 成果转化能力**

成果转化能力指标由技术合同成交额与地区生产总值之比、国家科技型中小企业数、瞪羚企业数、中试基地数和省级以上技术转移示范机构数5个二级指标构成，用来反映科技成果转化的实际效益和载体条件，中试基地数和省级以上技术转移示范机构数是本次评价纳入的新指标。成果转化能力指标得分领先的是郑州市、洛阳市、南阳市、新乡市和焦作市（见

图5），高于河南省成果转化能力得分均值（12.285）。郑州市成果转化能力的各项二级指标表现均较为优异；洛阳市的瞪羚企业数、中试基地数和省级以上技术转移示范机构数相对较多，技术合同成交额与地区生产总值之比、国家科技型中小企业数表现也相对较好；南阳市的技术合同成交额与地区生产总值之比、国家科技型中小企业数、瞪羚企业数排名相对靠前；新乡市得分与上年相比没有太大变化，中试基地数和省级以上技术转移示范机构数表现优异；焦作市得分不敌新乡市和南阳市，主要原因是其国家科技型中小企业数明显少于新乡市和南阳市。与上年评价结果相比，南阳市、平顶山市、鹤壁市、三门峡市、周口市的成果转化能力得分均有不同程度上升。

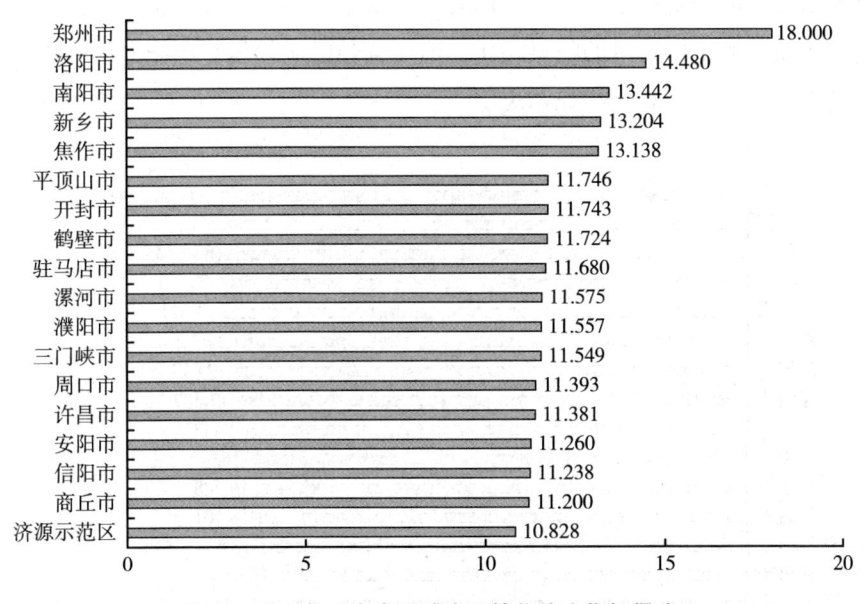

| 城市 | 得分 |
| --- | --- |
| 郑州市 | 18.000 |
| 洛阳市 | 14.480 |
| 南阳市 | 13.442 |
| 新乡市 | 13.204 |
| 焦作市 | 13.138 |
| 平顶山市 | 11.746 |
| 开封市 | 11.743 |
| 鹤壁市 | 11.724 |
| 驻马店市 | 11.680 |
| 漯河市 | 11.575 |
| 濮阳市 | 11.557 |
| 三门峡市 | 11.549 |
| 周口市 | 11.393 |
| 许昌市 | 11.381 |
| 安阳市 | 11.260 |
| 信阳市 | 11.238 |
| 商丘市 | 11.200 |
| 济源示范区 | 10.828 |

图5  2024年河南省区域成果转化能力指标得分

6. 创新驱动能力

全省坚持把创新作为引领发展的第一动力，以科技创新培育新动能、塑造新优势，实现以新发展理念为引领的高质量发展。在此次创新驱动能力评价中，为反映新质生产力背景下创新驱动发展新要求，突出强调了劳动生产率这一关键因素。创新驱动能力指标得分相对靠前的是郑州市、济源示范区、许昌市、三门峡市和焦作市（见图6），郑州市的居民家庭人均可支配收入和高新技术产业增加值占规上工业增加值比重均高于其他地市，劳动生产率、城乡居民家庭人均可支配收入之比、$PM_{2.5}$年平均浓度和单位工业增加值能耗位居全省前列；济源示范区的劳动生产率、居民家庭人均可支配收入、城乡居民家庭人均可支配收入之比均位于全省前列，但其余3项二级指标得分相对靠后；许昌市城乡居民家庭人均可支配收入之比较高，单位工业增加值能耗仅次于周口市；三门峡市和焦作市不相上下，焦作市的城乡居民家庭人均可支配收入之比最大，高新技术产业增加值占规上工业增加值比重相对较高，但三门峡市在劳动生产率、$PM_{2.5}$年平均浓度和单位工业增加值能耗指标上的表现优于焦作市，因此三门峡市以微弱的优势领先焦作市。与前面4项一级指标评价的结果相比，河南省各区域创新驱动能力指标得分差距较小，且与上年相比变化不大。

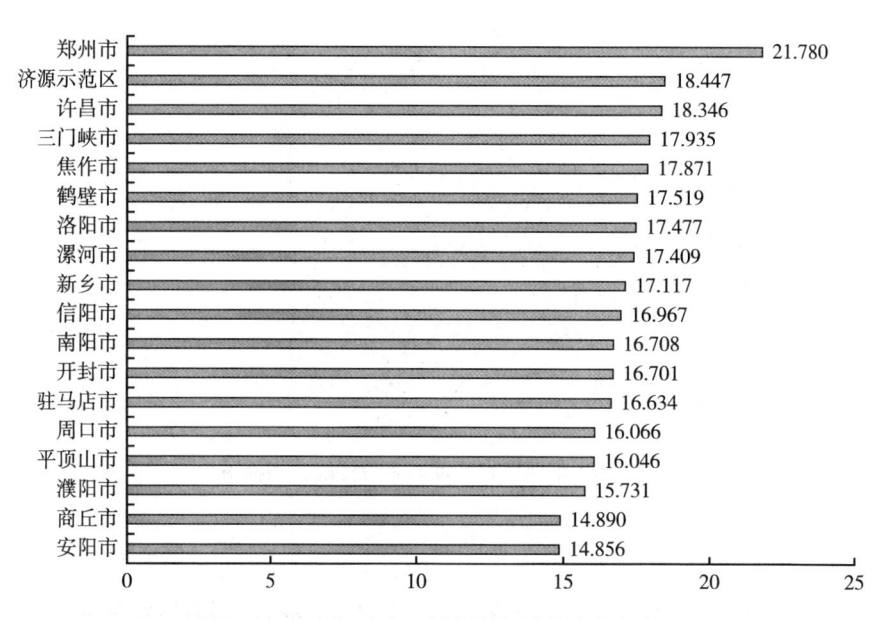

| 地区 | 得分 |
| --- | --- |
| 郑州市 | 21.780 |
| 济源示范区 | 18.447 |
| 许昌市 | 18.346 |
| 三门峡市 | 17.935 |
| 焦作市 | 17.871 |
| 鹤壁市 | 17.519 |
| 洛阳市 | 17.477 |
| 漯河市 | 17.409 |
| 新乡市 | 17.117 |
| 信阳市 | 16.967 |
| 南阳市 | 16.708 |
| 开封市 | 16.701 |
| 驻马店市 | 16.634 |
| 周口市 | 16.066 |
| 平顶山市 | 16.046 |
| 濮阳市 | 15.731 |
| 商丘市 | 14.890 |
| 安阳市 | 14.856 |

图6 2024年河南省区域创新驱动能力指标得分

## 三 提升河南省区域科技创新能力的对策建议

### （一）坚持科技创新和体制机制创新"双轮驱动"，营造良好的创新生态和政策环境

要把"创新"这一生产力发展的内在动力，同"改革"这一解放和发展生产力的根本动力有机结合起来。充分发挥政策的引导作用，把党的二十大精神和党的二十届三中全会精神全面落实到推动"十五五"科技创新发展的全过程。建议与各地市、各部门建立重要政策沟通协调机制，打破部门、领域限制，加快形成上下联动、高效协同、共促创新的良好局面；探索落实新型举国体制的组织模式和管理机制，聚焦国家发展战略和重大需求，推动关键领域一体化配置创新资源，提升创新链整体效能；加快落实科技体制改革攻坚、科技项目组织管理和科技成果转化激励政策等改革措施，如探索将"科技副总"选聘模式作为产学研协同的"纽带"，推动更多科技成果走出实验室、落到生产线；完善科技创新法规体系，健全支持全面创新的基础制度。同时，应高度重视产教融合、科教融汇，加快构建与地区发展相匹配的、具有本土化特色的职业教育、高等教育和继续教育体系，塑造"教育—产业—科技"融通互动机制，提升创新型人才自主培养能力。健全宜居、宜业、宜创的全过程人才服务体系，既要吸收借鉴发达省市在技术移民、人才评价机制方面成功的改革经验，全力引聚高端创新人才，也要因地制宜结合科技创新与产业发展的实际需要，探索实行灵活高效的人才管理、人才评价、人才激励制度，为创新人才提供广阔的成长空间。

### （二）提高创新要素与产业结构的匹配度，推动产业链与创新链深度融合

习近平总书记强调，"要围绕产业链部署创新链、围绕创新链布局产业

链，推动经济高质量发展迈出更大步伐"[①]，深刻揭示了科技创新必须与产业发展、经济发展协同联动、同向发力、深度融合的内在要求。首先，要围绕河南省重点培育的"7+28+N"产业链群实施重大创新工程，推动建设具有河南特色的现代化产业体系。建议各地市基于基础条件、未来发展潜力等因素，谋划一批适合中长期发展的高技术产业、新兴产业和未来产业，在此基础上积极建设省级以上实验室、大科学装置等，实现产业与高水平创新平台统筹谋划、协同推进，加快推动战略性新兴产业和未来产业发展，为增强自主创新优势夯实产业基础。其次，要在强化企业创新主体地位的同时，注重产学研用一体化发展，构建以企业为主体的开放式创新格局。建议以打造创新联合体为重点，加快建立以企业为主体、市场为导向、产学研深度融合的技术创新体系，支持联合组建一批龙头企业牵头、高校和科研院所支撑、创新主体协同的高能级创新联合体。依托高校、企业、实验室、研究院、研发联盟，加大协同研究的组织力度，分梯队、分团队、分任务主攻装备制造等领域的技术研发和产业化应用，集中力量攻克一批关键核心技术，在关键环节和技术上开展自主创新，全面支撑传统产业改造升级和新兴产业培育壮大，重点依托龙头企业、隐形冠军企业、高新技术企业等创新引领型企业面向市场建立一批产学研合作平台，打造一批新型研发机构，加快突破一批产业共性技术和"卡脖子"技术，畅通创新链与产业链的融合渠道，提升科技成果转化率和产业化发展水平。

### （三）优化创新资源要素配置，构建与之相匹配的高质量区域创新体系

首先，要围绕人才引进、科研平台、金融服务、政策扶持等创新要素发力，培育区域创新的"热带雨林"。可对标北京、上海、深圳等发达城市，加快打造市场化、法治化、国际化的营商环境，构建多元化科技金融体系，

---

[①] 张铁、龚仕建、高炳：《推动创新链产业链资金链人才链深度融合 陕西加快科技成果产业化》，人民网，2024年8月17日，http://hb.people.com.cn/n2/2024/0817/c194063-40946980.html。

加大普惠性金融支持力度，为初创企业和原创产品提供更多的应用场景。支持郑州市在海外、省外设立孵化器，支持河南省企业集中布局研发中心，集聚当地高端要素，利用域外科创资源为河南省创新发展服务。支持市县龙头企业在郑州市设立研发中心，加强与国内外高端要素的联系。其次，要立足新发展阶段，充分发挥新型举国体制的优势，从区域协调发展视角出发对创新资源要素进行更为科学合理的系统化布局。把科技创新能力提升置于中部地区崛起、黄河流域生态保护和高质量发展等区域重大战略的核心位置，通过进一步优化创新资源要素配置，有序提升不同区域、不同领域的科技创新水平；重点关注欠发达地区科技创新能力提升对河南省建设国家创新高地的重要意义，加大力度引导更多资源要素向欠发达地区汇聚，并在高能级创新平台建设上予以适当的政策倾斜；适时推进郑州都市圈、中原城市群乃至更大范围内产业链创新链的协同联动，探索"科创飞地+产业飞地"模式，推进城市间科技创新和产业转化的高效衔接。串联省内重点园区和重要创新平台，加快形成创新资源共享、创新平台共建、创新主体共育、创新活动共办、研发项目共谋的创新发展新格局。

## 参考文献

严晗、朱启贵、李旭辉：《大数据视角下我国区域科技创新高质量发展水平综合评价分析》，《科技管理研究》2023年第22期。

潘涛、王丽华、郭芳辰：《数字经济背景下我国区域创新能力评价——基于科技服务业与先进制造业协同视角》，《工业技术经济》2022年第11期。

郑夏雪、李文梅、陈铖：《福建省区域综合科技创新水平评价研究》，《海峡科学》2024年第3期。

张可等：《吉林省区域科技创新能力评价指标构建与分析》，《农业与技术》2023年第10期。

陈婷、程跃：《广西区域科技创新能力评价及空间差异分析》，《边疆经济与文化》2023年第2期。

# B.3 河南省"十四五"科技创新发展成效及"十五五"展望

河南省社会科学院课题组*

**摘　要：** "十四五"期间，河南省坚持把创新摆在发展的逻辑起点、现代化建设的核心位置，着力推动创新体系重塑重建，创新平台加快完善，创新环境不断优化，创新活力持续迸发，科技创新事业取得优异成绩，不断彰显河南省委、省政府坚定走好创新驱动高质量发展这个"华山一条路"，加快国家创新高地建设的雄心壮志。"十五五"时期，河南省需要进一步把握全球新一轮科技革命和产业变革新机遇，坚持创新是第一动力，以科技创新为引领，一手抓全面深化改革开放，一手抓新质生产力培育壮大，不断开辟发展新领域新赛道、塑造发展新优势新动能，不断增强中国式现代化建设河南实践的核心优势、叠加优势、竞争优势，走出一条符合河南省实际的高质量发展新道路。

**关键词：** 国家创新高地　新质生产力　河南省

党的二十大提出"加快建设世界重要人才中心和创新高地"，吹响了中国创新高地建设的铮铮号角。河南省委、省政府坚持把习近平总书记视察河南重要讲话重要指示作为做好河南工作的总纲领、总遵循、总指引，以前瞻30年的眼光想问题、作决策、抓发展，锚定"两个确保"，实施"十大战

---

\* 课题组组长：杨兰桥，河南省社会科学院政策研究室主任、研究员。课题组成员：姚晨、胡海洋、苏建元、闫盼盼、张甲林。执笔人：苏建元，河南省社会科学院政策研究室科研人员，研究方向为区域经济。

略"，奋力开创中国式现代化建设河南实践新局面。特别是在"十四五"期间，全省上下坚持以习近平新时代中国特色社会主义思想为指引，始终牢记习近平总书记"奋勇争先、更加出彩"的殷殷嘱托，坚持同频共振、同向发力，把实施创新驱动、科教兴省、人才强省战略作为"十大战略"之首，创新体系不断完善，创新动能显著增强，创新成果持续产出，创新发展全面起势，国家创新高地和重要人才中心建设迈出坚实步伐。本报告旨在总结"十四五"期间河南省科技创新的显著成效，并对"十五五"时期河南省科技创新工作进行展望。

## 一 "十四五"期间河南省科技创新取得的显著成效

创新是引领发展的第一动力，如果没有创新的思维、办法、实践，高质量发展就是一句空话。"十四五"期间，河南省坚持把创新摆在发展的逻辑起点、现代化建设的核心位置，深化科技体制改革，完善科技创新体系，打造一流创新生态，创新平台架梁立柱基础全面夯实，"顶天立地"关键技术攻关全面推进，高端人才"近悦远来"生态全面形成，创新已在全省上下凝聚最广泛的共识，成为中国式现代化建设河南实践最显著的标识。

### （一）科技创新大格局初步形成

"十四五"期间，河南省坚持把创新作为发展的第一动力，统筹全省科技资源和力量，优化全省科技资源布局，中原科技城、中原医学科学城、中原农谷"两城一谷""三足鼎立"的科技创新大格局悄然形成。一是推动中原科技城与河南省科学院、国家技术转移郑州中心融合发展。《河南省科学院发展促进条例》正式施行，强化了政策引导和保障。中原科技城与河南省科学院在科创体系、人才机制、金融资本、产业发展、服务保障等方面全面融合，在《科技城百强榜（2023）》中的排名由第31位跃升至第19位，环省科学院创新生态圈正在加速形成。二是中原医学科学城与重建河南省医学科学院一体化推进，全球首个中西医结合的医学科学城初具雏形。"两校两院一中心"建设加快推进，建成10个临床研究所，在建3家省实验室，8名院士受聘首席科学家，组建首席科学家团队102个，奠定了以科研牵引河南省医疗卫生事业发展的基础。三是中原农谷现代农业创新高地建设起势见效。实施"一核三区"发展战略，为中原农谷立法，依托神农种业实验室、中国农科院中原研究中心建设种业基础研究平台，依托国家生物育种产业创新中心搭建品种选育平台，高质量建设繁种制种基地，中原农谷已成为河南省打好种业翻身仗、扛稳粮食安全重任的前沿阵地。

## （二）创新平台体系重塑

从夯基垒台、架梁立柱到全面推进、积厚成势，河南对省实验室建设进行了系统谋划、统筹布局，并以此为引领，搭建了功能合理、层次分明的创新平台体系，积极融入国家战略科技力量。一是国家级创新平台建设实现突破。国家超算互联网核心节点落地郑州，崖州湾国家实验室河南试验基地启动建设。重组入列7家、新建6家全国重点实验室，河南师范大学牵头建设抗病毒性传染病创新药物全国重点实验室，实现了高等院校牵头建设全国重点实验室零的突破。5家工程研究中心纳入国家新的管理序列，新增5家国家级企业技术中心，全省国家级创新平台数量达到172家，进一步壮大了科技创新"国家队"的河南力量。二是省实验室体系加速重构。自2021年以来，河南省安排专项资金23.82亿元保障省实验室建设，短短3年时间先后揭牌运行20家省实验室、6家省产业技术研究院、41家产业研究院，构筑起科技创新的"天团"。① 这些实验室不仅代表了河南省科技创新的最高水平，更是打造国家实验室的"预备队"。三是成果转化高质高效。坚持边建设、边聚才、边科研、边出成果，加快形成一批标志性、原创性成果和典型应用。2023年省实验室主持的项目获奖9项，其中一等奖4项，获奖率为

---

① 《河南两年半打造20家省实验室 "大手笔"背后透露哪些思考》，中国网，2024年2月29日，http://henan.china.com.cn/2024-02/29/content_42709657.htm。

56.25%，比平均获奖率高12个百分点。围绕省实验室布局研发、中试和成果转化基地，形成"强核心、多基地、大开放、大协作、网络化"的创新平台体系，聚力打造国家创新高地和重要人才中心的硬核支点和强力引擎，不断发展壮大融入国家创新体系的中坚力量。

### （三）创新主体活力持续迸发

习近平总书记指出，强化企业科技创新主体地位，促进创新链产业链资金链人才链深度融合，推动科技成果加快转化为现实生产力。[①] "十四五"期间，河南省围绕传统产业"迭代"、新兴产业"抢滩"、未来产业"破冰"，持续推动创新链与产业链深度融合，推动各类创新要素向企业集聚，不断强化企业创新主体地位，梯次培育创新型企业，创新主体活力持续迸发。大力实施创新型企业树标引领行动，截至2023年底，全省遴选创新龙头企业116家、"瞪羚"企业454家，组建28家创新联合体。截至2023年底，河南省高新技术企业超过1.2万家，国家科技型中小企业入库超过2.6万家，居全国第7位。[②] 超聚变、华兰疫苗、致欧科技等5家企业进入胡润全球独角兽榜，国家级专精特新"小巨人"企业近400家，有研发机构、有研发人员、有研发经费、有产学研合作的"四有"企业覆盖率达72.73%，24家科技型企业在境内成功上市。"科技贷"支持企业数量大幅增加，深度培育绿色技术创新示范企业（基地），高标准开展孵化载体建设，国家级科技企业孵化器总数达71家。定期举办河南省创新创业大赛，吸引国内外知名企业参赛，评选最具创新特色的企业和项目，佳绩频出、硕果累累，形成品牌效应。

---

[①]《锚定现代化 改革再深化｜以科技创新引领现代化产业体系建设_新闻频道_中国青年网》，中国青年网，2024年11月14日，http://news.youth.cn/gn/202411/t20241114_15647953.htm。

[②]《"两城一谷"科创大格局加速形成 河南创新发展全面起势》，"大河网"百家号，2024年1月24日，https://baijiahao.baidu.com/s?id=1788945177138226891&wfr=spider&for=pc。

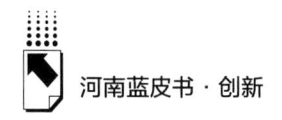

## （四）科技研发投入高速增长

研发投入是促进技术进步、实现创新驱动、推动高质量发展的必然要求。"十四五"期间，河南省把创新摆在现代化建设全局的核心位置，努力推动科技创新的"关键变量"转化为高质量发展的"最大增量"，科技创新已成为中国式现代化建设河南实践的"主引擎"和"加速器"。一是加大财政投入力度。坚持"紧日子保基本、调结构保战略"，把科技创新支出作为重点支出优先保障，持续加大科教投入力度，财政科技支出连续突破300亿元、400亿元大关，2023年达到463.8亿元，财政科技支出占比超过全国平均水平，研发经费投入连续7年增速超10%，财政科技支出在中部六省中增长势头迅猛（见图1和表1）。二是撬动社会投入。研发经费投入连续跨越1000亿元、1100亿元、1200亿元大关，研发投入强度由2020年的1.66%提高至2023年的2.05%。2023年，全省技术合同成交额、财政科技支出、规上工业企业研发活动"四有"（有研发机构、有研发人员、有研发经费、有产学研合作）覆盖率同比分别增长33.4%、13.3%、21.0%。三是税收支持科技创新精准发力。截至2023年底，省财政累计拨付21.96亿元用于企

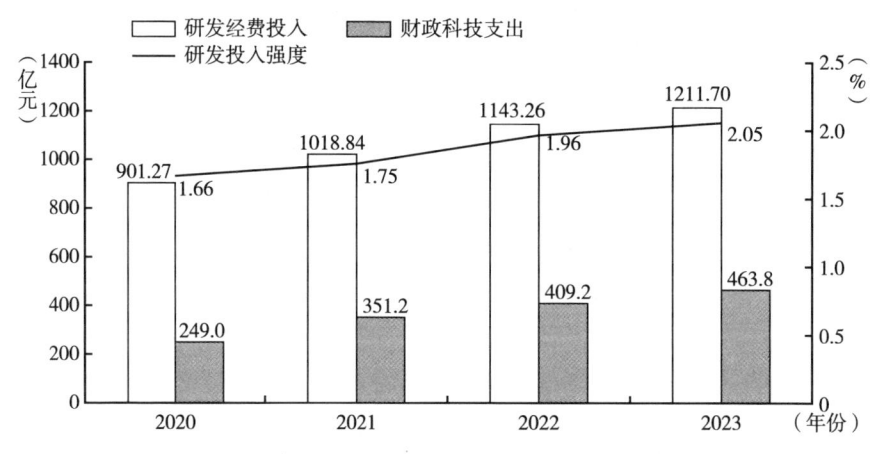

**图1　2020~2023年河南省研发经费投入、研发投入强度及财政科技支出情况**

资料来源：历年《河南省国民经济和社会发展统计公报》。

业研发投入补助和高新技术企业认定奖补,高新技术企业享受所得税优惠67.85亿元,落实企业研发费用加计扣除额达1422.45亿元。大力推动产学研协同创新,试行从高校、科研院所选聘一批"科技副总"到企业任职,引导规上工业企业与高校共建1503家研发中心。

表1 2020~2023年全国与中部六省主要创新指标的对比情况

| 项目 | 年份 | 全国 | 河南省 | 山西省 | 安徽省 | 江西省 | 湖北省 | 湖南省 |
| --- | --- | --- | --- | --- | --- | --- | --- | --- |
| 研发经费投入（亿元） | 2020 | 24393.2 | 901.3 | 211.1 | 883.2 | 430.7 | 1005.3 | 898.7 |
|  | 2021 | 27956.3 | 1018.8 | 251.9 | 1006.1 | 502.2 | 1160.2 | 1028.9 |
|  | 2022 | 30782.9 | 1143.3 | 273.7 | 1152.5 | 558.2 | 1254.7 | 1175.3 |
|  | 2023 | 33357.1 | 1211.7 | 298.2 | 1264.7 | 604.1 | 1408.2 | 1283.9 |
| 研发投入强度（%） | 2020 | 2.40 | 1.66 | 1.20 | 2.28 | 1.68 | 2.31 | 2.15 |
|  | 2021 | 2.44 | 1.75 | 1.12 | 2.34 | 1.70 | 2.32 | 2.23 |
|  | 2022 | 2.54 | 1.96 | 1.07 | 2.56 | 1.74 | 2.33 | 2.41 |
|  | 2023 | 2.65 | 2.05 | 1.16 | 2.69 | 1.88 | 2.52 | 2.57 |
| 高新技术企业数量（家） | 2021 | 330326 | 8387 | 3747 | 11415 | 6712 | 14561 | 11068 |
|  | 2022 | 401858 | 10867 | 3975 | 15290 | 6391 | 20147 | 14027 |
|  | 2023 | 464294 | 12895 | 4141 | 19570 | 6244 | 25512 | 16589 |
| 国家级科技型中小企业数量（家） | 2021 | 328304 | 15145 | 6519 | 11406 | 8361 | 14124 | 11401 |
|  | 2022 | 412677 | 22004 | 5252 | 17870 | 10842 | 24005 | 19510 |
|  | 2023 | 504996 | 26197 | 6189 | 27521 | 14528 | 35305 | 23184 |
| 技术合同成交额（亿元） | 2021 | 37294.3 | 608.9 | 134.5 | 1800.3 | 414.0 | 2111.6 | 1261.3 |
|  | 2022 | 47791.0 | 1025.3 | 162.6 | 2912.6 | 758.2 | 3040.7 | 2544.6 |
|  | 2023 | 61475.7 | 1367.4 | 224.1 | 3670.1 | 1595.7 | 4802.2 | 3995.3 |

资料来源:历年《全国科技经费投入统计公报》。

### （五）加快培育科技创新人才

栽下梧桐树,引得凤凰来。河南省坚持把人才作为创新的第一资源,坚持引育并举、以用为本,聚天下英才而用之。"十四五"期间,河南省坚持把人才引育作为基础性、战略性工程,遵循人才成长规律和科研规律，建立以尊重和信任为前提的人才管理服务机制，全力做优引、育、留、用全生命周期人才生态链，积极打造一支结构优、规模大、素质高的"人才豫军"。自2020年以来，河南省累计引进顶尖人才30人、领军人才387人、博士及博士后1.6万人，全省人才总量超过1410万人。其中，全职在豫两院院士新增26人，入选国家级、省级重点人才项目的高层次人才新增1033人次。

### （六）科技支撑能力大幅提升

科技创新能够催生新产业、新模式、新动能，是发展新质生产力的核心要素。河南省坚持写好创新这篇大文章，通过优化调整投资结构与加快传统产业转型、培育新兴产业、布局未来产业，河南省经济水平整体得到明显提升。一是科技创新有力支撑经济社会发展。河南省坚持科技创新赋能产业发展，深入实施创新驱动发展战略，让传统优势产业向中高端延伸。2021~2023年，全省战略性新兴产业、高技术制造业增加值年均增速为10.8%、14.6%。2023年，河南省发明专利授权量增长20.3%，科技创新已成为河南省发展的第一动力，正在引领河南省发展动能之变、结构之变、质量之变。二是科技成果转移转化主阵地初步形成。高标准建设郑洛新国家自主创新示范区，探索创新资源共享、"一区多园"等新路径。信阳高新区、许昌高新区成功升级为国家级高新区，河南省国家级高新区数量达到9家，居中部地区第2位、全国第5位；周口获批建设国家农业高新技术产业示范区。分两批认定夏邑、淮滨等11家省级高新区，省级高新区数量达到35家，居全国第2位。三是产业创新发展支撑平台加快建设。以市场为导向、重大任务为牵引，建设集研发、中试、产业化、工程化于一体的新型研发机构，启动重大技术攻关项目319个，建设50家省中试基地，累计转化科技成果391项，中试服务收入达36.56亿元。

### （七）科技创新政策体系逐步完善

科技创新政策体系是对接国家创新体系的关键，是形成和落实科技政策配套措施的依据。"十四五"期间,河南省坚持把完善科技创新政策体系作为重点,以一流创新生态营造助推国家创新高地建设跑出加速度(见表2)。一是河南省创新重大项目遴选论证方式,完善创新项目"征集、入库、出库"制度,设立重大项目库,改变一次性遴选方式,建立月审核、月论证、季论证、随机论证相结合的常态化项目遴选机制。创新专家论证"三三制"配备制度,企业专家、行业专家、高校和科研院所专家各占1/3,确保专家论证充分、全面、客观。推行"揭榜挂帅""赛马制""备案制"等,截至2023年底,19项省重大科技专项通过"揭榜挂帅"立项支持,省实验室自主实施的16个重大项目通过"备案制"立项支持。二是强化激励措施。制定《河南省科学院高质量发展年度考核指标》,创新采用"目标+激励"的指标体系,在全国率先探索机构评价改革。发布《河南省职务科技成果单列管理改革试点实施方案(暂行)》,18家试点单位累计赋权成果近1500项,有效破除职务科技成果管理障碍。

表2 "十四五"期间河南省出台的科技创新政策

| 序号 | 文件名称 |
| --- | --- |
| 1 | 《关于加快构建一流创新生态建设国家创新高地的意见》 |
| 2 | 《实施创新驱动、科教兴省、人才强省战略工作方案》 |
| 3 | 《河南省"十四五"科技创新和一流创新生态建设规划》 |
| 4 | 《河南省创新发展综合配套改革方案》 |
| 5 | 《河南省创新驱动高质量发展条例》 |
| 6 | 《河南省科学院发展促进条例》 |
| 7 | 《河南省技术创新中心管理办法(暂行)》 |
| 8 | 《河南省职务科技成果单列管理改革试点实施方案(暂行)》 |
| 9 | 《河南省科创资金保障办法》 |
| 10 | 《关于进一步深化省级财政科研经费管理改革优化科研生态环境的若干意见》 |
| 11 | 《关于进一步加强海外人才引进工作的实施方案》 |
| 12 | 《关于汇聚一流创新人才加快建设人才强省的若干举措》 |
| 13 | 《河南省医学科学院发展促进条例》 |

资料来源:根据新闻报道整理。

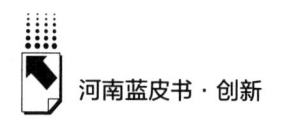

## 二 "十四五"期间河南省推动科技创新工作的经验

自2021年以来,面对"不成创新高地,就成发展洼地"的紧迫形势,河南省将"创新驱动、科教兴省、人才强省"置于全省十大发展战略之首,打好科技创新和制度创新"组合拳",抓龙头带动、抓高端平台、抓一流课题、抓创新主体、抓人才引育、抓配套改革,科创局面悄然发生改变,科技创新实现"量质齐升"。

### (一)高位推动,发挥省委科技委挑大梁作用

坚持和加强党对科技事业的全面领导,科技创新的领导体制坚强有力。在全国率先成立科技创新委员会,由省委书记和省长任双主任,机构改革后调整为省委科技委,自成立以来先后召开14次科创委会议和6次科技委会议,研究111个重大议题,围绕省实验室、智慧岛、科学实验装置建设、中试基地建设运行等工作进行了深入研讨,谋划确立河南国家创新高地、重要人才中心建设和一流创新生态构建的重大制度安排、重大科技政策、重大战略规划、重大建设项目。河南省科学技术厅牵头落实科技创新重大任务,先后制定了关于实验室体系重组、规上工业企业研发活动全覆盖、产业研究院建设、顶尖人才引进、"双一流"高校建设等一系列实施方案,全省协同推进创新驱动发展战略的格局初步形成。

### (二)拉高标杆,完善科技创新顶层设计

"十四五"时期,河南省坚持把创新摆在发展的逻辑起点,拉高标杆,完善顶层设计,主动对接国家战略科技力量,强化对科技创新的系统谋划,省委、省政府明确建设国家创新高地的总目标,并制定出台《关于加快构建一流创新生态建设国家创新高地的意见》《实施创新驱动科教兴省人才强省战略工作方案》《河南省"十四五"科技创新和一流创新生态建设规划》

《河南省创新发展综合配套改革方案》等重要文件，颁布实施《河南省创新驱动高质量发展条例》，修订《河南省高质量发展综合绩效考核与评价办法（试行）》，政策密度之大、推动力度之强前所未有，为"十四五"科技创新工作绘制规划图和路线图。

## （三）协同发力，推动创新政策扎实落地

"十四五"时期，河南省坚持把创新摆在现代化建设的核心位置，认真贯彻落实国家创新政策，因地制宜制定全省科技创新政策措施，以政策协同创新推动全省科技创新工作再上新台阶。强化创新经费保障，出台《河南省科创资金保障办法》《关于进一步深化省级财政科研经费管理改革优化科研生态环境的若干意见》等政策文件，进一步提升科研经费服务管理水平。加快建立"统一决策、统筹分配、强化管理"的资金项目管理新模式，对于新增重大科创项目明确资金按照"先谋事再排钱"的原则进行统一管理。明确资金支持范围，强化对资金的全过程管理。提高资金执行效率，对于省委科技委研究确定的重大事项，财政部门实施资金预算管理流程再造，加快预算评审和拨付进度，采用预拨资金等方式，推动科创项目尽快实施见效。

## （四）激发潜力，培育引进创新人才团队

创新之道，唯在得人。河南省坚持人才是第一资源的理念，以集聚高层次人才为突破口，全力打造科技人才队伍，以人才队伍高质量集聚推动全省科技创新工作高质量落实。出台"1+20"一揽子人才引进政策，成功举办中国·河南招才引智创新发展大会。截至2023年底，全省累计引进顶尖人才30人、领军人才387人、博士及博士后1.6万人，全省人才总量超过1410万人。成立省人才集团，组建国际猎头公司，向全国、全球发出河南省的"人才邀约"。出台《关于进一步加强海外人才引进工作的实施方案》《关于汇聚一流创新人才加快建设人才强省的若干举措》，更大规模、更大力度、更加精准引进海外人才，进一步向用人主体授权、为人才松绑。参与国家高等学校学科创新引智计划，新建河南省杰出外籍科学家工作室、河南

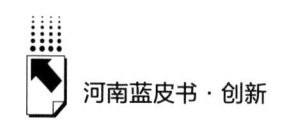

省高等学校学科引智基地，全职引进国家重点人才计划入选者、长江学者、国家杰出青年、国家优秀青年等高端人才。

### （五）深化改革，营造一流科技创新生态

"十四五"时期，河南省深化创新发展综合配套改革，持续打出科技创新和制度创新"两个轮子"一起转的"组合拳"。以推动科技创新相关部门重塑性改革为契机，打破条块分割的格局，优化资源配置，重组科技力量，助推全省科技创新工作开创新局面。河南省把科学技术厅作为重塑性机构改革首批试点，从职能转变、机构设置、机制运转上进行重塑性改革，改革后河南省科学技术厅共设置20个处室，产业处室由3个增加到8个。新的内部管理体系改变了以往各处室工作"小循环"的局面，实现业务协同推进"大循环"，为创新提供精准化、专业化服务。深化全省科技管理改革创新，组织开展扩大高校、科研院所自主权改革试点工作，推进落实各项赋权改革任务。深化省级财政科研经费管理改革，探索建立科技服务综合体，加强对创新主体的常态化服务。以《河南省开发区高质量发展促进条例》为统领，《河南省科学院发展促进条例》《河南省医学科学院发展促进条例》《河南中原农谷发展促进条例》等政策法规密集出台，在全国开创了为科研单位立法的先河，立法力度、频度居全国前列，支持和保障科技创新的政策环境持续优化。

## 三 "十五五"时期河南省科技创新形势研判

党的二十届三中全会做出进一步全面深化改革、推进中国式现代化的重大决定，随着国家创新高地建设的全面推进，创新驱动、科教兴省、人才强省战略的深入实施，河南省科技创新工作开启了新的征程。"十五五"时期以及更长时期的发展对加快科技创新提出了更为迫切的要求，科技创新工作必须统筹资源配置、集聚创新要素、强化协同创新、完善体制机制，着力打造高能级创新平台，培育高水平创新主体，引育高层次科技人才，加速推进

重大科技成果产出转化，加快形成新质生产力，用科技创新"关键变量"，激活现代化产业体系"最大动量"，激发高质量发展"最大增量"，为中国式现代化建设河南实践贡献科技力量。

## （一）新一轮科技革命和产业变革催生发展新模式

当前，新一轮科技革命和产业变革深入推进，新能源、新材料、数字科技、生物科技、智能制造等步入新一轮技术创新活跃期，新一轮科技革命和产业变革正在重构全球创新版图、重塑全球经济结构，颠覆性技术创新大量涌现，并快速进入商业化、产业化阶段，新产品、新服务、新模式、新业态不断涌现，新产业赛道加速形成，成为推动经济增长、重构产业格局、促进社会变革的重要力量。当前的河南省已经站在了新的历史起点，到了可以大有作为的关键时期。"两个确保""十大战略"等宏伟目标能否顺利实现，以及河南省能否在未来产业上前瞻布局、在新兴产业上抢滩占先，在中国式现代化大局中占据发展主动权，都取决于科技创新这个"关键变量"。唯有依靠创新科技打造国家创新高地，才能快速提升河南省创新驱动能力、补齐发展短板，才能有效实现"质量变革、效率变革、动力变革"，推动中国式现代化建设河南实践行稳致远。

## （二）创新驱动高质量发展迎来关键期

我国经济已由高速增长阶段转向高质量发展阶段，转变发展模式、优化经济结构、转换经济增长动力成为经济保持活力的关键，促进高质量发展需要加速科技创新。以科技创新为核心的全方位创新成为推动高质量发展的根本动力，必须深入推进创新驱动发展战略。全国各地纷纷加大科技创新力度，增强区域创新发展新动力，争夺科技创新的制高点。上海市提出加快建设具有全球影响力的科技创新中心；北京市以首善标准打造国际科技创新中心；广东省深入开展"科技创新十大重点行动"，粤港澳大湾区将建成具有全球影响力的科技和产业创新高地；成渝地区共建全国有影响力的科技创新中心；合肥、武汉、西安等地积极打造区域性科技创新中心。河南省正处在建设国家创新高地和重要人才中心的关键时期，对科技创新工作提出了更高要求，也为科技创新发展提供了重要机遇期。可以说，面对激烈的区域竞争态势，不进则退、慢进亦退、不创新必退，河南省必须走好创新驱动高质量发展之路。

### （三）区位优势与战略叠加带来新机遇

当前，科技创新正处于从积势蓄能到实现飞跃的关键时期，中部崛起、黄河流域生态保护和高质量发展等国家战略，为河南省的发展带来了难得的契机。近年来，河南省在科技创新领域取得了显著进步，创新推动力在经济社会的高质量发展中日益显现。随着创新驱动、科教兴省、人才强省战略的深入实施，以及国家创新高地建设的全面推进，河南省科技创新工作迈上新台阶，开启新征程。党的二十届三中全会以进一步全面深化改革，开辟中国式现代化广阔前景。新征程呼唤新担当，新机遇要有新作为，"十五五"时期，河南省的科技创新工作必须保持战略清醒和战略定力，把科技创新摆在更加重要的位置，以敢为人先的锐气和胆识、勇于担当的历史使命感、坚定不移的创新自信、打破常规的创新举措，用非常之功、下非常之力，在拉高标杆中争先进位、在加压奋进中开创新局，努力实现直道冲刺、弯道超车、换道领跑，以崭新的姿态开启国家创新高地建设新征程。

## 四 "十五五"时期河南省科技创新工作展望

"十五五"时期，是我国全面建设社会主义现代化国家的第二个五年，是发展新质生产力的关键时期。以优势产业、新兴产业、未来产业为支撑的现代化产业体系建设正成为支撑区域经济高质量发展，厚植主动能、培育新动能的核心支撑。党的二十届三中全会提出构建支持全面创新体制机制，把深化科技体制改革摆在重要位置，这再次坚定了河南省在科技创新上"十年磨一剑"的信心。站在"十五五"新的历史发展起点上，河南省应顺应新一轮科技革命加速演进的新趋势，以改革之火点燃创新引擎，以创新引擎激发强大动能，必须做到"三个坚持"、实现"四大突破"、攻坚"四项任务"，以科技现代化支撑引领中国式现代化建设河南实践再上新高度。

## （一）以"三个坚持"为本，打造科技创新策源地

坚持创新在现代化河南建设全局中的核心地位，以"三个坚持"为本，在更高层次、更大范围发挥科技创新的引领作用，充分激活创新这个第一动力，不断开辟发展新领域新赛道，持续塑造发展新动能新优势。

第一，坚持以科技创新为核心增强区域创新能力。大力推动科技、管理、产品、模式、文化等方面的创新，以科技创新为核心带动全面创新，全力集聚创新要素、培育创新人才，不断增强区域创新能力。第二，坚持以发展新质生产力为目标促进经济提质增效。因地制宜发展新质生产力，整合科技创新资源，引领战略性新兴产业和未来产业发展，以科技创新推动产业创新，以颠覆性技术和前沿技术催生新产业、新模式、新动能。第三，坚持以市场需求为导向促进科技成果加快转化。以提升科技成果转移转化关键环节支撑能力为抓手，搭建科研产业之间的桥梁，建设链条贯通、功能互补、多层次、高能级的科技成果转移转化体系。

## （二）以"四大突破"为靶，建设国家创新高地和重要人才中心

坚定不移实施创新驱动、科教兴省、人才强省战略，以"四大突破"为靶，举全省之力打造国家创新高地和重要人才中心，加速推进高水平创新平台搭建、创新主体培育、重大科技基础设施建设、关键核心技术攻关、领军人才和青年人才引育、世界一流学科建设。

第一，着力在体制改革上实现新突破。找准新型研发机构定位，创新体制机制，扩大科研院所及高校科研相关自主权，探索制定"一揽子授权"管理制度，靶向配置高校、科研院所科研资源，充分发挥中央驻豫科研院所优势，健全高水平科创平台引育机制，实施以信任和绩效为核心的科研经费管理改革，全面激发科研机构活力。第二，着力在营造一流创新环境上实现

新突破。深化"放管服效"改革，健全政策集成精准直达企业的服务机制，加快科研诚信建设，厚植创新文化，全面营造宽松优惠的政策环境、清廉高效的政务环境、公平有力的法治环境、活力迸发的市场环境、尊重创新的文化环境。第三，着力在人才激励上实现新突破。改革人才"引育用服"体制机制，以人才需求为导向设计服务场景，打造专业化、信息化、产业化的人力资源生态圈。坚持以用为本，充分信任人才、尊重人才、善待人才、包容人才。完善安居保障等人才服务保障机制，对高层次人才提供全方位服务保障，让人才感受到尊重、感受到便利、感受到温暖。第四，着力在创新投入上实现新突破。改革科创投融资体制机制，组建规模优势明显、运营科学规范的政府引导基金，创新"引基入豫"激励政策，用财政资金撬动社会资本投入。探索发展政策性科技金融，提升金融支持的精准度、覆盖面和获得率。

## （三）以"四项任务"为策，加快实现高水平科技自立自强

面向世界科技前沿、面向经济主战场、面向国家重大需求、面向人民生命健康，以"四大任务"为策，建设一流创新平台，凝练一流创新课题，会聚一流创新人才，发展一流创新金融，营造一流创新环境，推动科技创新再起高峰，为实现高水平科技自立自强贡献"河南力量"。

第一，以科技自立自强为任务，构筑高能级创新平台。一是积极争创国家级重大创新平台。主动对接国家战略科技力量，加强与国家部委的沟通对接，积极推动嵩山实验室、神农种业实验室、黄河实验室等成为国家实验室。二是持续推进省实验室建设。加强省实验室服务保障，提升建设管理运行水平，推动省实验室在高层次人才引育、重大创新成果产出、科技成果转化等方面取得标志性成果。开展省实验室评估工作，以评促建、以评促强，引导省实验室高标准建设、高水平运行。持续优化重组省级重点实验室，突出重点学科建设、人才队伍培育、产业链提质发展，不断提升创新支撑能力。三是优化布局省中试基地等创新平台。聚焦重点产业链，新命名建设一批省中试基地，加快形成覆盖全省各区域、各产业链的中试基地网络。依托

行业龙头、骨干企业和科研优势突出的高校、科研院所，打造一批符合产业转型升级需求的技术创新中心。

第二，以培育壮大科技创新主体为目标，激发企业创新活力。一是推动规上工业企业研发活动全覆盖。以研发投入占比或增速为基准对重点企业开展奖补，引导企业持续稳定加大研发投入力度。高标准实施企业研究开发费用税前加计扣除、高新技术企业税收优惠等财税政策，对研发经费支出靠前的重点企业提供"一对一""手把手"精准培训，推动科技惠企政策应享尽享。二是加强创新型企业培育孵化。制定出台新一轮助企惠企政策，促进科技领域中小企业的规模扩大与质量提升，鼓励具备条件的地方政府对表现优异的科技中小企业实施奖励政策，确保河南省科技型中小企业在入库数量上继续保持全国领先地位。三是大力发展政策性科技金融。优化科技金融制度，加快形成以股权投资为主、"股贷债保"联动的金融服务体系。打造科技金融融合发展新模式，积极引导和推动金融资金支持专精特新企业发展，促进科技金融高质量发展，发布"科技贷"和科创投资基金精品案例，表彰优秀合作银行、投资机构和先进个人，显著提升区域科技成果转化和产业化水平。

第三，以高端人才引育为抓手，建设高素质科技人才队伍。一是强化本土创新人才培育。强化顶尖人才培养，对符合条件的专家建立数据库。遴选培育中原学者、中原科技创新领军人才、中原科技创业领军人才。完善青年科技人才发现、培养、激励机制，扩大省杰出青年、省优秀青年的覆盖面，探索建立对优秀青年科技人才、团队的长周期滚动支持机制，提高重大项目青年人才支持比例。支持顶尖人才、领军人才牵头组建跨单位联合、产学研融合、多学科交叉的创新团队。二是重点引进高端紧缺人才。加强市场化引才、柔性引才及靶向引才。依托全国重点实验室、省实验室、省重点实验室、省属科研院所等高水平科研平台，加大院士、国家杰出青年、长江学者等高端紧缺人才和实用领军人才引进力度。做好海外优秀科技人才引进工作。三是优化人才发展环境。深化人才"引育用服"改革，以创新价值、能力、贡献为导向，完善科技人才评价体系，聚一流创新人才。建设科技人才管理服务系统，加强对在豫院士、国家杰出青年、中原学者等高层次科技人才的动态管理、高效服务和精准培养。组织开展中原学者论坛、领军人才培训等活动，增强高层次人才的成就感和获得感。新建一批院士工作站和中原学者工作站，为企业搭建科技攻关、人才培养、产品研发的服务平台。四是推动科教融合发展。统筹推进教育、人才、科技一体化发展，围绕"双一流"建设配置科技创新资源，支持河南省高校加快提升科技创新能力，支持高校参与国家实验室、省实验室建设，建设前沿科学中心和基础学科研究中心，鼓励高校调整优化学科学院、专业设置、研发平台、实验室等布局，建设高水平研究型大学。

第四，以加快成果转化为途径，增强高质量发展支撑能力。一是推进科技成果转化应用。完善技术转移服务网络，壮大专业化技术转移人才队伍，着力构建高水平技术转移全链条服务体系。强化科技成果转化前端赋能，探索建立概念验证中心，布局建设省级科技成果转移转化示范区。用好省科技成果转移转化公共服务平台，常态化开展高校院所河南科技成果博览会、科技成果直通车等活动，拓展科技成果线上线下对接服务。持续发布科技成果转移转化优秀典型案例，加强典型转化模式推广应用。二是强化区域协同创新。引导鼓励郑洛新国家自主创新示范区在政策激励、要素流动、人才引进、项目合作、成果转化等方面先行先试，形成可复制可推广的典型经验。与京津冀、长三角、粤港澳大湾区等建立跨区域科技合作机制，组织开展新一批省级高新区认定和创建工作。推进国家级创新型县（市、区）建设，加速科技成果在县域示范推广，激发县（市、区）创新发展活力。

**参考文献**

《2023年河南省国民经济和社会发展统计公报》，河南省人民政府网站，2024年3月30日，https://www.henan.gov.cn/2024/03-30/2967853.html。

曹雷：《河南加快建设国家创新高地之思考》，中工网，2024年2月8日，https://www.workercn.cn/c/2024-02-08/8145976.shtml。

《在中部地区高质量发展中奋勇争先、更加出彩——访河南省委书记楼阳生》，河南省人民政府网站，2021年9月23日，https：//www.henan.gov.cn/2021/09-23/2317616.html。

郑波等：《中原焕新》，《经济日报》2024年9月25日。

# B.4
# 中部六省主要科技创新指标比较分析研究

河南省社会科学院课题组*

**摘　要：** 科技创新是引领现代化产业体系建设、推动新质生产力发展的核心要素，是中部地区崛起的重要战略支撑。本报告对近年来中部六省的创新投入、创新产出、成果转化、科技型企业培育、创新平台搭建、科技人才引育等主要科技创新指标进行对比分析，全面、系统地剖析和展示了中部六省取得的科技创新成效，以及各省份在创新领域的持续投入和政策引导，河南要借鉴其经验，注重高能级平台建设、注重产业发展需求、注重机制体制创新、注重科技成果转化、注重创新型企业发展壮大、注重高层次人才引育等问题。

**关键词：** 中部六省　科技创新　河南省

2024年是"促进中部地区崛起"战略提出的20周年，习近平总书记在新时代推动中部地区崛起座谈会上进一步提出，在更高起点上扎实推动中部地区崛起，要以科技创新引领产业创新，积极培育和发展新质生产力。[①] 长期以来，中部六省始终坚决贯彻落实党中央推动中部地区崛起的战略部署，牢记习近平总书记嘱托，将科技创新作为高质量发展的战略支点，同频共

---

\* 课题组组长：袁金星，河南省社会科学院创新发展研究所副所长、副研究员，研究方向为科技经济、区域经济。课题组成员：高泽敏、赵晶晶、曹书睿、史璇、赵雅曼。执笔人：史璇，河南省社会科学院创新发展研究所科研人员，研究方向为科技金融、区域创新。

① 《习近平主持召开新时代推动中部地区崛起座谈会强调：在更高起点上扎实推动中部地区崛起》，中国政府网，2024年3月20日，https：//www.gov.cn/yaowen/liebiao/202403/content_6940500.htm。

振、同向发力，在科技工作中突出"大投入"，推动创新发展"大变化"，创新体系不断完善，创新动能明显增强，创新成果持续产出，创新发展全面起势，在全国创新版图中的地位更加突出，创新成为更高起点上扎实推动中部地区崛起的坚实底座和有力支撑。

## 一 中部六省科技创新战略定位及典型举措

### （一）中部六省科技创新战略定位

河南科技创新战略定位是建设国家创新高地和全国重要人才中心。围绕这一目标，河南坚持把创新摆在发展的逻辑起点、现代化河南建设的核心位置，实施创新驱动、科教兴省、人才强省为首的"十大战略"，聚力打造新材料、新能源汽车、电子信息等七大先进制造业集群，不断构筑河南核心竞争优势，坚定走好创新驱动高质量发展"华山一条道"。提出到2035年，全省创新能力进入全国前列，基本建成国家创新高地，成为国家科技创新重要策源地、创新区域布局的关键节点、战略科技力量的重要组成，在全国创新版图中的战略地位全面提升。

湖北科技创新战略定位是建设成为科技强国的重要战略支点，打造全国创新高地，推动高水平科技自立自强。围绕光电子信息、先进制造、生命健康、空天科技、人工智能等产业，重点推进"五个着力，五个打造"，建立具有湖北特色的全区域、全链条、全主体、全要素科技创新体系，努力塑造湖北在全国科技创新版图中的领先地位，成为引领中部地区崛起的科技创新支点和全球创新网络的重要链接。

湖南科技创新战略定位是着力打造具有核心竞争力的科技创新高地，以"创新引领，开放崛起"为指引，锚定"三高四新"的美好蓝图，聚焦轨道交通、先进制造、新材料等领域关键核心技术的研发与突破，奋力打造国家重要先进制造业高地、具有核心竞争力的科技创新高地和内陆地区改革开放高地，力争成为重要的原始创新策源地、技术创新先行地、高端人才集聚地、科技体制改革试验田和开放合作新高地。

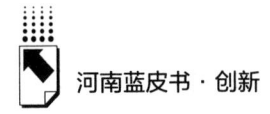

安徽科技创新战略定位聚焦建设高水平创新型省份，打造具有重要影响力的科技创新策源地。长期以来，安徽持续深化科教兴皖、人才强省、创新驱动发展战略，坚定不移下好创新"先手棋"，把科技强省作为"七个强省"建设的首要目标，聚力攻克关键核心技术难题，全力打造量子信息、聚变能源、深空探测三大科创引领高地，为国家实现高水平科技自立自强贡献安徽力量。

江西科技创新战略定位是打造全国具有影响力的区域科技创新中心。以科技支撑高质量发展、保障高水平安全为目标，以显著提升科技自立自强能力为主线，深入实施创新驱动、科教兴省以及人才强省战略，围绕稀土新材料及应用、新能源、钨新材料及应用等重点产业链开展技术创新攻关，全面提升科技创新驱动力，加快江西向世界级新能源、新材料产业发展高地迈进的步伐，推动科技创新引领现代化产业体系建设，助力创新江西发展。

山西把创新驱动发展作为全省发展的首要战略，把创新第一动力摆在发展全局的核心位置，着力推动以科技创新为核心的全面创新。以推动高水平科技自立自强为主线，致力于在煤炭清洁高效利用、氢能、核能技术等新兴领域和紧缺方向重点布局，积极发展战略性新兴产业，推动传统产业绿色改造，全力构筑具有山西特色的区域科技创新体系，以科技创新塑造山西发展新优势，不断加快科技强省建设。

**（二）中部六省加快科技创新的典型举措**

中部六省加快科技创新的典型举措如表1所示。

表1 中部六省加快科技创新的典型举措

| 省份 | 科技创新典型举措 |
| --- | --- |
| 河南 | 1. 重振省科学院，重塑重构省实验室体系，构建中原科技城、中原医学科学城、中原农谷"三足鼎立"科技创新大格局，旨在形成高效能协同创新体系；2. 强化企业科技创新主体地位，完善创新型企业梯次培育机制，建立"创新龙头企业—瞪羚企业—高新技术企业—科技型中小企业"梯次培育体系；3. 深化科技管理体制机制改革，开展财政经费拨付直通车、科研经费使用包干制、职务科技成果赋权改革试点和职务科技成果单列管理试点等；4. 打造人才"引育留服"全链条，开展顶尖人才突破行动、领军人才集聚行动等专项行动，实施"1+20"一揽子人才政策，打造"一站式"人才服务平台 |

续表

| 省份 | 科技创新典型举措 |
| --- | --- |
| 湖北 | 1. 积极布局国家级创新平台和重大项目，大力建设重大基础设施集群，武汉现有已建成、在建和谋划的10个重大科技基础设施；2. 实施实验室建设效能提升工程，开展国家实验室"对标行动"、关键核心技术"攻坚活动"等"十大行动"；3. 实施"尖刀"工程，紧盯省内优势产业和未来产业，集中资源攻克高端芯片、关键设备、基础原材料、基础软件等关键核心技术；4. 出台支持科技成果转化"二十条"，深化职务科技成果赋权改革、强化企业创新主体、打造成果供需平台等，促进科教人才优势向创新发展优势转变 |
| 湖南 | 1. 实施"4+4科创工程"，围绕最基础、最需突破的领域建设"四大实验室"，围绕"卡脖子"领域建设"四个重大科学装置"，旨在打造国家实验室和国家重大科技基础设施；2. 建设覆盖全省的潇湘科技要素大市场，构建集研发设计、检验检测、科技金融、技术（专利）转移转化、创业孵化等多种创新要素于一体的综合性科技服务平台，打造科技成果转化的全链条应用体系；3. 推进"芙蓉计划"，实施"三尖"创新人才工程，聚力打造国家重要人才中心和创新高地 |
| 安徽 | 1. 前瞻布局未来产业，围绕合成生物、化合物半导体、人形机器人领域编制2024~2027年未来产业行动方案；2. 打造综合性国家科学中心大科学装置集中区，加速绘制大科学装置衍生技术产业地图，有效提升原始科技创新能力和成果转化效率；3. 打造"科大硅谷"创新平台，畅通要素流动渠道，促进产业链、创新链、资金链和人才链"四链合一"；4. 设立10亿元省科技创新攻坚专项资金，运用零基预算理念，打破科技攻关领域支出固化格局，支持开展原创性引领性科技攻关；5. 探索职务科技成果赋权改革，将传统的"先转化后奖励"变为"先赋权后转化"，形成"先分田后分粮"模式 |
| 江西 | 1. 实施科技兴赣六大行动，打出实施区域创新协同力、创新平台引领力、技术攻关硬实力、企业创新竞争力、科技人才创造力、科技智力支撑力的科技创新"组合拳"；2. 围绕产业链布局创新链，聚焦六大优势产业、14个产业链，组建24个科技创新联合体，以高效能的协同创新体系解决产业链关键共性问题；3. 大力推进"科创飞地"建设，构建开放型区域创新体系，加快科技资源的跨区域流动和共享 |
| 山西 | 1. 实施科技成果转化"三项改革"试点，开展包括职务科技成果单列管理、技术转移人才评价和职称评定、横向科研项目结余经费出资在内的科技成果转化机制改革，旨在促进科技成果有效转化；2. 优化重组省重点实验室，聚焦研究方向、突出研究特色、优化建设条件，使实验室发挥建制化、体系化和集成化优势；3. 深化产学研协同，鼓励企业与高校、科研机构开展深度合作，共同推进产业链升级和技术创新 |

057

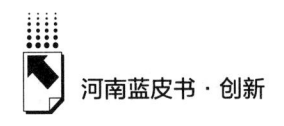

## 二 中部六省主要科技创新指标比较及河南态势分析

近年来，中部地区科技创新水平进一步提升。中国科学技术发展战略研究院发布的《中国区域科技创新评价报告2024》显示，2024年中部六省综合科技创新水平指数排名依次为湖北、安徽、湖南、江西、河南、山西，整体高于2023年科技创新水平（见图1），区域协同创新发展成效进一步显现。其中，湖北和安徽综合科技创新水平在中部地区处于领先地位，在全国分别排第8位和第9位。

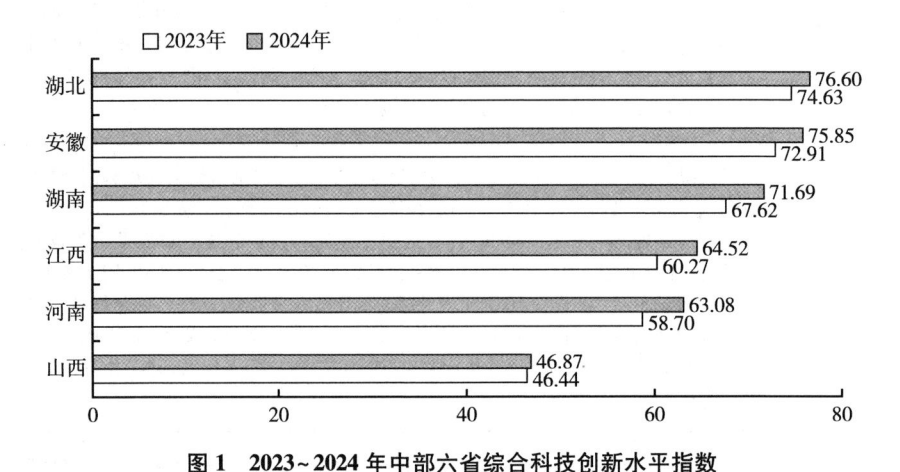

| 省份 | 2023年 | 2024年 |
| --- | --- | --- |
| 湖北 | 74.63 | 76.60 |
| 安徽 | 72.91 | 75.85 |
| 湖南 | 67.62 | 71.69 |
| 江西 | 60.27 | 64.52 |
| 河南 | 58.70 | 63.08 |
| 山西 | 46.44 | 46.87 |

图1 2023~2024年中部六省综合科技创新水平指数

资料来源：《中国区域科技创新评价报告2024》。

河南科技创新水平在中部地区排第5位，创新实力稍显不足，但增长幅度较大、赶超发展态势良好。根据《河南省区域科技创新评价报告2024》，河南综合科技创新水平全面提升，科技投入和科技产出持续增加，科技创新环境不断优化，科技对经济社会发展的支撑作用越发凸显。

### （一）创新投入方面

从中部六省整体研发投入情况来看，研究与试验发展（R&D）经费投入从2018年的3287.3亿元增加到2022年的5557.6亿元，年均增长14.0%，超过全国平均增速2.1个百分点，占全国的比重由16.7%上升至18.1%，提高了1.4个百分点（见图2）。可以预测，中部六省的研发投入将保持增长趋势。

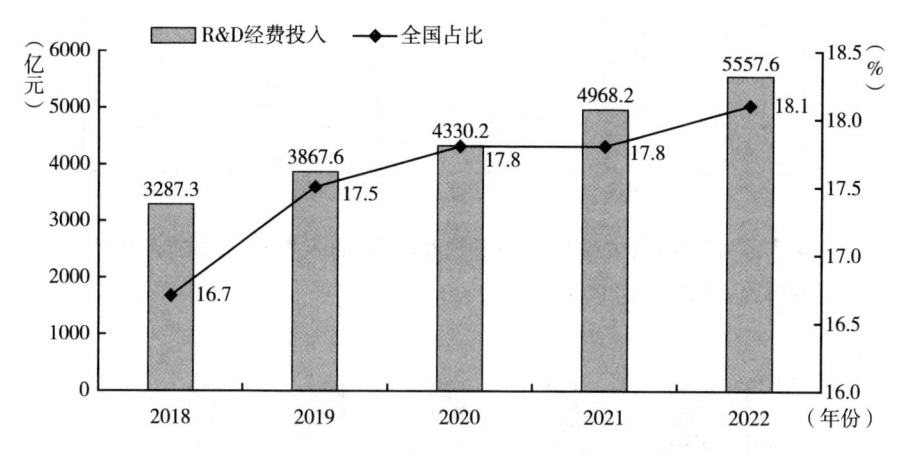

图2 2018~2022年中部六省R&D经费投入及全国占比

资料来源：2019~2023年《中国科技统计年鉴》。

从各省研发经费投入情况来看（见图3），2022年中部六省R&D经费投入排名从高到低依次为湖北、湖南、安徽、河南、江西、山西，其中湖北、湖南、安徽、河南的R&D经费投入均在1000亿元以上，江西、山西则相对较少。从研发投入增速来看，湖南、安徽、河南研发投入增速超过中部六省的平均水平。从研发投入强度来看，湖北、湖南和安徽研发投入强度始终保持在2%以上。综合来看，安徽、湖南和湖北与R&D经费投入相关的各项指标在中部六省中排名靠前。

一是从研发经费投入活动类型来看，基础研究经费投入从高到低依次是安徽、湖南、湖北、河南、江西、山西，应用研究经费投入从高到低依次是湖北、湖南、河南、安徽、江西、山西，试验发展经费投入从高到低依次是湖北、河南、湖南、安徽、江西、山西。在基础研究经费、应用研究经费和试验发展经费中，各省试验发展经费投入占比最高，均在80%以

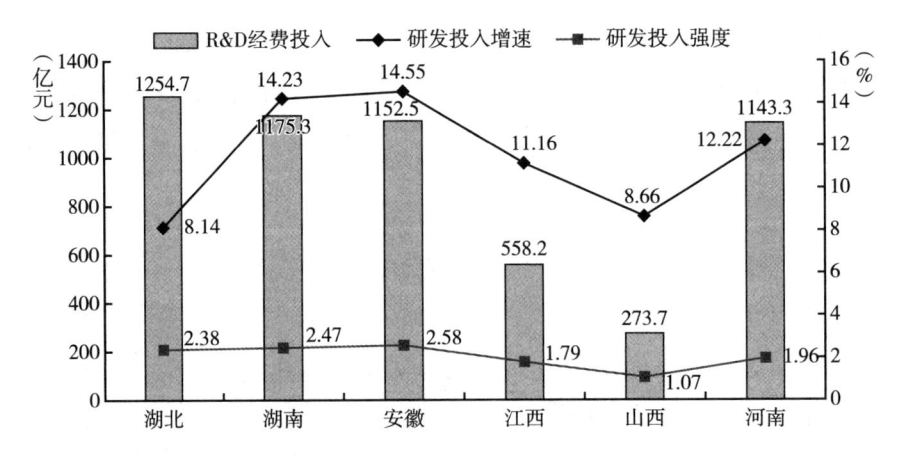

**图3  2022年中部六省R&D经费投入、研发投入增速及研发投入强度**

资料来源：2023年《中国统计年鉴》。

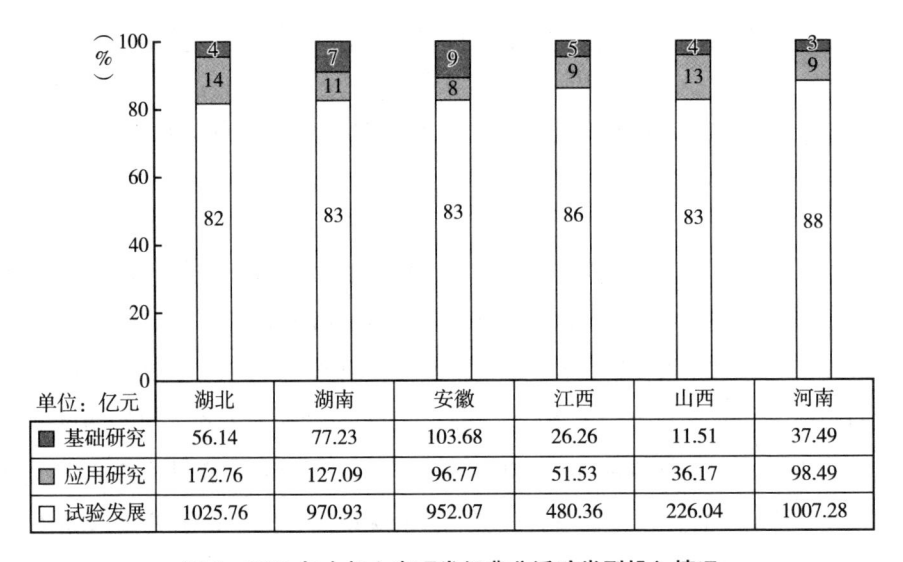

**图4  2022年中部六省研发经费分活动类型投入情况**

| 单位：亿元 | 湖北 | 湖南 | 安徽 | 江西 | 山西 | 河南 |
|---|---|---|---|---|---|---|
| 基础研究 | 56.14 | 77.23 | 103.68 | 26.26 | 11.51 | 37.49 |
| 应用研究 | 172.76 | 127.09 | 96.77 | 51.53 | 36.17 | 98.49 |
| 试验发展 | 1025.76 | 970.93 | 952.07 | 480.36 | 226.04 | 1007.28 |

资料来源：2023年《中国统计年鉴》。

上，用于基础研究的经费最少，占比均在10%以内。二是从研发经费投入活动主体来看，高等学院研发经费投入从高到低依次是湖南、安徽、河南、江西、山西；政府属研究机构研发经费投入从高到低依次是安徽、河南、湖南、江西、山西；企业研发经费投入从高到低依次是河南、湖南、安徽、江西、山西。各省企业研发经费投入占比较高，说明企业科技创新主体地位日益彰显，而高等学院和政府属研究机构的研发经费投入有待进一步增加（见图5）。

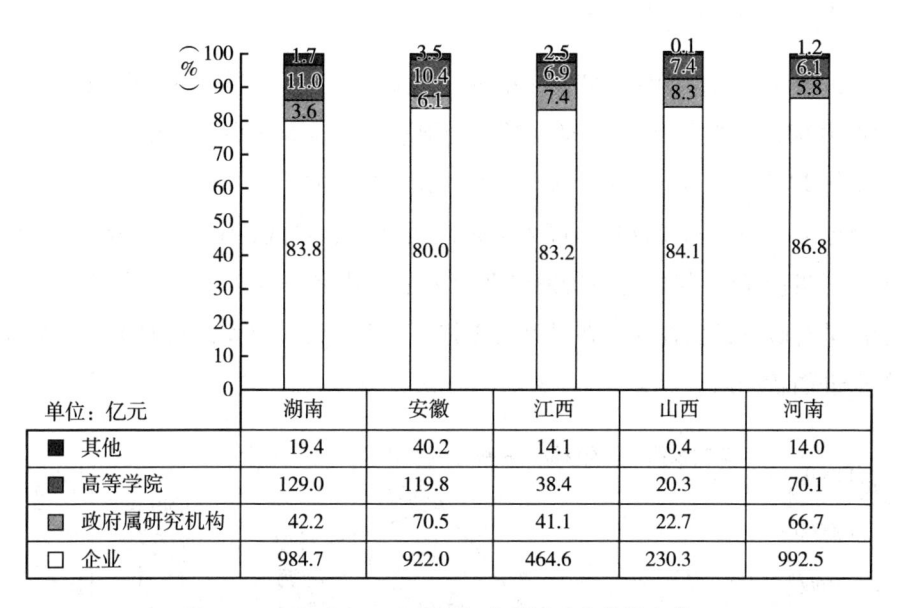

| 单位：亿元 | 湖南 | 安徽 | 江西 | 山西 | 河南 |
| --- | --- | --- | --- | --- | --- |
| 其他 | 19.4 | 40.2 | 14.1 | 0.4 | 14.0 |
| 高等学院 | 129.0 | 119.8 | 38.4 | 20.3 | 70.1 |
| 政府属研究机构 | 42.2 | 70.5 | 41.1 | 22.7 | 66.7 |
| 企业 | 984.7 | 922.0 | 464.6 | 230.3 | 992.5 |

**图5　2022年中部六省研发经费分活动主体投入情况**

说明：由于缺少湖北相关数据，故在图表上未列出。
资料来源：2022年各省份科技经费投入统计公报。

河南研发经费投入有以下几个特点。一是研发投入强度较低。2022年河南研发投入强度为1.96%，比全国平均水平低0.58个百分点，居全国第17位、中部地区第4位，且研发投入强度与安徽、湖南等中部省份差距较大。公开数据表明，2023年河南研发投入强度突破2%[1]，可见河南科研经费投入显著增加。二是基础研究经费投入不足。2022年河南基础研究经费占比仅为3%。这表明河南存在一定程度的"重应用研究，轻

---

[1]《保持战略定力　集聚创新动能　为中国式现代化建设河南实践贡献科技力量》，河南省科学技术厅网站，2024年3月12日，https://kjt.henan.gov.cn/2024/03-12/2960775.html。

基础研究"的问题。三是企业研发经费投入占比较大。河南企业研发经费投入占比为86.8%，居中部六省之首，这说明河南比较注重企业的研发经费投入。

### （二）创新产出方面

由图6可知，2018~2022年中部六省发明专利授权量从47647项增加到104070项，年均增长21.57%，超过全国平均增速6.6个百分点，占全国的比重从13.77%上升到14.96%，创新产出大幅增加。从2022年的数据来看，中部地区发明专利授权量从高到低依次为湖北、安徽、湖南、河南、江西、山西（见图7），与各省在研发经费投入上的排名一致，可以看出发明专利授权量与研发经费投入存在显著的正相关关系，说明研发经费的增加能够显著促进创新产出。

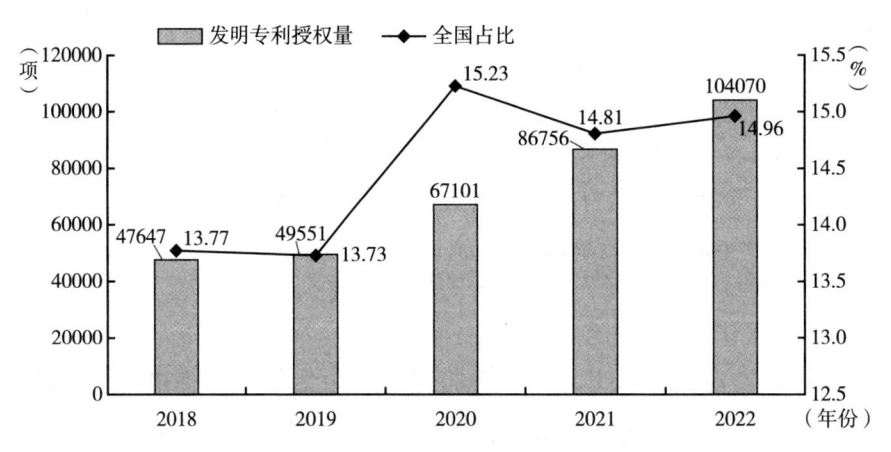

**图6 2018~2022年中部六省发明专利授权量及全国占比**

资料来源：2019~2023年《中国统计年鉴》。

由图7可知，2022年河南发明专利授权量为14574项，在中部六省中排名第四。《2024年河南省政府工作报告》相关数据显示，2023年河南发明专利授权量为17531件，较2022年增长20.3%。河南不仅在发明专利授权量上取得了较大突破，整体专利授权量和有效发明专利数量表现也很

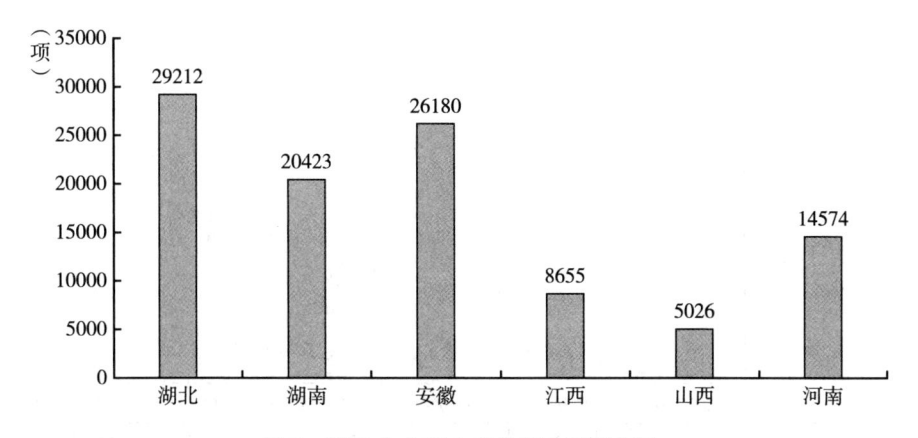

图 7  2022 年中部六省发明专利授权量

资料来源：2023 年《中国统计年鉴》。

出色，专利授权量达到 109957 件，有效发明专利达到 83127 件。可以看出，河南创新产出增长势头强劲，未来在专利赋能技术创新和产业升级方面仍有广阔的发展前景。

## （三）成果转化方面

近年来中部六省在成果转化方面取得较大进步。由图 8 可知，中部六省的技术合同成交额从 2018 年的 2222.9 亿元增加到 2023 年的 15654.8 亿元，年均增长 47.8%；占全国的比重从 12.6% 上升至 25.5%，提高 12.9 个百分点。具体来看，各省份技术合同成交额均在稳步增长，湖北、湖南和安徽近 3 年的增长额远高于江西、河南和山西，且差距有进一步扩大的趋势。其中，2023 年技术合同成交额从高到低依次是湖北、湖南、安徽、江西、河南、山西，湖北的技术成交额连续 6 年在中部六省居于首位。

与此同时，河南在技术创新和成果转化方面仍有较大潜力。从图 8 可以看出，河南技术合同成交额增长迅猛，2023 年技术合同交易额突破 1300 亿元，同比增长 34%，成果转化方面取得显著成效。但在中部地区排名第 5 位，且在 2023 年首次被江西超越，与湖北、湖南、安徽等中部

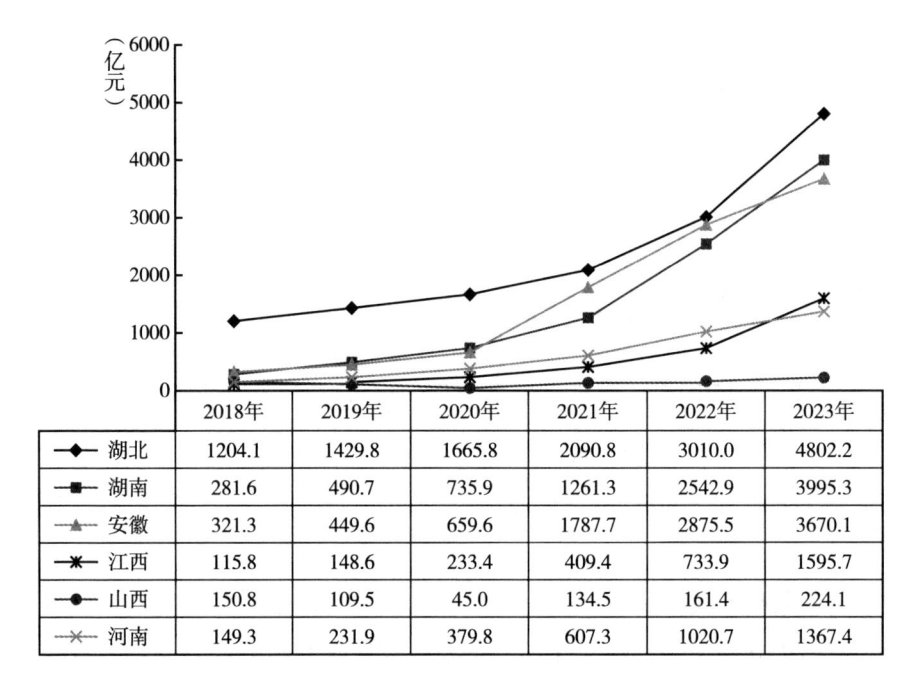

| | 2018年 | 2019年 | 2020年 | 2021年 | 2022年 | 2023年 |
|---|---|---|---|---|---|---|
| 湖北 | 1204.1 | 1429.8 | 1665.8 | 2090.8 | 3010.0 | 4802.2 |
| 湖南 | 281.6 | 490.7 | 735.9 | 1261.3 | 2542.9 | 3995.3 |
| 安徽 | 321.3 | 449.6 | 659.6 | 1787.7 | 2875.5 | 3670.1 |
| 江西 | 115.8 | 148.6 | 233.4 | 409.4 | 733.9 | 1595.7 |
| 山西 | 150.8 | 109.5 | 45.0 | 134.5 | 161.4 | 224.1 |
| 河南 | 149.3 | 231.9 | 379.8 | 607.3 | 1020.7 | 1367.4 |

**图8　2018~2023年中部六省技术合同成交额**

资料来源：2023年《中国统计年鉴》，河南省技术市场管理办公室网站。

省份差距较大，规模不足湖北的30%，与1983亿元的全国平均水平仍有一定的距离。

### （四）科技型企业培育方面

近年来，中部六省科技型企业发展势头强劲。由表2可知，中部地区有高新技术企业近8.5万家，占全国的21%。科技型中小企业、专精特新"小巨人"企业数量分别为108155家、2688家。其中，湖北高新技术企业、科技型中小企业及专精特新"小巨人"企业数量在中部六省中最多，展现出较强的科技实力。在独角兽企业建设方面，截至2023年底中部六省共有36家，仅占全国的10%。

表2　2023年中部六省科技企业数量

单位：家

| 地区 | 高新技术企业 | 科技型中小企业 | 专精特新"小巨人"企业 | 独角兽企业 |
|---|---|---|---|---|
| 中部地区 | 84951 | 108155 | 2688 | 36 |
| 湖北 | 25512 | 35305 | 695 | 9 |
| 湖南 | 16589 | 23184 | 522 | 10 |
| 安徽 | 19570 | 2752 | 617 | 16 |
| 江西 | 6244 | 14528 | 273 | 0 |
| 山西 | 4141 | 6189 | 155 | 0 |
| 河南 | 12895 | 26197 | 426 | 1 |

资料来源：2023年中部六省国民经济和社会发展统计公报，《中国独角兽企业研究报告2024》。

近年来，河南不断强化企业科技创新主体地位，取得显著成效，2023年高新技术企业突破1.2万家，科技型中小企业达到2.6万家，科技型中小企业数量位居全国第七，遴选"瞪羚"企业350家，培育创新龙头企业116家，科技创新势头强劲。与此同时，河南科技型企业培育还有较大空间，从表2可以看出，河南各类型科技企业数量在中部六省中排名靠后。其中，河南仅有一家独角兽企业——超聚变，表明河南在培育高成长型、创新型企业方面与其他省份相比还有一定的差距，省内缺乏创新型领军企业。

#### （五）创新平台搭建方面

近年来中部六省积极布局建设高水平创新平台，搭建国家实验室、全国重点实验室、省重点实验室、省实验室等高水平战略平台矩阵。在国家实验室建设中，中部六省共有4家，湖北1家、安徽3家。在全国重点实验室的重组和建设方面，中部六省呈现积极态势，2023年已建成70家全国重点实验室。据2024年中部各省政府工作报告统计，河南全国重点实验室达13家，湖南牵头建设的全国重点实验室达11家，湖北累计获批全国重点实验室18家，安徽新获批全国重点实验室5家、江西新获批3家、山西新获批2家，一批全国重点实验室正在中部地区崛起。在省重点实验室建设方面，中部六省实现跨越式增长，具体数量如图9所示。除此之外，中部六省均制订省实验室建设计划，其中河南已揭牌20家，各省建设目标皆在有序推进。

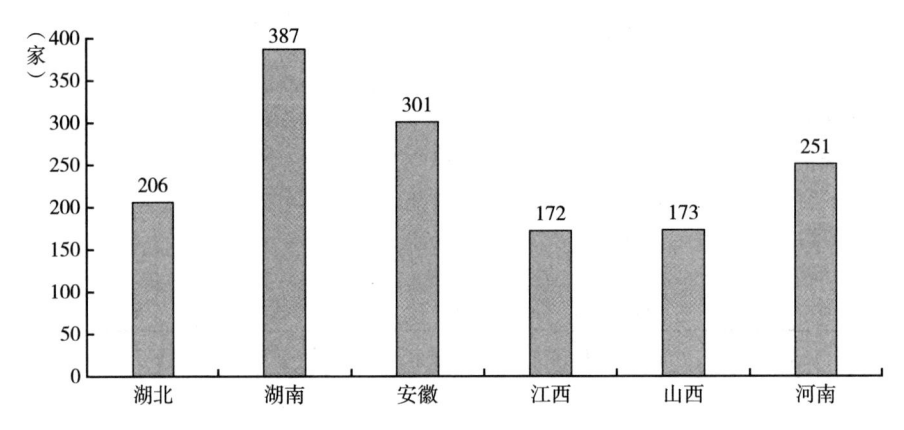

**图9　2023年中部六省省重点实验室建设情况**

资料来源：湖北省人民政府网站、湖南省人民政府网站、安徽省人民政府网站、河南省人民政府网站和中华人民共和国科学技术部网站。

河南创新平台建设量质齐升。近年来，河南加大创新平台等基础设施建设力度，2023年全国重点实验室优化重组入列5家，一年内揭牌成立了墨子、黄淮、尧山等8家省实验室。截至2023年底，全省建成国家创新平台172家、省实验室16家、产业研究院40家、中试基地36家，以中原科技城、中原医学科学城、中原农谷为支柱的"三足鼎立"科技创新大格局初步形成。与此同时，与其他省份相比，河南在创新平台数量上具备一定优势，但高能级创新平台不足，在全国已布局的38个大科学装置和国家实验室中，河南尚属空白。

### （六）科技人才引育方面

中部六省科技人才资源雄厚。根据2023年中部六省统计年鉴，中部地区研发人员共计181.5万人，占全国的28.57%。其中，湖北、湖南、安徽、河南的研发人员投入均达在35万人以上，而江西、山西研发人员较少（见图10）。在2023年新增院士中，有52名籍贯为中部六省的专家当选，占全国的39.1%。从两院院士的分布情况来看，各省差距明显。截至2023年底，湖北共有两院院士82人，高层次人才总量居全国第一方阵，实力稳居中部六省首位，与其他省份拉开较大差距。

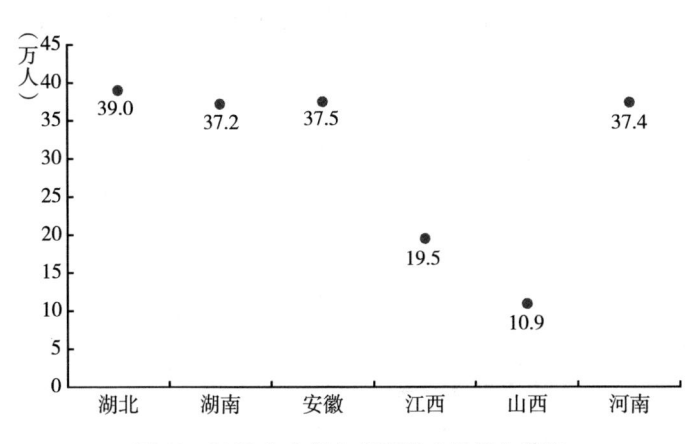

**图10　2022年中部六省研发人员投入情况**

资料来源：2023年中部六省统计年鉴。

近年来，河南加强科技人才引育，实施"1+20"一揽子人才政策，深入实施中原英才计划，加强特聘研究员海内外选聘，大力引进一批高层次人才，让其担任高校校长、学术副校长、科研院所负责人等，有力推动了科技人才集聚。由图10可知，2023年河南共计投入研发人员37.4万人，居中部六省第3位。河南两院院士实现新突破，截至2024年9月在豫两院院士共计47人。[①] 然而，河南依旧面临高层次人才短缺、人才流失严重等问题，在人才培养、人才引留等方面仍需重点关注。

### （七）高校学科建设方面

中部地区科教资源丰富，高校和科研机构数量多且质量高。2023年中部地区共有749所普通高等学校，占全国的26.6%。双一流高校共20所，

---

① 《在豫"两院"院士47人！河南"晒出"创新实力》，"大河财立方"百家号，2024年9月20日，https://baijiahao.baidu.com/s?id=1810702373546863807&wfr=spider&for=pc。

占全国的14.5%。其中，湖北拥有7所双一流高校、32个双一流学科，是中部六省中双一流高校分布最密集的省份（见图11）。而江西、山西和河南科教实力相对较弱，其中江西仅有南昌大学一所双一流高校。总体来看，中部六省科教资源分布不均衡、高水平大学数量存在较大差异，未来应进一步优化教育资源配置。

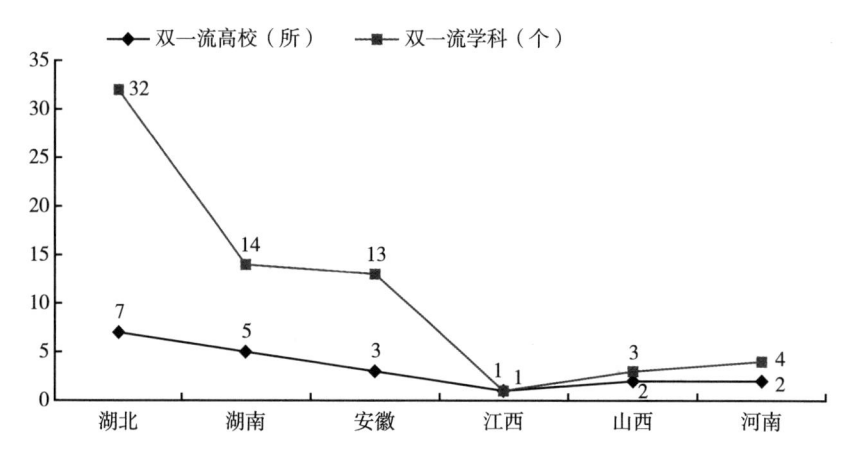

**图11　2023年中部六省双一流高校、双一流学科建设情况**

资料来源：根据中部六省教育厅相关统计数据整理。

目前，河南仅有2所双一流高校，分别是郑州大学、河南大学；有4个双一流学科，分别是郑州大学的材料科学与工程、化学、临床医学，河南大学的生物专业。2024年学科评估中，河南未有A类学科，B+类学科也仅有郑州大学临床医学、华北水利水电大学水利工程。但是近年来，河南积极推进高校结构布局、学院学科和专业结构"三个调整优化"，学科建设取得一定成效，2024年共有89个学科进入ESI全球前1%，5个学科进入ESI全球前1‰。[①]

---

[①] 《积极推进"三个调整优化"　河南高等教育起高峰》，河南省人民政府网站，2024年9月20日，https://www.henan.gov.cn/2024/09-20/3065018.html。

## 三 中部六省科技创新经验借鉴及对河南的启示

各省在创新领域的持续投入和政策引导,为其经济发展注入了强劲动力,也为河南提供了可借鉴的经验模式和启示。

### (一)注重高能级平台建设

创新平台对集聚创新资源、攻克关键核心技术、营造创新生态具有重大的牵引作用,安徽、湖北全力打造高能级科创平台,助推科技实力进入"第一方阵"。为此,河南要继续做大做强"三足鼎立"科技创新大格局,加强战略科技力量合作和后备队伍培养,推动创新平台持续向高能级挺进,融入国家战略科技力量体系。

### (二)注重产业发展需求

产业创新是科技创新价值实现的根本途径,湖北实施"尖刀"工程、江西组建24个科技创新联合体,就是坚持以"用"为导向,把科研和产业连在一起、把技术和应用融在一起,使创新成为驱动发展的核心动力。为此,河南要全面推动科技创新与产业创新深度融合,聚焦"7+28+N"产业链群培育中的核心技术、共性技术和"卡脖子"难题,加强重大科技攻关,增强产业创新发展的技术支撑,推动科技与产业良性互动、有效对接。

### (三)注重机制体制创新

体制机制创新能够激发科技创新的巨大潜能,安徽科技成果赋权改革的"先分田后分粮"模式、湖北实施科技体制改革专项行动,都明显破除了制约科技创新的体制机制障碍,有效释放了区域创新活力。为此,河南要深入贯彻党的二十届三中全会关于构建支持全面创新体制机制、统筹推进教育科技人才体制机制一体改革等部署,在科研组织模式、科技管理方式、人才引

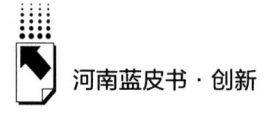

育模式、科研评价制度、开放合作机制等领域"迈大步""探新路",激发各类主体创新激情和活力,让创新要素充分涌流。

### (四)注重科技成果转化

科技成果转化是科技创新引领产业创新、促进新质生产力发展的关键一招,湖南建设覆盖全省的潇湘科技要素大市场、安徽打造"科大硅谷"等,打造全链条转化应用体系,将科研优势转化为创新发展优势。为此,河南要实施科技成果转化专项行动,建设科技成果转化平台,开展职务科技成果赋权和国有资产单列改革等,促进更多科技成果转化为新质生产力。

### (五)注重创新型企业发展壮大

壮大创新型企业对推动新质生产力发展具有重要作用,安徽打造汽车地标产业、湖南开展国家先进制造业集群培育提升三年行动、湖北实施创新主体培育"倍增计划",都有效地带动了省内科技型企业的发展壮大。为此,河南要持续强化企业科技创新的主体地位,纵深推动创新型企业培育,积极培育专精特新企业、独角兽企业、"瞪羚"企业等,优化完善创新型企业梯次培育体系。

### (六)注重高层次人才引育

高层次人才是科技创新的核心动力。湖北实施"楚天英才""博士后倍增"等人才高地计划、湖南持续实施"芙蓉计划"与"三尖"创新人才工程、安徽实施江淮英才培养计划和万名博士后聚江淮等行动,以高端人才集聚释放科技创新强劲动能。为此,河南应在高层次人才引进和培养上靶向发力,深入推进全国重要人才中心建设,搭建高层次人才留用平台,持续探索和优化柔性引才等引才模式,强化人才服务平台建设,以更加开放包容的环境吸引更多高层次人才。

**参考文献**

文瑞：《中部崛起 20 年：成效、难点与突破》，《郑州大学学报》（哲学社会科学版）2024 年第 5 期。

程必定等：《新时代站在更高起点推动中部地区崛起》，《区域经济评论》2024 年第 4 期。

于善甫、刘晓慧、郭军峰：《河南创新要素集聚提升的成效、挑战与对策》，《黄河科技学院学报》2023 年第 12 期。

王中亚：《新发展阶段河南建设国家创新高地的问题与对策》，《黄河科技学院学报》2023 年第 6 期。

# 改革篇

# B.5
# 河南构建新质生产力发展体制机制的着力点研究

王 楠[*]

**摘 要：** 发展新质生产力是推动高质量发展的内在要求和重要着力点，如何按照习近平总书记"牢牢把握高质量发展这个首要任务，因地制宜发展新质生产力"的指示精神，构建符合河南实际的新质生产力发展体制机制是一项重大课题。当前，河南科技创新实力快速增强，前沿技术不断取得突破。当下正值新旧动能转换的关键时期，各省份科技竞争加剧，河南能否在科技竞争中抢占有利位置，加快形成新质生产力，还有很多问题需要解决。为此，河南必须加快构建新质生产力体制机制，培育新动能新优势、实现新旧动能转换，以实现高质量发展。这是大力推进中国式现代化建设河南实践的关键之举，也是决胜之要。

**关键词：** 新质生产力 科技创新 河南省

---

[*] 王楠，河南省社会科学院创新发展研究所科研人员，研究方向为科技人才、人才政策。

新质生产力是在现代数字技术快速发展的背景下，由新一轮科技革命和产业变革驱动，以数字化、网络化、智能化、融合化、绿色化为主要特征的全新的生产力形态，表现为颠覆性技术和前沿技术所催生的新产业、新模式、新动能。它代表了生产力发展的新阶段，突破了传统工业化时代的生产方式和生产关系的限制，以数字技术为核心，通过高度的技术融合和创新，实现了生产力质的飞跃和结构的根本性变化。党的二十届三中全会明确了进一步全面深化改革、推进中国式现代化的战略目标和任务，指出高质量发展是全面建设社会主义现代化国家的首要任务，要健全因地制宜发展新质生产力体制机制。河南正处于大力推进中国式现代化建设河南实践的关键时期，迫切需要加快发展新质生产力，以推动高质量发展。为此，要通过进一步全面深化改革，冲破束缚新质生产力发展的桎梏，促进各类生产要素自由流动，提高要素配置效率。河南地处内陆地区，发展阶段、资源禀赋、产业基础、科研条件、比较优势等与东部沿海发达地区相比存在明显差距，必须立足省情，找准关键，把握重点，健全新质生产力发展体制机制，探索契合新质生产力发展规律、具有河南特色的新质生产力实现路径。

## 一 河南构建新质生产力发展体制机制的重要意义

### （一）落实党中央发展新质生产力的必然要求

习近平总书记创造性提出"发展新质生产力"，这是对马克思主义生产力理论的创新发展，赋予了习近平经济思想新的内涵，具有重大的理论和实践意义。发展新质生产力是推动高质量发展的内在要求和重要着力点，是推进中国式现代化的重大战略举措，对我国经济社会发展有着深远影响。生产力决定生产关系，生产关系要与生产力发展相适应。当前，河南正处在加快新旧动能转换、全面迈上高质量发展轨道的冲刺阶段，加快形成新质生产力成为关键之举、决胜之要。河南省委、省政府以习近平新时代中国特色社会主义思想为指导，积极贯彻落实党中央决策部署，深入实施"十大战略"，

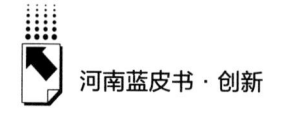

扎实推进"十大建设",加快因地制宜形成新质生产力。进一步深化改革、强化创新引领、构建现代化产业体系,加快完善"三足鼎立"科技创新大格局,深入实施国家战略性新兴产业集群发展工程,持续优化营商环境,进一步建立健全要素市场化配置机制,加快构建新质生产力发展体制机制,这既是落实党中央决策的客观要求,也是发展所需。

### (二)推动河南高质量发展的现实需要

新时代的高质量发展必然要求对传统生产力进行整体性升级,推动经济向形态更高级、结构更合理的方向转变。新质生产力区别于以往依靠大量资源投入、高度消耗资源能源的发展方式,更加突出颠覆性创新科技的广泛应用、生产方式的深刻变革和产业结构的优化升级,摆脱了传统的增长路径,为推动高质量发展提供了前进方向和明确抓手。一方面,新质生产力强调科技和创新在经济发展中的驱动作用。随着科技的飞速发展,传统的生产和管理方式逐渐不能满足市场需求。高科技、自动化、数字化技术的应用能够显著提高生产效率,降低运营成本,并创造出新的业务模式。另一方面,新质生产力推动经济结构从传统制造向高技术和服务导向型转变。通过引入先进的生产技术和管理方式,不仅能优化现有产业链,还能催生新的增长点。这种转型不仅符合全球经济发展趋势,也是实现可持续发展的必然选择。在新阶段、新形势下,河南经济迫切需要要素配置、增长动力、产业结构和发展方式的深刻转型,推动经济向形态更高级、结构更合理的阶段演进。解决"增长速度换挡、结构调整阵痛和改革攻坚克难"的问题,缓解"需求收缩、供给冲击、预期转弱"三重压力,需要加快培育和发展新质生产力。在这种背景下,迫切需要加快构建新质生产力发展体制机制,进而为推动河南高质量发展提供内生动力。

### (三)推动中国式现代化建设河南实践的必然选择

构建新质生产力体制机制可以增强发展动力、优化经济结构等,特别是在科技创新领域的投入,可以推动经济高质量发展和现代化建设。从经济层面来看，发展新质生产力意味着要通过科技创新驱动产业升级，特别是在高科技和战略性新兴产业中新质生产力发挥重要作用。这些产业的发展将依托科技创新，通过引入更先进的生产技术和管理方法，提升整体生产效率和产品质量。从社会层面来看，新质生产力的发展将促进就业结构优化和劳动力质量提升。随着智能化和信息化技术的应用，对高技能劳动力的需求将日益增加，这需要加大对科技、工程和管理类人才的培养力度，以适应新的产业发展需求。当前，区域科技创新竞争态势空前激烈，以人工智能、数字经济、量子科技等为代表的新一代信息技术快速发展，各省份都在抢抓发展机遇，加强前沿布局，加快培育战略性新兴产业和未来产业。与发达省份相比，河南的科技创新发展仍处于攻坚突破期，原始创新能力不强、部分关键核心技术受制于人、传统产业增长乏力、战略性新兴产业和未来产业支撑不足的问题仍比较突出，亟须通过抓住本轮生产力跃迁的重大机遇，在以科技创新塑造发展新优势上走在前列。河南省委、省政府在贯彻落实关于第二个百年奋斗目标两个阶段战略安排的基础上，明确了"两个确保"的奋斗目标。构建新质生产力发展体制机制有助于激发科技创新活力，推进中国式现代化建设河南实践。

## 二 河南构建新质生产力发展体制机制的现状

新时代背景下，河南积极落实党中央发展新质生产力的重要指示，多措并举构建新质生产力发展体制机制，并取得了显著成效。

### （一）持续优化组织领导机制

构建新质生产力发展体制机制需要做好顶层设计，优化组织领导机制。河南成立省委科技委，制定了省委科技委工作规则、省委科技办工作细则。在全省范围构建科技创新委员会体系，建立党政"一把手"抓创新的工作机制。推动行政机构和事业单位重塑性改革，进一步实现政府部门从研发管理到创新治理的角色转变。颁布《河南省创新驱动高质量发展条例》，推动河南创新驱动高质量发展进入法治化、规范化轨道。聚焦河南省开发区改革，重构"管委会+公司"管理架构。战略性谋划构建具有河南特色的"7+28+N"产业链群，构建"一链一专班一机构"工作机制，实现龙头企业和关键节点企业省市领导分包全覆盖，形成了组织有力的科技产业大协同创新机制，从制度层面将科技创新与产业发展紧密联系起来，为加快构建新质生产力发展体制机制提供组织保障。

（二）持续完善科技创新机制

构建新质生产力发展机制体制需要不断完善科技创新机制，激发科技创新活力。河南推动科研院所改革，重建重振河南省科学院，做优做强河南省农业科学院，重建河南省医学科学院，组建河南省中医药科学院。重塑重构省实验室体系，建设嵩山实验室、神农种业实验室等20家省实验室和6家省产业技术研究院，打造以省实验室为核心、优质高端创新资源集聚的创新格局。出台《河南省创新联合体培育建设工作方案》，支持龙头企业组建创新联合体，带动产业链上下游、大中小企业融通创新，在技术创新中发挥核心作用。印发《河南省自然科学基金项目管理办法（试行）》，鼓励企业、社会组织、自然人等向省基金捐款、设立联合基金等。建立区域科技创新投入新机制，充分发挥财政政策的引导作用，省市合作设立省科技研发联合基金，聚焦区域优势产业关键核心技术。推动全省规上工业企业研发活动全覆盖，印发《省管企业科技创新专项考核办法》，对创新领跑、新业倍增、数智赋能三大领域进行年度考核。完善科技创新机制，不断提高科技创新实力，增强创新活力。

（三）持续健全成果转化机制

构建新质生产力发展体制机制需要健全成果转化机制，提高科技创新成果转化率。河南修订《河南省促进科技成果转化条例》，开展科研成果使用权改革试点，赋予科研人员职务科技成果所有权或长期使用权，遴选18家单位试点。揭牌运营河南省技术交易市场，按照"1+4+N"体系布局国家技术转移郑州中心，建设国家技术转移郑州中心洛阳分中心、周口分中心，加速技术要素市场化配置，确保科技成果转化政策落地。出台《河南省概念验证中心建设工作指引》，进一步完善科技成果转移转化链条。探索创新重大科技项目立项和组织管理方式，推行"揭榜制""赛马制"等项目组织、项目遴选和支持机制，强化科研项目组织攻关能力，技术需求和成果供给双向发力，促进科技产业协同创新。通过制定一系列成果转化制度，实现科技成果的快速转化，为构建新质生产力发展体制机制提供创新动力。

（四）持续强化综合配套机制

构建新质生产力发展体制机制需要持续强化综合配套机制，提高科技创新的服务水平。河南针对高校和科研院所开展改革试点工作，扩大其科研主体的自主权，改革行政主管部门"一揽子授权"的管理制度，充分赋予科研主体自主权，给予项目负责人技术路线和团队配置的主动权与决策权。改进科技人才评价方式，强化用人单位人才评价主体地位。实施以信任和绩效为核心的科研经费管理改革，开展财政科技经费"直通车"改革，开展经费"包干制"试点。完善科研诚信建设制度体系，印发《中共河南省委办公厅　河南省人民政府办公厅关于进一步加强科研诚信建设的实施意见》，实施《河南省科研诚信案件调查处理办法（试行）》，与河南省信用信息共享平台互联互通，实现信息共享互认。建设知识产权强省，知识产权审查、运用、保护等制度逐步健全。实施《关于加快建设全国重要人才中心的实施方案》，推出"1+20"一揽子人才政策。完善政策性金融体系，成立郑州银行科创金融事业部，设立金融智谷、中原科技城支行2家科技特色支行，设立中原科创风险投资基金、郑洛新国家自主创新示范区科技成果转化引导基金和郑洛新国家自主创新示范区创新创业发展基金等。河南省持续构建集人才引进、人才评价、成果保护、金融支撑等于一体的综合配套机制，提高服务水平，推动新质生产力发展体制机制构建。

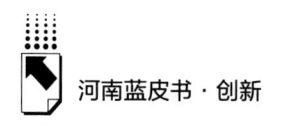

## 三 河南构建新质生产力发展体制机制存在的问题

河南在构建新质生产力发展体制机制的过程中,虽然取得了一部分成效,但在创新发展动力、科技成果转化、产业发展管理和生产要素配置方面存在一些问题。

### (一)科技创新发展动力不足

河南省高端研发机构数量不足,国家实验室、国家大科学装置、中国科学院在河南省内均是空白。高层次创新人才匮乏,全省两院院士仅占全国的1%,国家杰出青年仅占全国的0.3%。省内的科技研发成果数量不多、质量不高,与发展新质生产力的要求存在较大差距。科研项目、科创基地、科研院所等在科技成果评价中过度看重论文数量与影响因子,忽视标志性成果的质量、贡献和影响,"唯论文"等不良导向尚未得到根本扭转。简政放权改革与实际需求存在一定差距,科技资源配置行政化尚未得到有效改变,特别是科技研发主管部门"一揽子授权"制度还不完善,一些下放的财权、事权、责权不匹配。减少科研人员事务性工作的机制还未建立,科研财务助理制度不健全,科研项目验收结项财务管理流程仍较为烦琐,审计、监督、检查结果尚未实现跨部门互认。虽然科研项目结余经费管理允许承担单位统筹运用,但缺乏对结余经费合法、合规、合理利用的"管理转向鼓励、监管转向监督"机制。

### (二)科技成果转化不顺畅

河南"企业出题、政府选题、院所解题、平台答题、市场打分"的科技成果转化机制仍然不健全,科技成果使用权、处置权和收益权改革不深入,存在科技成果转化主体不明确、企业参与不充分、科技成果有效供给与有效需求不匹配等问题。在供给端,科技成果转化以省内高校和科研院所为主体,高校和科研院所对外开放程度不高,且科技成果大多处于理论阶段，与产业发展不匹配，不能直接用于产业发展，导致成果转化率"看起来很低"。在需求端，企业由于缺少平台和机会或者对政策不了解，提出有效需求的能力和意愿都有待提高，把成果转化为商品的创业者较少，培育创业者的土壤不够肥沃。在转化衔接上，科技成果资产评估、知识产权价值评估、技术投融资等提供专业服务的机构和人员不足。河南尚无科技成果转化联席会议制度，尽职免责制度落实困难，部门之间沟通协调机制不健全，个别政策在不同部门执行时存在一定的随意性，缺乏协同机制。

### （三）产业发展管理机制有待健全

河南对政府管理体制机制变革缺乏敏感性和前瞻性，服务产业的科技创新管理职能和相关资金分散在多个政府部门，企业和政府机构"不知谁来管、不知如何管"的问题突出，跟不上新技术、新业态、新模式的发展步伐，政策"先达直达"制度设计不到位。全省科技服务综合体工作机制对创新主体的分层分类管理不足，缺少对新兴产业、未来产业的"精准把脉""精确开方""精细搭台"。新兴产业和未来产业发展过新、过快，出现政策迭代升级不及时、传统政策与新质生产力相关产业发展不匹配等问题。河南虽然在制度上设立了激励机制，但在基金实际运作过程中，并没有相关条款与细化措施，需要进一步完善政府引导基金容错机制。

### （四）生产要素配置机制有待优化

河南产权保护、市场准入、公平竞争、社会信用等市场经济基础制度和技术要素市场与发展新质生产力的需求相比还存在一定差距。河南在数据产权、确权授权、流通交易、收益分配、安全治理等数据基础制度方面不完善，面临产权界定难、资产定价难、收益分配难等问题，与大数据、人工智能、智能制造等产业发展的数据需求不适配。海量的公共数据和私有数据，由于缺乏跨行业、跨地区整合机制，数据孤岛现象严重。不同行业和地区间的数据共享意愿较弱，数据资源无法得到有效整合和利用。数据在采集、存

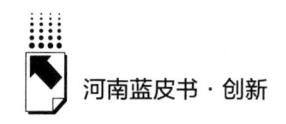

储、处理、共享等环节缺乏统一的标准和规范。监管制度缺失也使得一些企业和机构在数据处理和共享方面存在违规行为，加剧了数据质量问题。缺乏有效的规则和制度，数据交易的合法性和规范性难以得到保障，阻碍了大数据、先进制造、人工智能、智能制造等新质生产力重点产业领域发展。

## 四 河南构建新质生产力发展体制机制的相关建议

河南构建新质生产力发展体制机制，应牢牢把握科技创新这个核心任务，加快推进科技创新体系、成果转化体系、投融资体系、创新生态的建设，激发科技创新的内生动力，推动河南新质生产力发展体制机制建设。

### （一）完善与新质生产力发展体制机制相适应的科技创新体系

**1. 持续巩固企业创新主体地位，激发企业创新活力**

企业是创新的探索者、组织者、引领者。强化企业在技术创新决策、研发投入、科研组织、成果转化的主体地位，企业、政府、科研院所、金融机构通过共生思维实现共创、共享、共同发展。完善政策体系，充分利用市场机制，不断完善产权保护、投资风险分散承担等容错和激励机制，加大财税和金融政策力度，降低企业试错成本，稳定企业预期。立足打造全产业链，在"数实融合"中发挥企业家精神和政府的促进作用，推动创新链、产业链、资金链、人才链"四链"深度融合，增强产业链竞争力。构建规上工业企业研发活动全覆盖机制，鼓励企业参与重大战略科技项目，鼓励企业与实验室、科研院所等开展合作，组建创新联合体，开展专业化合作。鼓励国有企业加大科技创新力度，更新国有企业考核办法，加强对企业创新投入及成果的考核。加大重大科研基础设施和大型科研仪器共享平台等的开放力度，鼓励科技型中小企业与其合作，开展研发活动。

**2. 持续构建高能级研发平台，提升科技创新供给能力**

国家实验室、大科学装置等是国家战略科技力量，是参与科技竞争、提供原始创新的平台和重要载体。河南要抢抓国家战略科技力量新一轮布局的历史机遇，争取国家大科学装置在全省实现零的突破，深度融入国家战略科技力量体系。加快完善省实验室体系，高质量建设和运营 20 家省实验室，支持省实验室创建国家实验室基地。建立提升科研院所创新能效机制，优化科研院所布局，建立现代院所制度，完善中原科技城、中原医学科学城、中原农谷"三足鼎立"科技创新大格局。积极引进大院大所大企，鼓励其在河南省内设立分支机构，带动河南科技创新发展。在创新资源密集地区组建研发机构，建立"科创飞地"。深化高等教育改革，实施"大部制""院办校"等改革，打造"双航母"，培育"第二梯队"，创建"双一流"等。

3. 持续完善高端人才引育机制，激发人才资源活力

遵循人才成长和科研活动规律，围绕人才培养、引进、使用、评价、激励等关键环节，创新人才政策，完善"全生命周期"服务体系，营造适合人才发展、创新创业、生活居住的生态环境。围绕企业所盼、产业所急、高校所需，大力引进领军、高端、青年、潜力人才，灵活运用揭榜挂帅、乡情引才、以才引才等方式吸引高层次人才和团队。制订河南省两院院士梯次培养计划，培育院士后备队，建立健全人才引荐制度和人才团队遴选制度等。优化全省人才政策与培养制度，提高各级人才专业知识技能和重大科技计划所需的适配度。优化青年人才培育和人才储备制度，实施"人才+项目+基金""一事一议"等人才制度，支持各类人才积极参与国家和省市重大研发计划。

## （二）健全与新质生产力发展体制机制相适应的科技成果转化体系

### 1. 完善科技成果转化机制，提升科技成果转化效率

搭建创新资源共享平台，推动科技成果上平台、专家智库聚平台、中小企业用平台。优化科技成果评价主体、方法多元化机制，侧重企业技术人员评价。探索构建"需求众筹+全面揭榜+科学评审+里程碑管理+绩效评价"管理链条，形成政府、科研单位、专业机构"三位一体"科研管理体系，加强科研项目中长期评价、后评价和成果回溯。建立高校和科研院所主动服务市场主体机制，以"编制待遇在高校和科研院所、工作在企业"模式向

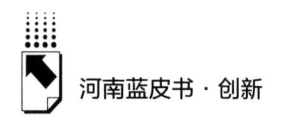

企业选派科技副总，支持高校、科研院所、新型研发机构等开展"订单式"研发。

**2. 推动科技成果产权制度改革，加大知识产权保护力度**

建立健全职务科技成果所有权、长期使用权制度，打造科研单位、科研人员和技术转移机构的收益共享模式。建立健全科技成果常态化路演制度，将科技成果推向市场，以市场对科技成果进行定价。开展科技成果转化贷款风险补偿试点工作，探索科技成果非资产化模式。优化科技成果转化尽职免责制度，将责任主体、责任范围、免责范围与方式以制度形式明确下来，强化科技成果转化主体责任，依照"三个区分开来"原则，建立符合科研实际和科研规律的尽职免责制度。

**3. 加强科技成果全链条管理，畅通科技成果转化渠道**

建立科技成果资产管理制度，形成贯穿科技成果转化全链条的资产管理办法，同时要区别一般国有资产的成果管理，形成符合创新科技成果的特色管理办法。支持高校、科研院所探索新型技术转移机构运行模式。建立技术转移人才分类评价体系，壮大专业人才队伍，健全技术转移人才职称评定制度。建立职务科技成果"服务代办员"制度。优化横向科研结余经费使用制度，支持横向科研项目结余经费入股科技型企业，设立结余经费"资金池"（科技成果转化基金）。

**（三）构建与新质生产力发展体制机制相适应的投融资体系**

**1. 构建多渠道投融资机制，完善科技金融服务体系**

科技源于创新，成于金融。完善耐心资本制度体系，增加稳定投入、承受较高风险、穿越经济周期的长期资本，提升"投小、投早"的市场活力，建立健全风险投资市场准入、运营、退出等全流程制度体系。

持续加大财政对科技创新的投入力度，发挥财政投入的撬动作用，加大对科技创新的资金投入力度。打造多角色参与的科技创新基金体系，该基金体系包含产业基金与社会资本，实行市场化运作模式。支持发展天使投资、创新创业投资、科技贷款和知识产权质押，开发新型科技保险模式，例如，知识产权保险、科技创新人才保险等。建立支持企业科创板、创业板上市的制度。优化绿色金融政策体系，写好绿色金融大文章。

2.探索建立法定机构管理制度，提高配套服务水平

在高新区、科技园区、产业园区等开发区，通过地方性法规或地方政府规定成立法定机构。法定机构是独立于行政、事业和企业编制的专门目的公法人，作为"企业化的政府"达到政事分开、管办分离、提升公共服务品质的目的。持续提升法定机构履行行政管理、开发建设、运营管理和公共服务的能力。持续规范赋权制度，有差异性、有针对性地进行赋权，健全清单制定及动态调整机制。完善治理结构，组建决策理事会，建立内外联动机制。持续优化用人机制，人员、岗位、薪酬实现企业化、市场化，充分激发人力资源活力。

3.优化智慧岛管理体制，建设创新创业引领区

顺应战略性新兴产业、未来产业、数字经济、平台经济发展趋势，持续推进智慧岛双创载体建设。着力构建一批开放程度高、创新要素齐全、创新成本低的众创空间，推动各类高端要素资源集聚，提供从原始创新到产业化的全流程服务，建立"微成长、小升高、高变强"梯次培育机制，形成一批新兴产业集聚区、未来产业先导区和创新创业引领区。打造高质量的高科技企业、科研团队、创新资源的集聚空间，科创人才的工作与生活空间，政府资金和社会资本的汇聚空间，政策、金融、科技、产业等信息共享服务平台，激发创新活力。

（四）营造与新质生产力发展体制机制相适应的新生态

1.完善数据要素市场体制，打造数据产业生态圈层

建立健全公共数据的授权运营与收益分配制度，明确公共数据应用场景，保证数据开放质量与可持续性，最大限度地发挥公共数据的价值。建立应用导向的分类分级管理机制，结合行业与业务特点和需求，根据数据性质、用途和敏感程度，实施差异化管理。制定公共数据质量评估标准，推动数据共享与开放，对数据权力主体部门提供的公共数据进行质量评

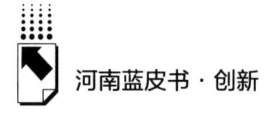

估。创新科学分配机制，保障公共数据持续开放，政府应加大引导调节力度，通过政策扶持、财政补贴、税收等方式分配收益。构建多方协作的数据要素治理体系，明确各级政府、平台企业、社会组织、公众等主体参与数据治理的权责，多方通力合作形成安全可控、弹性包容的数据要素治理制度。

**2. 优化场景供给体制，开拓科技创新发展新空间**

以新技术创造性应用为导向，丰富人工智能技术的应用场景，培育创新主体，提高场景创新能力，加强人工智能关键技术攻关与智能产品研发，大力发展未来产业。强化企业在场景创新全过程中的主体地位，加强政府引导，企业可积极提出场景创意、自主设计场景、开放场景资源，加强与其他创新主体的交流与合作。鼓励高校和科研院所参与场景打造与创新，培育壮大场景创新的专业机构与团队。围绕场景创新加快人才、创新资源、资本等要素集聚，促进创新链、产业链与人才链深度融合。在高端高效智能经济培育、安全便捷智能社会建设、高水平科研活动等领域充分发挥人工智能技术的作用。建立常态化场景清单发布制度，实现从"给政策""给项目"到"给机会"的转变。

**3. 完善建设用地制度，打造科技创新新载体**

建立优先保障重大科研项目建设用地制度，保障重大科技基础设施、新型研发机构、创新科技实验室等重点项目建设。实施产业用地出让制度，实行全生命周期管理，加强对项目开工竣工、土地利用综合评估、土地使用权等的全方位监督，提高土地利用效率。支持高校、科研院所等围绕优势专业领域，利用闲置办公空间，建设众创空间和科创企业孵化器等。除了高校和科研院所等事业单位外，探索民营科研机构和科创企业的用地新模式，放宽用于科研的用地审批。对产业用地增设产业融合管理要求，允许混合配置工业、研发、仓储、公共服务等功能。借鉴国内外发展经验，改革创新规划编制方式和管理模式，提高土地配置效率和空间利用水平。

**参考文献**

尹江勇、师喆：《创新驱动发展，河南如何发力》，《河南日报》2024年3月6日。

张昕、王治：《加快协同创新发展催生更多新质生产力为郑州国家中心城市转型发展注入强劲动力》，《郑州日报》2024年3月1日。

# B.6
# 河南加快科技创新平台建设对策研究

河南省社会科学院课题组*

**摘　要：** 科技创新平台是科技创新体系的重要组成部分，在集聚创新资源、汇聚创新资本、凝聚创新人才、孵化创新企业、促进科技成果转化等方面发挥关键作用。近年来，河南通过不断加大投入力度、推动开放合作等方式，在科技创新平台建设方面取得了显著成效，但还存在主体结构不协调、空间布局不均衡、需求供给不协同、成果转化不顺畅等问题。踏上新征程，面对新形势、新任务、新要求，河南要聚焦重大战略需求、聚焦重大关键技术、聚焦优势主导产业、聚焦科技创新服务，全面加快科技创新平台建设，持续用力、久久为功，助力国家创新高地建设实现新突破。

**关键词：** 科技创新平台　高质量发展　河南省

党的二十大报告强调，"高质量发展是全面建设社会主义现代化国家的首要任务"。同时，提出"完善科技创新体系，坚持创新在我国现代化建设全局中的核心地位"。科技创新平台是科技创新体系的重要组成，是集聚创新资源、汇聚创新人才、开展技术创新、壮大高新技术产业、推动高质量发展的有效载体和"加速器"。中国共产党河南省第十一次代表大会确立了

---

\* 课题组组长：袁金星，河南省社会科学院创新发展研究所副所长、副研究员，研究方向为科技经济、区域经济。课题组成员：高泽敏，河南省社会科学院创新发展研究所助理研究员，研究方向为创新政策与创新管理；王楠，河南省社会科学院创新发展研究所科研人员，研究方向为劳动经济、人才发展；冯凡梱，河南省社会科学院创新发展研究所科研人员，研究方向为技术经济；赵雅曼，河南省社会科学院创新发展研究所科研人员，研究方向为科技创新管理与评价。

"两个确保"奋斗目标,并强调"坚定走好创新驱动高质量发展这个'华山一条路'"。踏上新征程,面对新形势、新任务、新要求,河南加快高质量发展,必须发挥科技创新的战略支撑作用,特别是要高度重视科技创新平台的作用,通过强化平台的资源集聚、开放共享、原始策源、辐射引领等功能,实现平台从量的积累到质的飞跃,从点的突破到系统能力提升,形成"高峰凸显、高原崛起"创新发展态势,提升平台对高质量发展的集聚力、原创力、驱动力、辐射力和主导力,打通科技创新带动全省高质量发展的通道,让创新成为河南高质量发展的最鲜明标志、最亮丽名片。这既是必须扛稳的政治责任、也是必须回答的时代课题。

## 一 河南加快科技创新平台建设的重大意义

### (一)河南实现"两个确保"奋斗目标的客观要求

中国共产党河南省第十一次代表大会擘画了中国式现代化建设河南实践的宏伟蓝图,明确提出了"两个确保"的战略目标,即确保高质量建设现代化河南,确保高水平实现现代化河南。这是河南贯彻落实中国共产党第二个百年奋斗目标两个阶段战略安排的具体行动。其中,高质量建设现代化河南,不仅要求完整、准确、全面地把创新、协调、绿色、开放、共享的新发展理念贯彻到现代化河南建设的全过程和各领域,而且要求必须把创新摆在全省发展的逻辑起点、现代化建设的核心位置,因为只有依靠科技创新,把发展的路径由过去的要素驱动转变为创新驱动,才能实现高质量发展目标。科技创新平台是集聚创新资源、激发创新活力的重要载体。全省上下只有加快科技创新平台建设,才能解决好河南创新资源分散、创新能力不足的突出问题,进而加速科技成果转化,推动更多创新成果走向经济主战场,为河南实现"两个确保"战略目标提供源源不断的新动能。

### (二)河南加快培育和发展新质生产力的重要载体

进入新时代新征程,习近平总书记统筹中华民族伟大复兴战略全局和世界百年未有之大变局,创造性地提出了发展新质生产力的重大论断,为全国在新征程上解放和发展生产力,进一步推动高质量发展指明了方向,提供了遵循。作为一种新型生产力,新质生产力更加强调科技创新,特别是原创性、颠覆性科技创新对生产力发展的驱动作用,其实现途径是在科技创新与产业创新的深度融合中发展新兴产业和未来产业。对于河南来说,培育发展新质生产力,既是机遇也是挑战。尤其是,当前全省正处在调整转型的攻坚期,无论是加快传统产业转型升级,还是发展新兴产业和未来产业,唯有紧紧抓住科技创新这个"牛鼻子"。尽管近年来,河南聚焦国家创新高地建设目标,整合、重塑、改造、提升科技创新平台,以优化创新要素配置,提升河南整体创新效能,但是科技创新平台整体层级不高、效能不强等短板依然存在,迫切需要加快科技创新平台建设,全面提升科技创新能力,以更好支撑科技创新驱动生产力向先进质态跃升,为河南高质量发展注入强劲动力。

### (三)河南全面深度融入新发展格局的现实需要

加快形成以国内大循环为主体、国内国际双循环相互促进的新发展格局,是新时代党中央根据国家经济社会发展的阶段、环境、条件变化做出的战略决策,是事关全局的系统性深层次变革,也是当前和今后一个时期的重大战略任务。河南贯通南北、连接东西,是新发展格局的重要枢纽节点,为此河南省委、省政府做出"努力在国内大循环和国内国际双循环中成为关键环、迈向中高端"的重要部署。但是结合河南实际,尽管优越的区位优势和超大的市场优势以及内需潜力为推动河南交通区位优势向枢纽经济优势转变提供了有利条件,然而河南产业链引领能力还比较弱、根植性不强,如果没有科技创新平台承载和支撑包括新兴产业和未来产业在内的新一轮产业变革,河南不仅将错失机遇,而且更难以将现有的产业基础优势转变为产业链供应链优势。在此背景下,只有以科技创新平台建设为牵引,促进科技创新与产业创新深度融合,才能在国内大循环和国内国际双循环中成为关键环、中高端,助力全省实现高质量发展。

### （四）河南在中部地区崛起中"挑大梁、走在前"的有效手段

习近平总书记在主持召开新时代推动中部地区崛起座谈会时强调，要一以贯之抓好党中央推动中部地区崛起一系列政策举措的贯彻落实，形成推动高质量发展的合力，在中国式现代化建设中奋力谱写中部地区崛起新篇章。① 河南作为中部地区重要的经济大省、人口大省，深刻认识新时代推动中部地区崛起的重大意义，牢牢把握"奋勇争先、更加出彩"的时代使命，不仅需要紧跟新一轮科技革命的时代步伐，更需要坚定走好创新驱动高质量发展这个"华山一条路"。这就要求河南必须要在国家创新高地建设的战略谋划下，在"三足鼎立"科技创新大格局下，聚焦科技创新平台建设这一高质量发展的坚实底座，争取更多国家战略科技创新平台、国家级创新平台在河南布局建设，高标准建设省级实验室体系、产业创新中心、技术创新中心等"高精尖特"创新平台，从而集聚更多高端创新要素，释放更多创新活力，在奋力谱写中部地区崛起新篇章的征程上勇挑大梁、走在前列。

## 二 河南加快科技创新平台建设的主要做法和取得的成效

### （一）河南加快科技创新平台建设的主要做法

**1. 持续加大投入力度**

近年来，河南按照"政府引导、企业为主、省市联动、部门协同"的总体思路，充分发挥财政科技投入的引导激励作用和市场配置各类创新要素的决定性作用，激励企业加大科技投入力度，引导社会资源参与科技创新，

---

① 《【每日一习话】在中国式现代化建设中奋力谱写中部地区崛起新篇章》，"万古镇党政办"微信公众号，2024年3月23日，https://mp.weixin.qq.com/s?__biz=Mzg4OTE3OTU3Mw==&mid=2247550530&idx=2&sn=80605999cd2ac2adcf5f23a3cf35cf3cc&chksm=cfed9a98f89a138ec78125560f765f6fa5620b0afed36605c8d414dc52d486520a02780f1290&scene=27。

推动形成多渠道、全方位的科技创新平台投入体系。一是加强规划引领。2021~2022年河南相继出台《河南省"十四五"科技创新和一流创新生态建设规划》《河南省创新驱动高质量发展条例》，加强顶层设计，围绕河南重大战略需求，加快建设国家实验室、省实验室、新型研发机构等创新平台，布局建设重大科技基础设施，优化完善创新平台体系。二是加大财政科技投入力度。2023年河南财政科技支出达463.79亿元，保持高速增长态势。2022~2023年河南财政安排资金36.5亿元，用于支持省科学院重建重振，推动20家省实验室开展基础研究；安排资金1.3亿元，对重组入列全国重点实验室、国家级企业技术中心和国家工程研究中心予以支持；投入1.2亿元，对科研单位建设省级以上研发平台提供后补助和建设运营补助等。通过持续加大对高能级平台的支持力度，河南推动形成以20家省实验室、6家省产业技术研究院、40家省产业研究院、50家省中试基地等为主体的科技创新平台体系。三是引导社会资本投入科技创新领域。积极推进科技与金融深度融合，设立中原科创基金、自创区成果转化引导基金、自创区双创基金等3只科创类政府投资基金，深入推进"科技贷"业务，稳步推进科创企业上市融资，提升社会资本投向科技创新的效率。特别是2021年10月，河南省财政厅、河南省科学技术厅联合印发《河南省省级科技研发计划联合基金管理暂行办法》，成立了联合基金，2022年又在原科技研发联合基金两个方案的基础上，新增产业类实施方案即产业研发联合基金，对社会各方多元投入科技创新特别是科技创新平台建设起到巨大的推动作用。

**2. 持续推进开放合作**

为在更大范围、更高层次、更多领域配置创新资源，近年来，河南不断加强与国内外知名高校、科研机构、世界500强企业及共建"一带一路"国家等的科技交流与合作，集中精力招大引强、招院引所、招才引智，促进更多技术向河南转移、更多成果在河南转化。一是高水平举办中国·河南开放创新暨跨国技术转移大会。聚焦河南重点领域关键核心技术，重点瞄准河南主导优势产业、战略性新兴产业和地方特色支柱产业，探索重大科技需求面向国内外揭榜攻关的实施机制，形成集创新需求、创新资源、成果转化于一体的对接机制。二是坚持引进与共建并举，促进高端研发平台落地。积极推动中国科学院等大院大所与清华大学、上海交通大学等国内外一流高校，以及龙头企业在省内建立技术转移中心。大力支持省内高校和科研院所及企业与中国科学院所属科研机构联合在豫设立研发平台，开展原创性研发活动。三是搭建创新合作平台，打造科技开放合作高地。把开放式创新作为汇聚创新资源、形成创新优势的重大举措，紧密围绕国家"一带一路"建设，在欧亚技术转移和协同创新快速通道、新兴产业全球网络重要节点上布局国际科技合作平台，大力推进新材料、生物、医药、电子信息等战略性新兴产业发展，全省国际联合实验室、国家级国际科技合作基地数量持续增加。

### 3.持续加强品牌建设

河南坚持以重大创新需求为导向，以"国字号"为引领，持续加强品牌建设，加快形成平台与人才相互支撑、体系健全、功能完备的发展格局。一是努力打造一批"国字号"创新平台。国家超算郑州中心成功创建并投入运营，国家农机装备创新中心、国家生物育种产业创新中心、食管癌防治国家重点实验室、作物逆境适应与改良国家重点实验室等"国字号"创新平台获批建设。同时，积极争创国家军民科技协同创新平台、盾构装备国家技术创新中心、食管癌防治、作物逆境适应与改良省部共建国家重点实验室，大别山森林生态系统国家野外科学观测研究站，国家临床医学中心等一批"国字号"平台。二是加速布局一批省实验室、技术创新中心等高层次创新平台。瞄准国家实验室布局，高标准建设省实验室。对标国家技术创新中心定位，聚焦河南优势产业，依托省重点实验室和工程技术研究中心，高水平推进省技术创新中心建设。三是打造"中原学者"品牌。建立中原院士基金，对全职引进和新当选的院士等顶尖人才给予500万元的个人奖励。对全职在河南科研一线工作的两院院士等顶尖人才团队，连续3年每年提供300万元科研经费。设立"中原学者"，旨在通过对在豫科技人才的培育、资助，造就一批科技领军人才及院士后备人才，出台《中原学者科学家工作室支持办法》和《中原学者科学家工作室管理办法（试行）》。

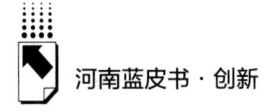

**4. 持续完善考核激励机制**

为更好发挥创新平台作用,河南围绕科技创新平台建设持续完善考核激励机制,突出重在创新质量、重在示范带动"两个重在",形成"优进劣出"的动态管理机制。一是加大国家级研发平台支持力度。对新创建(重组入列)国家级创新平台给予一次性500万元奖励,并根据其研发投入、一流项目实施等情况给予1000万元持续支持。对郑洛新国家自主创新示范区范围内依托省属高校、科研院所建设的国家级科技研发平台给予500万元的一次性补助。启动实施开放平台共享双向补贴工作,提高入网仪器使用效率,提升共享服务水平。二是持续实施企业研发财政补助政策。2022年河南省人民政府办公厅印发的《河南省支持科技创新发展若干财政政策措施》提出将企业研发费用补助最高限额由300万元提高至500万元。采用"基础+增量"的补助方式,根据企业上年度研发费用情况给予不超过500万元的后补助支持,引导规模以上工业企业科研活动全覆盖。积极开展科技信贷业务,截至2023年全省共安排专项资金1149.5万元,实施科技信贷奖补和科技保险补助政策。三是建立平台动态调整机制。实施国家和省级科技研发平台运行等绩效考核评价,对考核或评估为优秀、良好的省级以上技术创新公共服务平台给予一定的奖补支持,对考核不合格的实施有序退出。

## (二)河南加快科技创新平台建设取得的成效

**1. 平台体系日益完善**

截至2023年底,全省共建设省实验室20家(覆盖16个省辖市)(见表1)、41家省产业研究院、50家省中试基地、28家省创新联合体、13家全国重点实验室、172家国家级创新平台(见图1)。同时工程技术研究中心、重点实验室、产业技术创新平台、国际联合实验室和科技金融服务平台相互支撑、相互促进。

表1 河南省实验室名单

| 序号 | 实验室名称 | 所在城市 |
| --- | --- | --- |
| 1 | 嵩山实验室 | 郑州 |
| 2 | 神农种业实验室 | 总部新乡、注册地郑州 |
| 3 | 黄河实验室 | 郑州 |
| 4 | 龙门实验室 | 洛阳 |
| 5 | 中原关键金属实验室 | 总部郑州、基地三门峡 |
| 6 | 龙湖现代免疫实验室 | 郑州 |
| 7 | 龙子湖新能源实验室 | 郑州 |
| 8 | 中原食品实验室 | 漯河 |
| 9 | 天健先进生物医学实验室 | 郑州 |
| 10 | 平原实验室 | 新乡 |
| 11 | 墨子实验室 | 郑州 |
| 12 | 黄淮实验室 | 郑州 |
| 13 | 中州实验室 | 郑州 |
| 14 | 牧原实验室 | 南阳 |
| 15 | 中原纳米酶实验室 | 郑州 |
| 16 | 尧山实验室 | 平顶山 |
| 17 | 蓝天实验室 | 安阳 |
| 18 | 龙都化工新材料实验室 | 濮阳 |
| 19 | 中原电气实验室 | 许昌 |
| 20 | 大别山实验室 | 信阳 |

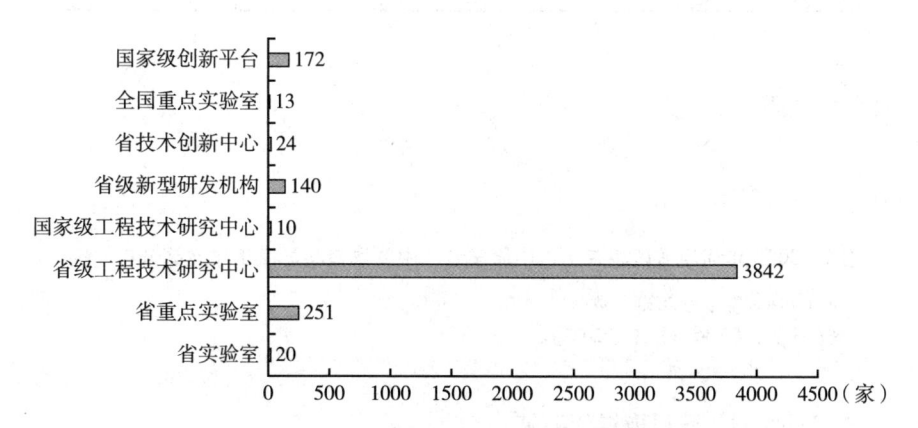

国家级创新平台 172
全国重点实验室 13
省技术创新中心 24
省级新型研发机构 140
国家级工程技术研究中心 10
省级工程技术研究中心 3842
省重点实验室 251
省实验室 20

图1 2023年河南省科技创新平台体系建设情况

资料来源：2023年河南省科技创新主要数据汇编。

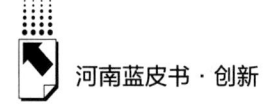

### 2. 平台功能不断优化

平台的人才集聚功能不断增强。2022年，河南两院院士达42人，中原学者达88人、国家推进计划达54人、中原创业领军人才达109人、中原创新领军人才达150人（见图2）。平台的创业孵化功能不断增强。截至2023年底，全省院士工作站达72家、高新技术企业达1.29万家、科技型中小企业达2.62万家。其中，省级以上专精特新中小企业达3535家，专精特新"小巨人"企业达394家。平台的创新产出功能不断增强。2023年全省共登记技术合同2.49万件，技术合同成交额达1367亿元，同比增长33%，创历史新高（见图3）。2023年全省有效发明专利达83127件，较上年同期增长23.8%，每万人口拥有发明专利8.42件，是2019年（3.88件）的2.17倍（见图4）。

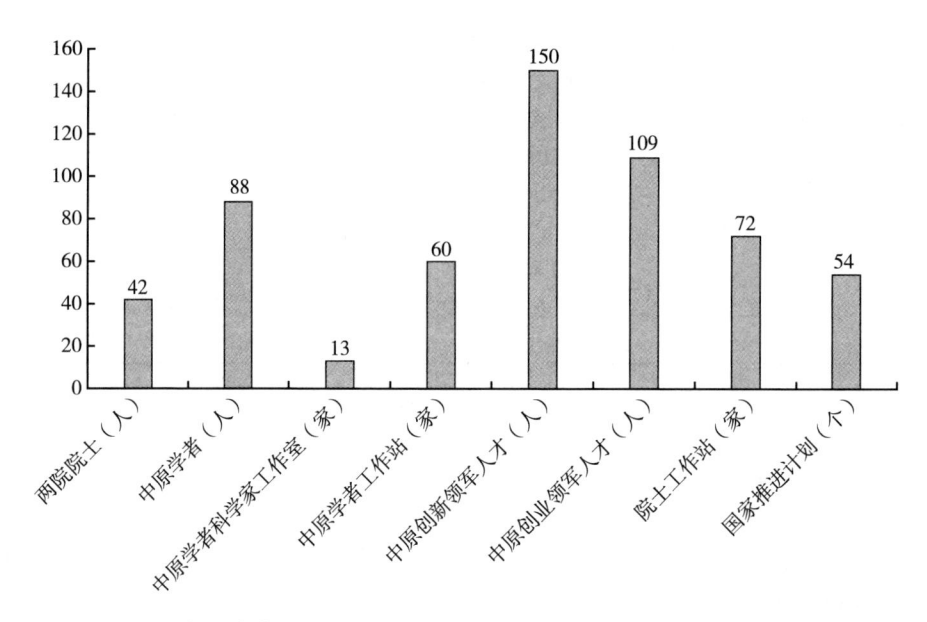

**图2　2022年河南省两院院士、中原学者、中原学者科学家工作室等分布情况**

说明：两院院士为2023年数据。

资料来源：《河南科技年鉴2022》。

### 3. "国字号"建设取得新突破

国家超算郑州中心建成运营。国家超算郑州中心2020年通过验收并投

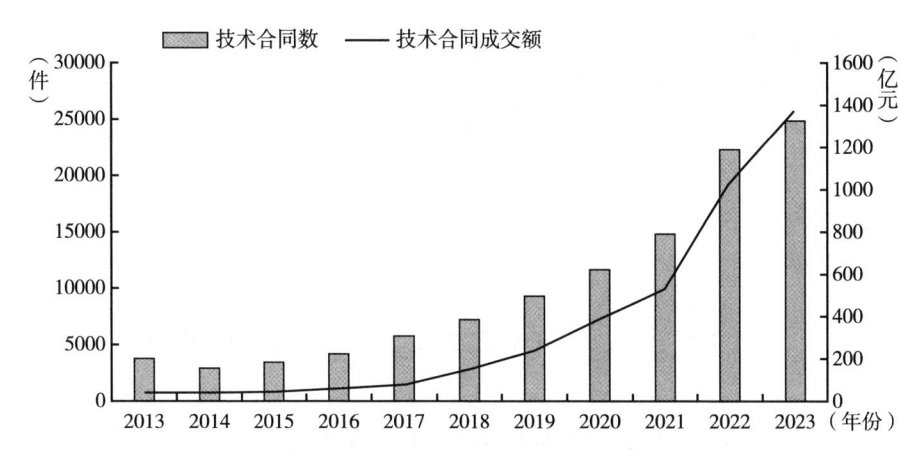

图 3　2013~2023 年河南省技术合同数和技术合同成交额

资料来源：2013~2023 年《河南省国民经济和社会发展统计公报》。

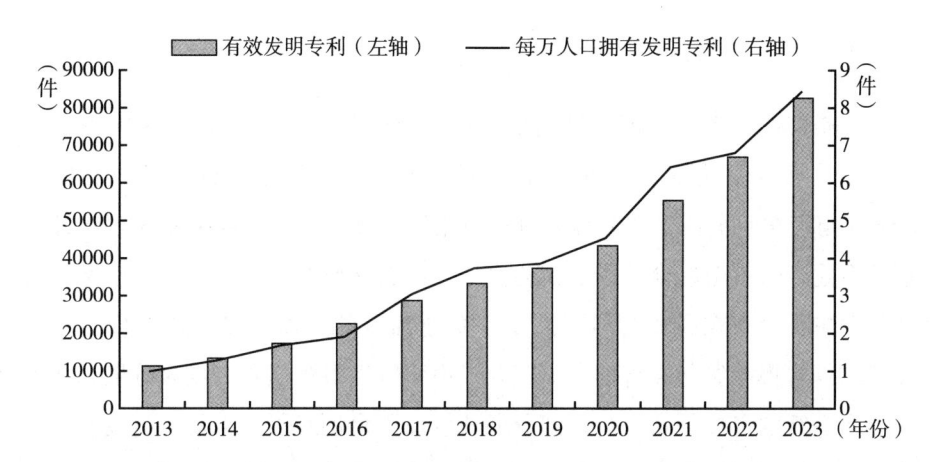

图 4　2013~2023 年河南省有效发明专利和每万人口拥有发明专利数量

资料来源：2013~2023 年《河南省国民经济和社会发展统计公报》。

入运营，计算能力居国际前列。国家技术转移郑州中心投入运营。预计到2025年末，该中心将促进全省技术合同成交额突破1500亿元，引进高能级研发机构10家，引进知名技术转移机构20家，建成全省统一的技术交易市场网络体系。国家重点实验室建设取得新突破。神农种业实验室与崖州湾实验室签约共建崖州湾实验室河南试验基地，由河南师范大学牵头建设抗病毒性传染病创新药物全国重点实验室。一大批"国字头"活动成功举办。成功举办中国河南开放创新暨跨国技术转移大会,举办10个专场活动,共签约293个项目。连续多次承办中国创新创业大赛先进制造行业总决赛,连续举办海外高层次人才暨项目对接洽谈专场活动,举办独角兽企业创新发展大会等。

## 三 河南科技创新平台建设过程中存在的问题

近年来,河南科技创新平台在体系建设、功能发挥、"国字号"品牌打造等方面取得了重大进展,但是相比高质量发展的要求,仍存在主体结构不协调、空间布局不均衡、需求供给不协同、成果转化不顺畅等问题。

### (一)主体结构不协调

一是部门分布不均衡。科创平台在企业中分布较少,2023年河南高新技术企业有1.2万家,占全国总数的2.6%,仅为湖北的48%、安徽的60%,与广东、浙江、江苏等沿海省份相比数量更少,而且企业大多数都是腰部企业,这就造成全省重点实验室、工程技术研究中心、工程实验室等科创平台主要分布在高校和科研院所,企业拥有的反而不多,造成分布不均衡。二是规模等级与经济地位不匹配。由于缺乏科学规划、投入分散,河南缺乏高等级的科技创新平台,部分科技创新平台创新能力不足、自我造血功能不强、缺乏区域和产业特色。河南缺少能够促进高端要素集聚、对产业升级及区域经济高质量发展有重大推动作用的高能级科技创新平台,特别是国家级的科技创新平台较少,存在重大原创性创新成果匮乏等问题,与河南作为全国经济大省的地位不匹配,制约其高质量发展进程。三是职能发挥不充分导致产业发展水平不高。河南科技创新平台多由高校和科研院所建立,研究往往重视技术价值、忽视市场定位,以合作开发、委托开发和技术转让等低层次合作为主,短期性、形式化特征突出,使得科技成果的产业成熟度不高、转化应用效率偏低;部分企业的科技创新平台存在定位不准、职能偏移的现象，没有发挥科技创新平台在突破关键技术、提升产品性能上的作用，从而导致科技创新平台发展水平不高。

(二) 空间布局不均衡

一是空间配置不均衡。全省科技创新平台建设主要集中在郑州、洛阳、新乡、焦作等城市，其他城市尤其是豫东、豫南的传统农业城市，无论从拥有的平台数量还是规模等级来看，都与先进城市有较大的差距，这在一定程度上扩大了赋能区域创新效果的差距。二是产业覆盖不全面。河南部分科技创新平台的建设与区域产业转型升级的实际需求不相适应，定位模糊，属于功能相似、特色不鲜明的低水平重复性建设，而部分主导产业和战略性新兴产业的发展缺少强有力的科技创新平台支撑，导致河南科技创新平台出现区域分布不均衡的现象。三是高能级平台数量较少。河南作为全国工业大省，工业规模居全国前列，但是各类国家级创新平台只有172家，仅相当于安徽的81.9%，与先进省份存在较大差距。其中，体现原始创新能力的国家重点实验室仅有16家，占全国总量的3%，远低于北京、上海、江苏、广东、湖北、陕西等省份。

(三) 需求供给不协同

一是科技创新平台与产业需求不对接。由于缺乏科学的顶层设计，一些高校、科研院所创新平台的研究活动不能很好地契合当地产业发展的实际需求，创新链与产业链未能很好地融合，导致科技创新活动空洞化，科技成果孤岛化、碎片化，造成创新资源的分散、低效和浪费，同时不利于科技创新平台满足产业需求。二是科技创新平台与市场需求对接不顺畅。部分科技创新平台因人才政策、信息资源等不够透明，与企业联系不紧密、交流不充分，科技创新成果无法及时满足市场需求。三是科技创新平台与经济转型需求不匹配。伴随新一轮科技革命和产业变革，我国经济转型升级进入加速阶段，沿海地区甚至部分中西部省份创业氛围浓厚。反观河南，亮点匮乏。目前，全省国家级科技企业孵化器和备案众创空间仅有

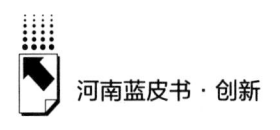

103家，远低于沿海发达省份，也低于湖北、陕西、四川等中西部省份，难以适应经济转型升级需求。

### （四）成果转化不顺畅

一是合作机制不健全，成果转化效率低。河南科技创新平台合作机制不健全，部分科技创新平台之间以及科技创新平台与高校、科研院所、企业之间存在信息沟通不畅的问题，加之产学研合作机制不健全，造成创新资源的分散、交叉、重复，影响合作的深度和广度，使得科技创新平台难以形成合力，从而导致科技成果转化效率低下。二是保障机制不完善，成果转化率低。目前，省内平台保障机制不完善，部分科技创新平台因缺少健全的科技成果转化价值评估体系、风险分担和利益共享机制，以及完善的专利运营平台和中介服务机构，造成技术成果与企业需求的对接渠道不通畅，未能实现平台研发成果的市场化、产业化，难以有效匹配产业需求。三是研发动力不足，科技攻关效率低。个别科技创新平台建设是以争取政府项目、补贴为目的，这种目的的偏移性导致平台资源未能有效投入行业共性和关键技术的研发，对行业共性和关键技术的攻关能力不强，科技成果不够成熟，赋能效率低下。

## 四 河南加快科技创新平台建设的思路

以习近平新时代中国特色社会主义思想为指导，全面贯彻党的二十大和二十届二中、三中全会精神，深入贯彻习近平总书记视察河南重要讲话重要指示精神，紧紧围绕"两个确保"战略目标，聚焦科技创新平台赋能高质量发展的核心任务，以布局战略科技平台、技术创新平台、产业创新平台和功能服务平台为重点，以提升科技创新平台"引领力、爆发力、创造力、支撑力、协作力"为主要方向，以整合、重塑、改造、提升为主要路径，加快形成分工明确、结构合理、功能互补的科技创新平台体系，切实增强科技创新平台建设对高质量发展的支撑力、辐射力、带动力、引领力，为确保高质量建设现代化河南、高水平实现现代化河南，谱写新时代中原更加出彩的绚丽篇章提供坚实的科技支撑。

（一）基本原则

1. 顶层设计、优化布局

要聚焦科技创新平台对高质量发展的推动作用，加强全省科技创新平台的顶层设计和系统布局，突出高质量发展的重大需求和问题导向，明晰工作任务，强化超前部署和发展引导，推进创新资源集聚、创新平台建设和创新力量汇聚，统筹存量与增量，加快基础科学研究基地体系、技术创新基地体系和科技资源开放服务平台建设，发展壮大全省科技创新平台队伍，推动科技创新高质量发展。

2. 突出重点、持续发展

加快科技创新平台建设高质量发展是一项系统工程，要坚持总体谋划与分类推进相结合、政府主导与多元参与相结合、数量发展与质量提升相结合、工作任务与绩效考核相结合，以省级研发平台建设为重点，争创国家级科技创新平台，带动市县级科技创新平台建设发展，促进全省科技创新平台体系建设和科技基础保障能力持续提升，夯实科技创新平台高质量发展的基础。

3. 统筹协调、分类管理

围绕提高科技创新平台高质量发展的集聚力、原创力、驱动力、辐射力和主导力，进一步明确各类科技创新平台的功能定位和评价指标体系，推进科技创新平台的分类发展、规范建设和科学管理，聚焦功能、打造优势、培育特色，特别是要实现科学研究、技术开发、技术集成与产业化、科技资源管理与开放服务平台的合理配置，促进各类科技创新平台的有机衔接和融合发展，最大限度提高科技创新平台赋能高质量发展的效率和效果。

4. 创新机制、规范运行

确保各级各类科技创新平台规范、有序、高效运行是科技创新平台高质量发展的前提条件。要进一步推动管理体制、运行机制创新，完善筛选

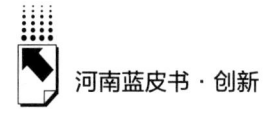

推荐、建设任务验收和绩效评估制度，强化动态管理与有序进出。建立与目标任务和创新贡献相适应的经费投入方式，提升财政保障和引导能力。强化共建和协同创新，引导政、产、学、研、用形成合力。建设各类科技创新平台和科技资源服务平台等，通过全面释放创新平台活力推动区域高质量发展。

### （二）发展导向

**1. 坚持需求导向**

聚焦国家重大战略需求、河南高质量发展需要，围绕产业链部署创新链、围绕创新链布局产业链，加快关键核心技术突破，前瞻部署未来产业技术研发，聚焦价值链跃升的关键环节，加快原始创新体系、技术创新体系、产业创新体系、全周期服务体系四大体系建设，着力增强有效技术供给，加强科技创新平台建设。

**2. 坚持问题导向**

全省科技创新平台在主体结构、空间布局、产业转化、产学研对接、开放共享等领域存在一定的问题，应坚持以体制机制创新为突破口，统筹优化、整合资源；坚持市场主导、政府引导；坚持开放协同、共建共享，着力破解制约创新平台发展的各类体制机制障碍，增强创新平台赋能高质量发展的动力和活力。

**3. 坚持目标导向**

以推动河南高质量发展为核心，围绕各级各类创新平台，以加强基础研究和源头创新、加快产业技术研发和成果转化为导向，通过不断加强技术创新平台体系建设，提升技术创新平台在集聚创新资源方面的能力，不断增强河南自主创新和开放式创新"双轮驱动"发展能力，推动科技创新平台高质量发展。

**4. 坚持结果导向**

坚持"在发展中优化整合、在实践中完善提高"的策略，通过规划建设、提档升级、合作交流等，切实提升河南科技创新平台的引领力、爆发力、创新力、支撑力，提高在全国乃至全球创新体系中的影响力和竞争力，全面推动河南高质量发展，助力中国式现代化建设河南实践驶入快车道。

## 五 河南加快科技创新平台建设的对策建议

### （一）聚焦重大战略需求，打造原始创新策源地

坚持以国家战略布局为导向，牢牢把握科技创新发展方向，把国家所需与河南所能结合起来，以"两城一谷"为核心引擎，以国家实验室和高水平高校和科研院所为重要支撑，构建起创新高地建设的"四梁八柱"，带动全省高质量发展。

高水平推进"两城一谷"发展。要持续完善中原科技城、中原医学科学城、中原农谷"三足鼎立"科技创新大格局，使其成为河南创新资源的强磁场、创新人才的集聚地、创新动能的主引擎。一是打造制度集成创新的"标杆"。大力探索团队控股、混合所有制的新型研发机构建设模式和"拨转股、股转债"成果转化新模式。积极试点重大科技创新政策，如国有资产投资收益与风险平衡管理方式、大科学装置的共建共享等。二是打造创新要素集聚的"高地"。不遗余力争取布局建设大科学装置，积极融入国家战略科技力量体系。把"两城一谷"作为全省培育战略科技力量的主平台，持续提升省实验室能级，力争进入国家实验室体系，构建起"国字号"牵引带动、"省梯队"跟进联动的发展格局。三是打造各类人才向往的"特区"。建议开展"两城一谷""类海外"环境建设行动，推进国际化社区、国际化医院、国际学校建设，完善公共领域双语标识体系等，让"两城一谷"更具国际范，加快国际人才集聚的速度。四是打造协同共进的"典范"。进一步建立健全融合发展协调机制，统筹推动"两城一谷"联动发展。大力探索高质量人才引进和人才服务路径，打通资本赋能通道，形成互为支撑、互相促进的良性资本生态。

高水平建设实验室体系。实验室是"国之重器"，加快构建符合河南实

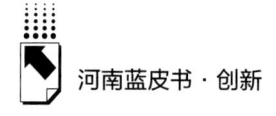

际的实验室体系，有利于全面推动河南原始创新能力提升。一是完善河南实验室梯度培育机制。要加快构建由国家实验室、国家重点实验室、省实验室、省级重点实验室等组成的新型实验室体系，全面提升基础研究和应用基础研究能力。二是推动20家省实验室高质量发展。要进一步完善省实验室管理制度，明确省实验室纳入省科学院体系、融合发展模式和机制。建议参照浙江、广东等省份，探索设置分支机构共建模式。要切实加强绩效管理，建立符合省实验室科研特点和规律的评价机制。要建立资金动态调整机制，保障其正常运行，同时避免大量资金闲置。

高水平建设高校和科研院所。高校和科研院所是原始创新的动力源，是对接国家重大战略的主要载体，应充分发挥高校、科研院所创新资源和创新人才集聚的优势。一是增强高校创新能力。支持高水平研究型大学建设，鼓励高校强化同国家战略目标、战略任务的对接，优化学科布局和研发布局，加强基础前沿探索和关键技术突破，打造基础研究的主力军和重大科技突破的生力军。二是提升科研院所发展水平。加快科研院所资源整合和治理模式转型，推进科研院所分类改革、分类管理、分类考核，建立健全现代科研院所制度。加快生产试验基地建设，形成具有集聚效应的科技产业对接发展平台。

### （二）聚焦重大关键技术，打造技术创新策源地

聚焦河南重大技术创新需求，集聚全省创新力量，做强重大科技创新平台，完善重大科技基础设施，全面提升河南技术创新能力和水平，打造技术创新策源地。

做强重大科技创新平台。围绕全省重大技术创新需求，聚焦"卡脖子"难题，依托省内优势创新力量，做强突破关键共性技术、支撑创新发展的核心载体。支持黄河流域技术创新中心建设，按照"共需、共建、共享、共治"理念，集聚优势创新资源；支持黄河水沙资源高效利用技术创新中心建设，打造具有全球影响力的水沙资源高效利用创新平台；支持地下工程装备技术创新中心建设，打造具有全球影响力的地下工程装备集成创新平台；

支持轴承技术创新中心建设，打造具有核心竞争力的轴承技术创新平台；支持超硬材料技术创新中心建设，打造具有国际影响力的超硬材料技术创新平台；支持数字经济技术创新中心建设，打造具有核心竞争力的数字经济技术创新中心；支持国家生物育种产业创新中心建设，构建成熟、高效的商业化育种体系；支持国家农机装备创新中心建设，建成世界一流的农机装备研发机构和创新平台。

完善重大科技基础设施。以承担重大科技任务、解决重大科技问题为目标，建设一批科技基础设施，支撑高水平科学研究，取得一批重大原创科技成果，提升原始创新能力。支持国家超级计算郑州中心建设，更好服务河南重大科学研究和经济社会发展；支持优势农业种质资源库建设，提升资源保障能力和服务水平；支持国家园艺种质资源库建设，建成国际一流的国家园艺种质资源创制与技术创新中心，为河南园艺产业高质量发展提供重要的物质保障和科技支撑；支持超短超强激光平台建设，建成具有国际领先水平的综合性科学研究试验基地；支持量子信息技术基础支撑平台建设，打造量子信息产业先发优势；支持智能医疗共享服务平台建设，打造以健康医疗数据平台为基础，以智能医疗业务开展、智能医疗产业发展为服务内容的河南省临床医学研究与智能医疗共享服务平台。

（三）聚焦优势主导产业，打造产业创新高地

紧紧围绕主导产业和优势产业发展，以高新区为主要载体，以其他创新载体为主要补充，以科技创新引领现代化产业体系建设，打造产业创新高地。

推动高新区创新提质。围绕"发展高科技、实现产业化"功能定位，坚持"高"和"新"的发展方向，将高新区打造成创新驱动发展示范区和高质量发展先行区。加速高端创新资源集聚，培育壮大高新技术产业集群；坚持产城融合，打造生态生产生活"三生融合"，宜居宜业宜创"三宜共生"的韧性智慧园区；支持高新区跨区域配置创新要素，探索异地孵化、飞地经济、伙伴园区等多种合作机制，带动区域经济和科技一体化发展。

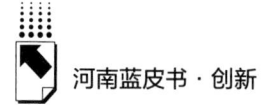

推动现代农业创新载体发展壮大。当前河南正处于由农业大省向农业强省转变的阶段，全面提升河南农业创新能力迫在眉睫，发展壮大现代农业创新载体成为应有之举。一是加快现代农业创新平台体系建设。以农业高新技术产业示范区为引领，以农业科技园区为带动，推动现代农业示范园、农民工返乡创业示范园、林业科技示范园区等协同发展，建成覆盖全省的现代农业多功能示范园区。二是加快推动重点现代农业创新载体建设。重点推动河南周口国家农业高新技术产业示范区高水平建设，建立现代化粮食产业创新体系，建成全国传统农区小麦全产业链创新发展先行区；推动"中原农谷"创建国家农业高新技术产业示范区，积极打造立足河南、辐射全国、面向全球的"中国种谷"；推动国家、省农业科技园区提质增效，形成一批带动性强、特色鲜明的农业高新技术产业集群。

推动其他特色创新平台做大做强。立足全省开发区发展现状，加快培育创新型开发区，强化科技创新对各级开发区的支撑，引导各地开发区创新发展；进一步优化开发区功能布局和定位，推进开发区"二次创业"，提升开发区创新发展水平、主导产业能级和承载服务功能。围绕十大新兴产业、七大主导产业，培育一批创新型特色园区，加快建设高新技术产业化基地，积极创建国家高新技术产业化基地、国家火炬特色产业基地，为河南特色和优势的关键领域实现重大突破提供重要支撑。

（四）聚焦科技创新服务，打造全周期服务体系

要全力创新科技创新服务业态，构建符合科技创新规律、产业发展规律的技术转移平台体系，全面提升河南科技供给能力，助推科技创新平台高质量发展。

引导完善各类公共服务载体。科技创新，离不开高效的公共服务，这就要求进一步健全公共服务平台体系，为科技创新提供良好的环境。要积极推动科技中介服务集群化发展，加快建设技术转移机构。要进一步建设统一开放的技术市场，加快建设国家技术转移郑州中心网络平台，全面提升国家技术转移郑州中心运行质效，通过技术交易、创新创业、资源共享、科技交

流、综合服务，引领、推动全省技术转移工作。

大力发展新型创新服务业态。要积极培育市场化新型研发组织、研发中介和研发服务外包新业态。支持高校、科研院所等牵头建设大学生创业中心、创业园等创新创业服务平台。要支持有条件的高新区、专业镇、产业园区建设创新创业服务中心，支持创新创业服务中心运用"互联网+"提升入孵企业、创业团队、创客空间等创新主体的公共服务水平。加快发展"互联网+创新创业"新模式，培育建设一批符合企业创新需求的科研众包平台。

## 参考文献

卿剑：《加快广东科技创新平台体系建设助力科技自立自强》，《科技中国》2024年第6期。

崔爽：《做大做优创新平台推动发展能级跃升》，《科技日报》2024年6月24日。

王智新、郭凡、王艺晓：《科技创新平台驱动经济高质量发展的机理与政策优化》，《科学管理研究》2024年第2期。

陈敏灵等：《秦创原创新驱动平台的构建模式及运行机制研究》，《西安石油大学学报》（社会科学版）2024年第2期。

蔡建新、罗亮：《我国主要科技创新平台的发展现状、存在问题和优化建议》，《科技管理研究》2024年第1期。

冯芸、马涛：《搭平台聚人才强产业优环境建设医学科学创新高峰产业高地》，《河南日报》2024年7月13日。

尹江勇、师喆：《河南高能级创新平台建设走出加速度》，《河南日报》2024年2月29日。

任万辉：《重塑实验室体系，搭建一流创新平台——河南高校助力三大省实验室建设综述》，《河南教育（高等教育）》2022年第4期。

乔国栋等：《"四梁八柱"：科技创新中的"河南构造"》，《中国经济报告》2021年第3期。

# B.7 河南统筹推进教育科技人才体制机制一体改革研究

王元亮[*]

**摘　要：** 教育科技人才体制机制一体改革是深入实施科教兴国战略、人才强国战略、创新驱动发展战略的必然要求。当前，河南推进教育科技人才体制机制一体改革成效显著，科技对教育和人才的引领作用日益凸显，教育对科技和人才的支撑作用持续增强，人才对教育和科技的推动作用不断增强。面对推进教育科技人才体制机制一体改革的现实难点，从深化高等教育和职业教育改革，加快建设高质量教育体系；深化科技改革，全面构建创新牵引的科技支撑体系；深化人才改革，完善高端人才引育评价体系；一体化推进教育科技人才改革，确保一体改革目标实现等方面提出对策建议。

**关键词：** 教育　科技　人才　一体改革　河南省

党的二十届三中全会强调了教育、科技、人才是中国式现代化的基础性、战略性支撑，提出必须深入实施科教兴国战略、人才强国战略、创新驱动发展战略，对统筹推进教育科技人才体制机制一体改革做出安排部署，这充分体现了党中央以更大力度加快建设教育、科技、人才强国的鲜明导向，也为我国的教育、科技、人才工作指明了前进方向。河南作为人口大省和经济大省，牢记"在中部地区崛起中奋勇争先，谱写新时代中原更加出彩的绚丽篇章"的嘱托，勇担历史使命，开创中国式现代化建设河南实践，迫切需要统

---

[*] 王元亮，河南省社会科学院智库研究中心副研究员，研究方向为创新经济。

筹推进教育科技人才体制机制一体改革，持续放大教育科技人才叠加倍增效应，为加快发展新质生产力、培育新动能赋能，为锚定"两个确保"、深入实施"十大战略"、统筹推进"十大建设"不断塑造发展新优势。

## 一 河南统筹推进教育科技人才体制机制一体改革的主要做法

自2021年以来，河南省委、省政府以前瞻性的眼光，把创新摆在发展的逻辑起点、现代化建设的核心位置，把"创新驱动、科教兴省、人才强省"战略作为首要战略，强化顶层设计，成立高规格科技创新委员会，推进教育、科技、人才一体化发展取得了显著成效，科技对教育和人才的引领作用、教育对科技和人才的支撑作用和人才对教育和科技的推动作用显著增强。

### （一）以构建"三足鼎立"科技创新大格局为引领，科技对教育和人才的引领作用日益凸显

创新成为河南最新标识、最强动力。河南构建了以中原科技城、中原医学科学城、中原农谷为核心的"三足鼎立"科技创新大格局，引领重构重塑省实验室体系，构建多层次的科技创新体系，集聚高端科研平台与资源，推动重大科技创新决策落地，带动河南成为创新资源的强磁场、创新人才的集聚地、创新动力的主引擎。目前，全省拥有国家重点实验室13家、国家级创新平台172家、高新技术企业1.2万家，省实验室20家、省级重点实验室255家、省级新型研发机构156家、省级工程技术研究中心3842家、省技术创新中心24家，国家级高新区9个、省级高新区42个、国家级科技创新孵化载体226个，依托河南省科学院创新平台建设研发实体42家，吸引了大量高层次人才，提升了科技对教育和人才的引领作用。

### （二）深化高等教育和职业教育改革，优化资源配置结构，教育对科技和人才的支撑作用持续增强

一方面，积极推进高校结构布局、学科学院、专业结构"三个调整优

化",持续做强综合性研究型大学,做精新型研究型大学,做优特色骨干大学。截至2024年6月,全省有174所高校,高校新增专业点503个,理工农医类本科招生专业占比超50%。如郑州大学通过学科交叉融合、产教融合等方式建设"学科建设创新中心",统筹协调学科、人才、平台资源,引导各学科实现关键突破。另一方面,创建应用型本科高校,建设高水平技能型高校。2021年省委、省政府启动"人人持证、技能河南"建设,印发《教育部 河南省人民政府关于深化职业教育改革推进技能社会建设的意见》,河南成为部省共建、整省推进的7个国家职教创新发展高地建设省份之一。这些改革举措显著提高了河南高等教育和职业教育的整体水平和竞争力,为科技创新领域输送了大量高素质技能型人才。

**(三)坚持把引育人才、集聚人才作为基础性、战略性工程,人才品牌磁吸效应充分显现,人才对教育和科技的推动作用不断增强**

一是出台"1+20"一揽子人才政策,成功举办3届中国·河南招才引智创新发展大会,成立河南省人才集团,组建国际猎头公司,向全国、全球发出河南的"人才邀约",吸引了大量高层次人才在科技领域集聚,2023年累计引进顶尖人才30人、领军人才387人、博士及博士后1.6万人,全省人才总量超过1410万人。二是设立专项基金、建设创新平台、完善激励机制等,实施"卓越工程师教育培养计划""拔尖人才培养计划"等创新人才培养计划,吸引了大量优秀青年学者和科研团队,建立以创新能力、质量、实效、贡献为导向的人才评价体系,完善青年创新人才发现、选拔、培养机制。2023年河南两院院士增加6名,总数全国排第6位。三是实施优势学科提升、基础学科振兴、新兴交叉学科培养三大计划,增强学科专业的综合实力和影响力,为培养复合型、创新型人才提供了有力支撑。四是健全全方位人才服务体系。打造"一站式"人才服务平台,将人才服务关联事项整合为"一件事",推动人才发展与产业结构、市场需求、区域经济发展实际情况精准对接,研发了"产业人才地图",并与全省七大产业集群28条产业链进行融合,推动了人才发展与产业需求的高度匹配、深度融合。

## 二 河南统筹推进教育科技人才体制机制一体改革的现实难点

当前,河南教育科技人才领域一些长期性、体制性矛盾还没有得到有效解决。主要体现在当前教育科技人才一体化推进的体制机制创新不足,在教育科技人才一体化发展的过程中,资源配置效率低下,产教融合、科教融合的制度性障碍需要破除,教育科技人才一体发展的战略支撑还需要进一步加强。

### (一)教育科技人才一体化推进面临无形阻力和制度成本高企的挑战

教育、科技、人才在国家和地方的管理体制中,分属不同职能部门,各自遵循独特的价值导向、改革步调,导致政策制定过程缺乏足够的整合,可能造成政策对接与实施上的"执行鸿沟"难题,阻碍资源的优化配置与高效利用,降低政策实施的整体效能。这造成河南在推进创新驱动、科教兴省、人才强省战略的过程中,难以建立教育、科技、人才等领域间有效的协调推进机制,信息共享和资源整合不足,协同效应难以充分发挥,致使三者难以协同推进,影响科技创新的效率和人才培养的质量。

### (二)高等教育畅通教育科技人才循环的作用难以有效发挥

高等教育是畅通教育、科技、人才循环的"枢纽"。然而,目前河南高等教育整体发展水平不高,缺乏高水平的大学和国家重点学科,全省仅有两所"双一流"建设高校。河南高校和学科的总体发展水平与中部发达省份相比存在较大差距,人才供需不匹配的结构性矛盾较为突出,高等教育对河南人才发展的支撑作用亟待增强。

### (三)教育、科技、人才领域分别拥有各自独立的评价体系,一体改革协调评价体系尚未建立

教育、科技、人才领域分别拥有各自独立的评价体系。从政策制定到落

地见效的链条较长，且涉及诸多因素的相互作用。教育效果具有滞后效应，使得教育政策效果难以即时评价；科技成果具有转化效应，使得科技政策效果在实际操作层面难以得到真实反映；人才成效具有聚焦效应，这使得人才政策效果难以进行衡量和评价。因此，全面衡量三者一体化融合发展的成效存在一定的困难。此外，很难确定哪些变化是三者综合发展、统筹部署带来的，哪些是某一领域或两个领域变化带来的，哪些是两两结合带来的，哪些又是其他因素导致的偶发情况。这意味着现有的政策分析评估工具难以得出确切结论，从而加大了对政策效果检验的难度。

## 三 河南统筹推进教育科技人才体制机制一体改革的对策建议

统筹推进教育科技人才体制机制一体改革是一项系统工程。教育、科技、人才各自遵循其内在发展规律，同时三者是紧密联系、互相促进、协同发展的有机整体，只有实现一体改革，才能充分释放其发展潜力。河南在统筹推进教育科技人才体制机制一体改革的过程中，既要把握各领域的特点和规律，又要对三者进行统一决策、部署，打破教育、科技、人才之间的壁垒，推进体制机制创新，形成推进教育科技人才体制机制一体改革的强大合力，为河南高质量发展提供有力支撑。

### （一）深化高等教育和职业教育改革，加快建设高质量教育体系

教育在教育科技人才体制机制一体改革中处于基础性地位，要坚持教育优先发展，加快建设高质量教育体系。第一，加快建设高等教育体系。高等教育是教育、科技、人才的重要结合点，要推动高等教育分类发展，分类推进高校改革，推动部分普通本科高校向应用型转变，探索建设一批"小而精"的创新型大学，构建更加多元的高等教育格局。第二，加快郑州大学、河南大学"双航母"建设，锚定研究型大学的定位，以深化改革为动力，力争新增若干学科进入第三轮"双一流"建设行列，加快7所"双一流"

创建高校建设，在优势学科、特色学科上努力实现突破，力争有更多高校跻身"双一流"建设行列。重点抓好河南电子科技大学、郑州航空航天大学、河南国医学院的筹建工作，积极推进河南音乐学院、河南戏剧学院创建，建好中国现代农业联合研究生院、郑州美术学院、河南体育学院，推进本科高校省辖市全覆盖。第三，加快构建职普融通、产教融合的职业教育体系。职业教育体系是培养技能型人才的主阵地，是推进教育科技人才体制机制一体改革过程中不容忽视的重要领域。提升职业教育培养层次，提高职业本科招生比例，建立职普学分互认机制，加快建立以本科职业教育为主体的现代职业教育体系。第四，积极稳妥推进"大部制""学部制""院办校""PI 制"等改革，组建素质精良的教师队伍。

## （二）深化科技改革，全面构建创新牵引的科技支撑体系

科技在教育、科技、人才支撑中国式现代化建设进程中扮演动力角色，要加快实现科技自立自强。第一，推进技术决策和组织创新。强化省委、省政府作为重大科技创新领导者、组织者的作用，探索与组织科研范式变革相适应的科研管理方式，从国家迫切需要和长远需求出发，建立自上而下和自下而上相结合的选题机制，持续开展学科发展、科学前沿研判等战略研究，从被动的"接单式"向"主动谋划、主动服务"转变，建立重大任务组织机制，主动服务国家重大需求和行业产业发展。第二，推进成果评价体制创新。健全完善科技成果分类评价体系，基础研究成果以同行评议为主，推行代表作制度，加快推进国家科技项目成果评价改革，提升科技成果供给质量，大力开展科技成果的市场化评价，充分发挥金融投资在科技评价中的作用，加大对科技成果转化和产业化的投融资支持力度，引导规范科技成果第三方评价机制，制定科技成果评价通用准则，细化具体领域评价技术标准和规范，改革完善科技成果奖励体系，调整奖励周期，坚决破除成果评价中的"四唯"问题，创新科技成果评价工具和模式，利用大数据、人工智能等技术手段，开发信息化评价工具，建立健全重大项目知识产权管理流程，完善科技成果评价激励和免责机制，建立成果评价与转化行为负面清单，完善尽

职免责规范和细则。建立重大科技成果发布制度,常态化展示和发布重大科技成果,建立成果月报、季度发布、年度榜单和常态化发布集成的机制。第三,推进成果交易创新。健全协议定价、挂牌交易、拍卖、资产评估等多元化科技成果市场交易定价模式,加快建设现代化高水平技术交易市场,健全要素市场化交易平台,完善资源市场化交易机制,加快建立流程化、规范化、市场化的技术公开交易机制,加强要素交易市场监管。

### (三)深化人才改革,完善高端人才引育评价体系

人才在教育、科技、人才支撑中国式现代化建设进程扮演主体角色,是推进一体改革的重要着力点。第一,建立更加积极、开放、有效的高层次人才引育机制。持续举办中国·河南招才引智创新发展大会,完善优秀人才引进政策,实施豫籍人才"回巢"计划,解除配偶工作、子女教育、老人看病等后顾之忧,提高优秀豫籍人才回流比例,深入实施"中原英才计划"。第二,完善人才激励机制。高度重视人才的培养、使用、评价、考核与激励,实行以提高知识价值为导向的收益分配制度,一事一议、特事特办。完善重点科研项目"揭榜挂帅"和"赛马"等制度,推行首席专家负责制、科研经费"包干制",优化科研经费分配使用管理办法,用好研发费用加计扣除等税费优惠政策。健全青年人才福利保障体系,对创新引才工作方式及引进高层次人才的先进个人和集体进行奖励。鼓励政府设立引才专项基金,通过政府牵线合作、配套补贴等形式构建高校和企业间的柔性人才流动机制,支持高校科研人才以兼职双聘、项目合作、咨询顾问等方式参与企业科研攻关。第三,建立以创新能力、质量、实效、贡献为导向的人才评价体系。建立多元化、动态化的人才评价指标体系。将产业转化、行业影响、学科建设、社会贡献等纳入指标体系。构建差异化的评价机制。建议对基础研究、应用研究、技术开发等不同类型的科研活动制定差异化的评价标准。针对高风险、高创新性的研究项目,建立特别评价和支持机制,鼓励大胆创新。推动评价主体多元化和国际化。建议在发挥政府主导作用的同时,鼓励高校、科研院所、企业等多方主体参与评价过程。引入国际同行评议机制,

提高评价的客观性和国际认可度。建立健全人才流动机制和人才引进流失通报机制。

### （四）一体化推进教育科技人才改革，确保一体改革目标实现

第一，建立教育科技人才一体发展改革工作领导小组。树立大教育观、大科技观、大人才观，整合各方力量，建立教育科技人才体制机制一体改革工作领导小组，推进教育、科技、人才一体化融合发展，进一步完善跨部门协调机制与管理体制，出台专项政策，加大对教育、科技、人才领域的支持力度，有效引导其协同发展。第二，建议设置地方层面的一体改革局际联席会议制度，统筹教育、科学技术、人力资源与社会保障等相关部门，贯彻落实一体改革相关政策。第三，建立一体化协同治理机制。系统化构建战略协同机制、政策协同机制、目标协同机制、权责协同机制、资源配置协同机制等，并以此化解改革中遇到的问题、矛盾。第四，将教育、科技、人才融合发展的各项指标纳入统一的评价体系，构建一体化发展评价体系，将教育、科技、人才效果量化、指标化，形成可测度、可比较的评价体系，综合运用定量与定性分析方法，科学、合理地评估河南教育科技人才体制机制在一体改革方面取得的成效，为深化一体改革提供科学、客观的指导。同时，建立内部自评机制，定期检查一体改革目标的完成情况，根据评估结果及时调整政策，确保整体发展目标得以实现。

**参考文献**

陈畴镛：《努力打造教育科技人才体制机制一体改革先行地》，《浙江经济》2024年第8期。

马一德：《统筹推进教育科技人才体制机制一体改革》，《前线》2024年第9期。

于颖：《统筹推进教育科技人才体制机制一体改革》，《文汇报》2024年8月25日。

杨频萍、程晓琳：《在统筹推进教育科技人才体制机制一体改革中展现更大作为》，《新华日报》2024年7月23日。

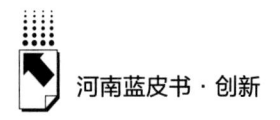

裴哲:《教育科技人才体制机制一体改革:国际经验与中国探索》,《思想理论教育》2024年第10期。

黄小玉:《推进教育科技人才体制机制一体改革——学习贯彻党的二十届三中全会精神系列谈(3)》,《当代广西》2024年第15期。

# B.8 河南以科技成果转化助力新质生产力发展对策研究

崔 岚[*]

**摘 要：** 提升科技成果转化效率是培育和发展新质生产力的关键环节，能够为促进科技创新与产业创新深度融合提供有效路径。近年来，在创新驱动、科教兴省、人才强省战略的大力推动下，河南科技成果转化政策体系、平台载体、人才生态等方面建设情况良好，整体工作取得明显成效。同时应看到，供给质量有待提升、体制机制有待完善、要素融合有待加强等深层次问题依然存在，制约科技成果转化效能提升。今后，河南以科技成果转化助力新质生产力发展，需要从强化平台载体支撑、推进政策创新、加强有效供给、完善要素投入机制等方面持续发力，为现代化河南建设提供重要支撑。

**关键词：** 科技成果转化　新质生产力　河南省

发展新质生产力是以习近平同志为核心的党中央立足实现高水平科技自立自强，着眼于加快推动高质量发展这一首要任务提出的重大战略举措。科技创新是发展新质生产力的核心要素，作为连接科研和生产的重要桥梁，科技成果转化是推动科技创新转化为新质生产力的关键变量。2024年6月，全国科技大会强调促进科技成果转化应用，使更多科技成果从样品变成产品、形成产业，将科技成果转化摆在重要位置谋划部署。在当今科技创新极

---

[*] 崔岚，河南省社会科学院科研管理部统计师，研究方向科技经济、区域经济等。

为活跃和市场竞争极为激烈的数字经济时代，提升科技成果转化水平的重要性不言而喻。如果没有颠覆性创新活动和高质效成果转化，就不可能孕育出以新质生产力为核心的新产业、新业态和新商业模式。因此，加速科技成果从"1"到"N"的应用转化，助力新质生产力发展，不仅是全面落实党的二十届三中全会关于全面深化科技体制改革、促进科技创新的必然要求，更是河南破解高质量发展难题，加快融入新发展格局和推进现代化建设的迫切需要。

## 一 河南以科技成果转化助力新质生产力发展的重要意义

### （一）理论意义

有助于实现生产要素升级优化，夯实新质生产力发展的要素基础。新质生产力是以对劳动者、劳动资料、劳动对象"生产三要素"的改造优化来提升全要素生产率的先进生产力质态。一般而言，科技成果转化包括基础研发、成果转化、市场化和产业化等环节，其本身就是形成和发展先进生产力的过程。从劳动力的角度来看，高质效的科技成果转化能够促进劳动者全面发展，劳动者不断更新专业知识，形成更加科学、先进、丰富的技能体系来提升工作效率，为新质生产力发展提供相适应的劳动力。从劳动对象来看，高质效的科技成果转化能够拓展劳动对象的范围和类别，为新质生产力发展提供新型劳动对象。科技成果转化应用极大地丰富了劳动对象的种类和形态，拓展了生产边界。从劳动资料来看，高质效的科技成果转化能够丰富劳动资料，科技成果转化推动新技术、新材料、新工艺广泛应用，孕育出一大批具有高科技属性的新型劳动资料，推动生产效率、生产质量不断提高，为新质生产力发展提供更先进的劳动工具。

有助于推动科技创新与产业变革深度融合，强化新质生产力发展的产业支撑。科技创新、产业变革是新质生产力体系重塑的核心内容，产业是新质生产力的主要载体,科技成果转化在中间扮演了中介和桥梁的重要作用。其一,科技成果转化能够把新技术引进生产体系中,把科技创新成果转化为产业的新发展和新产业的发展,由此催生新产业、新业态,并运用新技术、新工艺等加速已有产业的转型升级,推动科技创新与产业变革深度融合,推动生产力向更高级、更先进的质态演进,从而发展壮大新质生产力。其二,科技成果转化的结果往往是新产品、新业态、新工艺、新材料,这是传统产业转型升级甚至发生颠覆性变革的前提和基础,特别是创新密集度高、跨界融合深化、附加值含量高的新兴产业和未来产业,高质效的科技成果转化为更加高端、更加自主可控、更加安全可靠的现代化产业体系构建提供了不可替代的产业支撑力。

有助于深化科技创新机制改革,促进新型生产关系的加速形成。党的二十届三中全会强调:"健全相关规则和政策,加快形成同新质生产力更相适应的生产关系,促进各类先进生产要素向发展新质生产力集聚,大幅提升全要素生产率。"要想加快新质生产力发展,就必须借助全面深化改革这一"利器",通过科技体制、教育体制和人才机制等的改革与创新,有效打通制约新质生产力发展的堵点和卡点。科技成果转化在其中扮演"反向助推器"的作用,通过降低生产成本,提高生产效率,促进生产要素流动,优化资源配置,有效克服传统发展模式中资源浪费、效率低下、分布不均衡等问题,引发生产方式变革,进而推动生产关系的创新发展。

## (二)现实意义

推动科技成果转化是河南赢得未来科技竞争主动权的战略选择。当前,世界百年未有之大变局不断向纵深发展,国际力量对比发生深刻调整,世界各国综合国力竞争日益加剧。战略性新兴产业和未来产业成为激烈国际竞争中的新赛道,也是新质生产力发展的主阵地。提高科技成果产业化水平将促进更多新赛道涌现,推动更多原创性和颠覆性科技成果从高校和科研院所走进企业、从实验室走向生产线,业已成为新赛道的底层支撑。因此,拥有高质量科技成果供给能力,率先在更多原创性颠覆性技术上取得突破,是确保

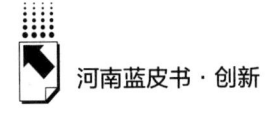

河南在科技领域竞争中赢得更多主动权的基础。

推动科技成果转化是河南实现"两个确保"战略目标的重要一环。"两个确保"战略目标是中国共产党河南省第十一次代表大会提出的中国式现代化建设河南实践的宏伟蓝图，这是河南贯彻落实中国共产党第二个百年奋斗目标两个阶段战略安排的具体行动。新时代，高质量建设现代化河南必然要求对传统生产力进行整体性升级，推动经济向形态更高级、结构更合理的阶段演进。现实反复证明，唯有高质量科技成果转化，才能实现科技成果向现实生产力转变，真正释放创新驱动发展原动力，实现科技供给与市场需求的精准对接，促进创新链、产业链、资金链、人才链深度融合，全面实现以高质量发展推动中国式现代化的时代任务。

推动科技成果转化是破解河南高质量发展难题的有效路径。当前经济发展正从"量的积累"向"质的跃升"转变，受内外部环境变化、长短期矛盾交织影响，河南高质量发展仍面临一些困难和问题，以科技创新为引领的现代化产业体系尚未有效建立，创新实力不强、带动能力不足仍是矛盾的主要方面。2023年，河南科技研发投入强度、高新技术企业数量、技术合同成交额居中部六省第4位，与湖北、湖南、安徽存在一定的差距。应坚持创新在现代化建设全局中的核心地位，在科技创新和科技成果转化上同时发力，着力打通科技成果转化堵点难点，培育发展新质生产力。

## 二 河南推进科技成果转化的做法

近年来，河南围绕加快建设国家创新高地和重要人才中心的战略目标，以科技创新引领产业创新，深化科技体制改革，积极构建科技成果转化应用体系，不断强化科技政策支撑、完善科技计划、优化科技成果转化生态、打破科技成果转化堵点，有力促进了科技成果转化为现实生产力，为河南高质量跨越式发展增添新动能。2023年，全省技术合同成交额达1367.42亿元，同比增长33.9%，是2015年的30.0倍，2015~2023年均增长率达47.8%，高于同期全国平均增速23.3个百分点。河南技术合同成交额在全国的排名由 2015 年的第 22 位上升至 2023 年的第 15 位；技术市场成交额占地区生产总值的比重从 0.12%提升至 1.03%。2024 年上半年，河南技术合同成交额达 884 亿元，同比增长 45%，继续保持高速增长态势，科技成果转移转化作为经济高质量发展重要引擎作用日益凸显。

### （一）以改革创新为引领，政策体系持续完善

科技成果转化助力新质生产力发展，政策是关键的驱动因素。近年来，河南从深化改革和制度创新入手，针对成果转化的体系建设、资源配置等重点领域加大政策供给力度，并在职务科技成果处置、收益分配等方面做出先行探索，形成了有利于科技成果转化的制度环境，政策效应逐步显现。一是做好顶层设计，各部门之间实现协同联动。2019 年，出台《河南省技术转移体系建设实施方案》，明确全省科技成果转化工作的具体内容；促进政策有效衔接，多部门先后印发《河南省财政厅关于加大授权力度促进科技成果转化的通知》《河南省高等学校科技成果转化和技术转移基地认定办法（试行）》等文件，为省属科研院所、高校加快科技成果转化提供更加全面细致的指导，形成政策合力。二是坚持高位推动，为科技成果转化提供坚实的法治保障。借召开全省教育科技创新大会暨人才工作会议、全省创新发展综合配套改革会议等契机，系统推进科技成果转化工作。先后在《河南省促进科技成果转化条例》《河南省创新驱动高质量发展条例》文件中专章部署科技成果转移转化工作，为其提质增效提供坚实的法治保障。三是聚焦经验总结，形成可推广可复制的模式。高度重视对科技成果转化创新做法总结和模式推广，选取仕佳光子"高速数据中心光互连芯片研发与产业化"项目等典型案例，在全省范围内进行宣传推广。

### （二）以搭建平台载体为抓手，转化能力稳步提升

科技成果转化助力新质生产力发展，中试基地、技术转移示范机构、新型研发机构等平台是重要的孵化平台载体。河南依托"三足鼎立"科技创新大格局，布局建设一批多层次、高能级的转移转化平台，进一步推动

"研发—中试—产业化"全链条贯通，取得了较好的经济效益与社会效益。一是系统布局科技成果转移转化示范区。自2023年以来，河南以高新区、各类开放区、农业科技园区、智慧岛等创新资源集聚载体为依托，加快布局建设省级科技成果转化示范区，专项支持部分区域成为新领域新赛道"首发区""试验田"。首批建设的10家省级示范区，已承担省级科技成果转移转化项目200余项，推动全省产业转型升级和新兴产业发展。二是加快建设科技成果转化中试基地。自2021年中试基地建设工作启动以来，围绕重点产业链和产业技术细分领域创新需求，河南分批挂牌建设50家中试基地，覆盖各省辖市和济源示范区、25个重点产业链，基本填补了全省科技成果转化"从0到1"的空白；同时着力优化中试生态，在全国率先发布《河南省中试基地服务清单》，引导省中试基地充分发挥中试熟化功能。三是推动新型研发机构高质量发展。2023年全省新增备案哈工大郑州研究院、浙江大学中原研究院等17家省级新型研发机构，总数达156家；重新修订《河南省新型研发机构备案和绩效考核办法》，以进一步引导和推动河南新型研发机构发展。

### （三）以建强引育体系为引擎，人才活力全面激发

最大限度激发人才主动性和能动性，是加速科技成果转化的重要引擎。河南坚持把人才引育作为基础性、战略性工程，不断深化人才发展体制机制改革，聚焦科技成果转化人才引育建设，优化人才评价和激励体系，有效解决科研人员不想转、不敢转的现实问题。一方面，深化科技体制改革，为科研人员减负松绑。河南出台《中共河南省委办公厅 河南省人民政府办公厅关于进一步完善省级财政科研项目资金管理等政策的若干意见》《关于实行以增加知识价值为导向分配政策的实施意见》等文件，实施针对创新主体和科研人员"松绑+激励"的一系列改革措施。全省遴选18家高校、科研院所开展职务科技成果赋权和单列管理试点改革，鼓励支持科研人员从实验室走向科技成果转化一线。另一方面，壮大高层次技术经纪人队伍。鼓励高校、科研院所、企业面向国内外引进高层次和急需紧缺的技术经理人、技

术经纪人；定期举办全省技术合同登记员培训班和技术经纪人初级、中级培训班等专项技术转移培训班；围绕技术合同认定登记政策法规宣讲、技术合同认定登记服务平台操作讲解等内容开展精准培训，推动一大批科技"红娘"和技术经理人加快走向市场。近3年全省举办科技培训班150余期，技术经纪人在5000人左右。

### （四）以完善资金要素为支撑，循环生态不断优化

科技资金投入是加快科技成果落地转化的重要因素。近年来，河南把科技创新作为重点支出优先保障，以科技金融助力科技成果转化，加快形成"科技—产业—金融"的良性循环。一是科技创新投入再创新高。2023年，河南财政科技支出达463.79亿元，突破400亿元大关；研发经费支出达1211.7亿元，是2015年末的2.8倍，年均增速达13.1%，研发投入强度由2015年的1.17%提高至2023年的2.05%。二是充分发挥财政资金的引导作用。围绕新兴产业和区域特色产业技术成果需求，重点支持科技成果转移转化示范项目，促进关键共性和先进适用技术推广应用，共支持科技成果转移转化项目296项，支持经费达1.73亿元，带动科技投融资资金额6.61亿元，培育在孵企业193家，支持高新技术及科技型中小企业527家。三是不断加大科技金融支持力度。近年来，河南在基金服务科技创新和成果转化方面展开积极探索，不断前移科技金融在支持科技创新成果转化链条中的位置。截至2023年10月底，全省22只省级政府投资基金已累计投资项目1069个，投资金额达569.76亿元。在全省推广支持运用"科技贷"等政策工具，对在省内的高新技术企业和科技型中小企业等开展科技信贷业务发生的实际损失给予不超过60%的损失补偿，积极引导社会资本参与科技创新。截至2023年末，全省已有17家合作银行开展"科技贷"业务，共支持科技型中小企业和高新技术企业806家（次），涉及金额达55.61亿元。

### （五）以优化长效机制为保障，转化渠道更加畅通

完善的科技创新服务保障长效机制是解决科技成果"不敢转""不会

转"问题的关键。河南积极开展科技成果交流活动，搭建各类应用场景，建立健全交流合作机制，提供研发供需精准匹配、快速对接服务，弥补科技成果市场转化短板。一是完善科技成果转化服务保障机制。河南创造性开展科技服务综合体建设，组建省、市、县（区）三级联动科技服务队伍，搭建信息管理平台，面向各类创新主体一站式进行事项发布、需求提交、需求办理、结果反馈，畅通政府、市场、创新主体沟通衔接渠道。二是强化与省内外创新主体的交流对接；与清华大学、上海交通大学、中国科学院等知名高校和科研院所建立稳定的合作机制；广泛开展高校、科研机构合作对接活动，2023年收集梳理知名高校和科研院所高水平技术成果3000余项，采取多种形式面向省内企业发布；连续举办3届中国·河南开放创新暨跨国技术转移大会、6届高校院所河南科技成果博览会，承办多场科技部火炬成果直通车等科技成果转移转化活动，举办"龙子湖科创路演"，中国科学院、河南省科学院的近百项顶尖科技成果亮相。三是构建全覆盖技术转移体系。以国家技术转移郑州中心为牵引，构建"1+4+N"技术转移体系，加大对省级技术转移机构建设力度，全省已培育省级技术转移机构188家。

## 三 河南科技成果转化助力新质生产力发展存在的问题

近年来，在一系列强有力措施的引导推动下，河南科技成果转化工作取得了一定成效，同时应清醒地认识到，全省科技成果转化工作与建设国家创新高地战略总目标的要求还有一定的差距，在"转什么""怎么转""谁来转"等关键环节存在明显短板，特别是在助力河南新质生产力发展上面临供需衔接不足、转化渠道不畅、平台效应不强、要素投入不够等挑战。

### （一）供需衔接不足，匹配新质生产力发展的供给质量有待提升

河南高质量科技成果供给未能与新质生产力需求保持一致，无法实现科

技成果供给与市场需求的精准对接，势必会影响全省科技成果转化率。2023年河南吸纳技术合同金额为1379.1亿元，其中吸纳省外技术合同金额占比超50%，说明全省具有市场价值的科技成果供给能力不足。其中，面临的现实困境主要有以下几个方面。一是教育、科技创新资源相对匮乏。河南缺少高水平的高校和科研院所；高层次科技领军人才不足，截至2023年底，在豫两院院士有47人，远低于江苏（116人）、湖北（82人）等省份。二是产学研缺乏深度融合，各主体目标、能力未能实现有效衔接，降低了科技成果供给质量。囿于现行高校管理的体制机制，高校更加注重自身学术积累，真正能够感知并解决产业界问题的技术匮乏；作为产学研主体的企业，其做科研任务"出题人"和创新风险承担者的主动性不强，对高校和科研院所高质量成果的吸纳能力不强，与先进地区相比，河南产学研"孤岛效应"更为严重。

### （二）转化渠道不畅，促进科技与产业深度融合的机制有待完善

科技成果转化是连接创新链与产业链的"纽带"，尽管近年来河南围绕科技成果转化出台了一系列创新措施，但畅通科研与产业环节的转化机制，符合集成融合开放式创新特点的利益分配机制、风险分担机制的构建依然面临较多困难。一是利益共享和风险共担机制尚未全面建立。技术从最初的实验室走到最终的用户或市场，要想真正实现科技与产业的高效衔接，中间的每一环节均需要高校、科研院所、企业等共同进行技术攻关和产品打磨。但目前对科技成果权益的界定不清晰，成果转化各主体之间的责权利不明确；面对无法预知的各类风险因素，还没有行之有效的风险防范机制，导致科技成果转化动力不足，最终难以实现产品市场化。二是在科研管理体制上科研项目的验收等主要注重成果的"先进性"，对"成熟度""市场价值"等直接与转化相关的评价不足，造成供给成果的成熟度和市场价值难以确定，这在一定程度上影响科技成果转化的进程。三是政策落实不到位，影响激励机制发挥作用。多部门联合印发的成果转化政策缺乏协同落实机制和相应的配套措施，如支持科研人员的股权激励措施，河南大部分研发机构和高校还未

制定细化政策；多份成果转化文件均提出要建立尽职免责机制，但对于相关行为如何界定、如何执行缺乏标准和细则，导致科研人员和相关责任主体缺少敢为人先的闯劲。

### （三）平台效应不强，支撑新质生产力发展的能力有待加强

发展新质生产力的力量来自社会生产的各类主体，发展新质生产力要求协调好社会各领域、各区域、各主体、各平台等之间的关系。随着一大批基础研究和应用研究平台加快建设，河南科技成果转化的机会增多，但科技成果转化平台和载体建设力度有待加大。一是科技成果转化示范区未形成规模效应，带动能力偏弱。近年来全国各地布局建设科技成果转化示范区，但河南的科技成果转化示范区在体量和规模上还有成长的空间，难以"握紧拳头，集中发力"。二是中试资源共享动力不足。河南中试研发配套不足，而技术转移服务平台并未很好补足这一薄弱环节，造成不少科技成果停留在实验室小试水平，不利于其快速进入产业化通道。三是平台间缺乏协同合作。低端平台重复建设、资源浪费，高端平台缺失，部分同质化平台在全省范围内出现"抢"资源、"抢"人才等问题，未能有效推动资源共享的创新生态建设。

### （四）要素投入不够，助力新质生产力发展的后劲有待加强

目前，河南科技成果转化的要素保障力度不够，主要体现在以下几个方面。一是多元资金投入保障机制尚未建立。《河南省促进科技成果转化条例》明确要求，政府应当建立科技成果转化的稳定投入机制，但河南用于科技成果转化奖补的经费非常有限，大部分省辖市（区）在市级财政预算中不具备形成稳定投入机制的条件。二是科技成果转化专业人才队伍匮乏。虽然目前河南科技成果转移转化队伍已初具规模，然而与上海、江苏等其他先进地区相比，仍存在总体规模偏小、专职从事成果转化服务的人才短缺等突出问题。高校开设科技成果转化、技术转移人才培养等方面的课程较少，高素质人才培养相对滞后，且由于行业发展缓慢，人才流失更加严重。三是支持科技成果转化的金融工具比较单一。科技成果转化投入

具有高风险，目前全省的商业融资有限，有针对性的投融资环境不完善，支持科技成果转化的社会资源占比相对较低，并且主要侧重前沿科技成果转化的中后期投资。

## 四 河南以科技成果转化助力新质生产力发展的对策建议

党的二十届三中全会对深化科技体制改革，加快推进科技成果转化做了全面部署。新时期，河南要牢牢牵住科技成果转化的"牛鼻子"，加强政策激励，培育良好生态，优化市场服务，着力破除制约科技成果转化和产业化的藩篱，激发各类主体创新活力和转化动力，切实将创新成果优势转化为创新发展的强大动能，助力新质生产力发展，为全面建设现代化河南提供强劲的创新原动力和科技支撑力。

### （一）着力优化科技成果转化政策体系

一是强化统筹引导。持续完善科技成果转化政策体系，重点聚焦主体功能衔接、改革政策落实、配套政策完善等，加强科技、财政、发改、教育等部门的联动配合，促进成果转化全链条形成，加快释放政策效应。二是推广先行政策。系统梳理河南现有科技成果转化政策，借鉴先发地区的成功经验，结合河南实际制定配套措施和实施方案，深化科技管理改革，进一步推动职务科技成果单列管理改革，面向全省各类创新主体，持续开展科技成果转移转化优秀典型案例遴选活动，对好的经验做法和创新模式及时进行复制推广。三是加大跟踪问效力度。对已出台的科技成果转化重大改革和政策推进落实情况进行及时跟踪、检查及评估，构建全省科技成果转化评价指标体系，对反映成果转化的主要指标，如技术市场成交额、平台体系建设、重大成果落地转化等，开展动态监测，有效发挥成果评价的"指挥棒"作用，修改与实际情况不符合的政策，掌握目标任务的推进情况，对在科技成果转化过程中出现的新问题、新情况及时研究、尽快解决。

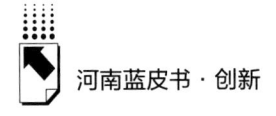

## （二）着力增强高质量科技成果源头供给

一是加快推进基础研究重大原创性成果突破。利用河南省科学院、河南省农业科学院、河南省医学科学院中原科技城、中原医学科学城和中原农谷"三院两城一谷"科创体系优势，前瞻布局面向应用的基础研究领域，积极探索科技成果"沿途下蛋，就地转化"机制，支持开展长周期、高风险的原创研究。引导省实验室、高校、科研院所、新型研发机构等创新主体开展联合攻关，在优势领域取得一批原创性应用科技成果。二是加强产业关键核心技术攻关，围绕河南"7+28+N"产业链群培育，针对应用型关键共性技术问题，完善重大科技项目立项组织机制，实施企业需求类"揭榜挂帅"重大科技研发专项，引导企业面向市场开展"订单式"研发，从源头提升科技成果供给质量。三是加强前沿颠覆性技术和原始创新的预测研判和"技术意外"预警，围绕国家急需和重大战略，精准识别和投资具有使命导向和战略意义的重大源头技术、前沿技术、未来技术，鼓励产业界、社会资本广泛参与。

## （三）着力强化科技成果转化平台载体支撑

一是支持建设一批省级概念验证中心，对创新验证项目进行个性化支持，畅通技术研发、中试验证、产业化应用全过程，完善科技成果转化链条，提升各类创新创业载体专业化服务能力，打通科技成果转化"最初一公里阻梗"。二是提升中试基地运行效率，加快推动创新成果中试熟化和产业化，提高中间试验、投产前试验或试生产服务水平。鼓励高校、科研院所、新型研发机构等与企业共建产业技术研究院或研发中心，拓宽国内外知名高校和科研院所成果库与全省产业技术需求库，促进科技成果供需双方精准对接。三是持续深化改革，健全体制机制。建立健全省科技成果转移转化示范区考核激励机制，发挥其在创新科技成果转化机制、完善全链条服务体系、技术要素市场化配置等方面的示范引领作用。激发优质科技成果转化动力，加快落实科技成果赋权、薪酬制度、考核评价、勤勉尽责机制等方面的改革举措，调动各方的积极性和主动性。

## （四）着力提升科技成果转化服务体系效能

一是大力推进技术要素市场工程建设，发挥国家技术转移郑州中心龙头作用，通过市场化专业化运作模式，建立健全全省统一的技术交易市场，逐步形成引领全省、影响全国的科技成果转移转化枢纽，加快打造线上线下相结合、市场互联互通的技术交易市场网络。二是重点培育一批高能级技术转移示范机构，鼓励支持省内机构与国内外知名技术转化机构开展深层次合作，围绕河南重点产业技术创新需求，着力引进先进技术。探索建立技术转移示范机构绩效评价体系，根据服务实绩对技术转移机构予以奖惩。三是积极开展各类科技成果转化活动。面向重大战略需求不断打造跨界融合场景、建设标志性场景；常态化对接高校、科研院所和企业需求进行线上路演；加强沿黄九省区技术转移区域合作，持续开展科技成果转移转化系列对接活动，鼓励社会机构举办或承办以科技成果转移转化为主题的重大赛事、专业论坛、重要展会等，扩大"中国·河南开放创新暨跨国技术转移大会""高校院所（河南）科技成果博览会"等科技成果转移转化品牌活动的影响力。

## （五）着力完善科技成果转化多元投入机制

一是加强技术经理人队伍建设。通过健全柔性用才、项目引才等引育机制，加大对高层次技术转移人才的引进和培育力度，探索将技术转移专业人才纳入省高层次人才建设体系。支持高校、科研机构和科技企业设立技术转移部门，遴选部分高校设置科技成果转化专业和中短期培训课程，完善技术转移人才培养体系。保障技术经理人职业发展、职称评定和薪酬激励等基础条件，增强其职业认同感。二是进一步完善财税支持政策，探索财政资金支持科技成果转移转化"拨投结合"模式；发挥中央财政资金和省科创类基金的引导作用，引导社会加大对科技成果转移转化的投入力度。三是加快构建以科技创业投资为重点的科技金融服务体系。健全科技创业投资机制，加强与国家科技成果转化引导基金对接，鼓励县（市、区）设立科技成果转移转化基金，加大对科技成果转化企业的投资力度。

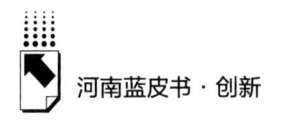

# 参考文献

徐海龙：《新时期优化科技成果转化政策的思考与建议》，《科技中国》2024年第7期。

梁建军：《打通科技成果转化堵点 加速新质生产力培育进程》，《前进》2024年第5期。

李斌：《河南省科技成果转移转化体系建设的思路与对策研究》，《中共郑州市委党校学报》2023年第3期。

刘垠、操秀英：《以新质生产力塑造高质量发展新优势》，《科技日报》2023年12月15日。

晏培娟、钱飞：《攀"高"逐"新"，集聚科创资源激发新动能》，《新华日报》2024年8月12日。

# B.9 河南加快重大科技基础设施布局建设的对策建议

胡美林*

**摘　要：** 重大科技基础设施是国家创新体系的重要组成部分，科技成果产出丰硕，技术溢出、人才集聚效应显著，是国家创新高地的核心要素和重要支撑。河南重大科技基础设施布局建设起步晚、数量少、规模小，是制约全省创新发展的突出短板。对此，本报告提出要紧抓国家战略科技力量布局重塑的机遇，锚定建设"国家创新高地和重要人才中心"战略目标，强化顶层设计、前瞻谋划、规划引领，找准重大科技基础设施布局建设的关键点、突破点、支撑点，按照"建设一批、预研一批、储备一批"原则，聚力打造一批特色突出、运行高效、支撑有力的重大科技基础设施集群，抢占科技创新前沿和未来产业发展制高点，为建设国家创新高地和重要人才中心提供强有力的支撑。

**关键词：** 重大科技基础设施　创新驱动　河南省

重大科技基础设施是为探索未知世界、发现自然规律、实现技术变革提供极限研究手段的大型科学研究系统，对培养和集聚一流创新人才团队、提升基础研究与原始创新能力、抢占新一轮科技竞争制高点具有重要战略意义，是"国之重器""科技利器"，有时也被称为"大科学装置"或"大科学工程"。习近平总书记指出，要科学规划布局前瞻引领型、战略导向型、

---

\* 胡美林，河南省项目推进中心总工程师、正高级经济师，研究方向为产业经济、区域经济。

应用支撑型重大科技基础设施，强化设施建设事中事后监管，完善全生命周期管理，全面提升开放共享水平和运行效率。[①] 河南在重大科技基础设施布局建设方面相对滞后，极大地制约了全省基础研究能力和原始创新能力的提升。加强河南重大科技基础设施布局建设，对于弥补全省科技创新短板，加快营造一流创新生态，推动建设国家创新高地和重要人才中心，具有重要的支撑作用和战略价值。

## 一 河南加快重大科技基础设施布局建设的紧迫性分析

重大科技基础设施是开展基础研究和探索前沿科学的高能级载体，是推动技术创新从"0"到"1"质变跃升的客观需求和重要路径，已成为大科学时代科技创新必不可少的重要设施，同时成为各国吸引集聚高端创新资源要素、抢占科技创新制高点的重要平台。未来5年，我国重大科技基础设施将迎来快速发展时期，同时是河南创新发展不容错过的重要窗口期。从全球科学研究范式转型趋势、国内重大科技基础设施布局情况、河南创新战略目标以及省域之间科技创新竞争等方面统筹考虑，加快重大科技基础设施布局建设已极为必要且非常迫切。

### （一）适应科学研究范式变革的客观要求

习近平总书记指出："当前，新一轮科技革命和产业变革深入发展。科学研究向极宏观拓展、向极微观深入、向极端条件迈进、向极综合交叉发力，不断突破人类认知边界。"[②] 随着大科学时代的来临，科学研究的复杂

---

[①] 《应用支撑型重大科技基础设施建设面临的问题、对策与建议》，中国网，2024年3月21日，http://cn.chinagate.cn/news/2024-03/21/content_117076360.shtml。

[②] 《向极宏观拓展，打开认识宇宙新视野（新知·把握科学研究新趋势）》，"人民网"百家号，2024年9月9日，https://baijiahao.baidu.com/s?id=1809669134466678525&wfr=spider&for=pc。

性、交叉性、融合性日益增强，对高端仪器设备的依赖程度也越来越大，尤其是在前沿技术引领、颠覆性技术突破等方面，学科交叉发展以及科研组织模式等对重大科技基础设施布局建设提出新的更高的要求。依托重大科技基础设施实施大科学工程、制订大科学计划、打造大科学中心，已成为大科学时代科学研究范式变革的重要标志。据统计，自1970年以来，近50%的诺贝尔物理、化学奖获得者都借助重大科技基础设施取得重大成果。未来一个时期，河南应主动适应大科学时代科学研究范式变革新趋势，加快布局建设重大科技基础设施，努力在新一轮科技革命中抢占先机、抢占制高点。

## （二）国家新一轮战略科技力量布局重塑的迫切需要

重大科技基础设施作为开展前沿性、原创性研究的重要平台，已成为国家科技创新体系的重要组成部分。党的十八大以来，我国先后制定了《国家重大科技基础设施建设中长期规划（2012—2030年）》《国家重大科技基础设施管理办法》等政策，加大重大科技基础设施统筹布局和建设力度，并明确提出"到2030年，基本建成布局完整、技术先进、运行高效、支撑有力的重大科技基础设施体系"。经过多年发展，我国重大科技基础设施数量和类型不断增多，截至2023年底，全国已布局建设77个国家重大科技基础设施，其中在建和运行的有57个。未来3~5年，将进一步加强重大科技基础设施的全国统筹部署和地方错位布局，我国重大科技基础设施将迎来快速建设与优化管理并重的新阶段，预计到2030年，我国重大科技基础设施将步入稳定发展期，新增重大科技基础设施数量将显著减少，地方再布局建设重大科技基础设施将变得更加困难。当前，许多省市已经开展重大科技基础设施项目预研储备工作，积极争取国家重大科技基础设施项目立项。总的来看，"十五五"时期将是河南布局建设重大科技基础设施、推动科技实现跨越赶超的重要战略机遇期，同时是重要政策的"窗口期"。

## （三）建设国家创新高地的必要条件

依托重大科技基础设施建设大科学中心，已成为发达地区打造创新高地的必要条件和重要选择。中国共产党河南省第十一次代表大会提出要"着力建设国家创新高地"。未来一个时期，河南打造国家创新高地，应尽快在重大科技基础设施布局建设上实现突破和追赶。首先是补齐高能级创新平台短板的需要。与北京、上海等发达地区以及安徽、湖北等中部省份相比，河南优质科教资源和高能级创新平台较少，亟待通过建设重大科技基础设施弥补创新短板，推动全省科技创新由跟跑向并跑、领跑转变。其次是增强原始创新策源能力的需要。重大科技基础设施主要应用于前沿的、原创的基础科学研究，是催生科学新发现、推进技术新变革、提升区域科创能级的重要动力源泉和必要支撑。长期以来河南原始创新能力不足，借助重大科技基础设施可以在基础研究领域实现攻坚突破和创新引领。最后是集聚创新资源要素的需要。重大科技基础设施不仅具有突出的原始创新策源功能，还具有显著的技术溢出、产业带动、科学普及等外溢效应，国内外成功运营的重大科技基础设施都对当地及周边地区的科技、教育产生明显的促进和提升作用。

## （四）打造全国重要人才中心的关键举措

重大科技基础设施不仅是高水平科研成果的"孵化器"，更是培养科技创新人才的重要"摇篮"。河南打造全国重要人才中心，需要在重大科技基础设施布局建设上精准发力，以此不断增强一流创新人才聚合能力。一方面，通过重大科技基础设施建设和运行，吸引国内外顶尖科技人才。重大科技基础设施是高层次科技人才的"强磁场"，在建设及运行过程中能够吸引、培养和造就一大批战略科学家和尖端科技领军型人才，具有强大的高端人才集聚能力。另一方面，通过重大科技基础设施建设和运行，孵化培养产业技术人才。重大科技基础设施建设运行需要大量科研人员参与，在研制、建设、运行、维护的过程中，能够培养和吸引大量博士研究生以及实验室科研人员、关联产业技术人员等各类技术型人才，有利于促进各类科技人才交流和会聚。

## （五）培育发展新质生产力的重要路径

中央经济工作会议提出，"要以科技创新推动产业创新，特别是以颠覆性技术和前沿技术催生新产业、新模式、新动能，发展新质生产力"。在培育壮大新质生产力的过程中，科技创新起着主导作用，而重大科技基础设施正是科技创新的引领和支撑，是催生新技术、培育新产业、形成新质生产力的重要引擎和"助推器"。布局建设重大科技基础设施有利于河南抢抓新一轮科技革命和产业变革机遇，强化创新驱动发展，培育壮大战略性新兴产业和未来产业，加快产业优势再造和换道领跑，打造经济发展新动能新优势。

# 二 河南重大科技基础设施布局建设现状及面临的困难

## （一）河南重大科技基础设施布局建设现状

从战略部署来看，河南省委、省政府高度重视重大科技基础设施建设，中国共产党河南省第十一次代表大会对着力建设国家创新高地做出了系统安排，指出创新平台是集聚高端创新要素的"强磁场"，在构建一流创新生态中，明确提出要"建设重大科技基础设施，争取国家大科学装置在我省布局"。2023年底召开的省委十一届六次全会暨省委经济工作会议明确指出，大科学装置作为"国之重器"，是科技硬核实力的重要体现，要聚焦科技前沿和全省发展所需，超常规大力度谋划推进，逐步构建重大科技基础设施集群。《2024年河南省政府工作报告》也明确提出要"布局建设大科学装置，抢占人工智能、类脑和仿真机器人等未来产业先机"。

从在建设施来看，2022年3月17日，河南开工建设全省首个重大科技基础设施——超短超强激光平台项目，该项目占地面积75亩、总投资8.77亿元，是具有国际领先水平的新一代中等规模大科学装置，也是全球第一个拥有产业核心功能的超强激光应用研发平台。布局建设超短超强激光平台是河南对接国家战略科技力量体系、建设国家创新高地和重要人才中心的重大举措，建成后可在实验室创造出核爆中心、恒星内部、黑洞边缘才能找到的极端物理条件，能够推动强场物理、原子分子物理、材料科学、核物理、化学与生命科学等一系列基础学科及前沿交叉学科研究，也将促进相关领域新技术变革及新产业的诞生，助力我国科技创新实现新突破。

从预研储备来看，河南在加快超短超强激光平台项目建设的同时，按照"建设一批、预研一批、储备一批"的原则，立足河南实际和发展需求，聚焦科技前沿方向和新兴产业、未来产业发展重点领域，与中国科学院等一流高校和科研院所深入开展对接合作，预研储备了水灾变模拟试验设施、地月电磁空间多模态观测系统、智能医学研究设施等一批重大科技基础设施项目。

## （二）河南重大科技基础设施布局建设面临的困难

河南在重大科技基础设施布局建设方面虽然取得了显著进展和积极成效，但相对发达地区而言，河南重大科技基础设施布局建设起步较晚、数量较少、规模较小，极大地制约了基础研究能力和原始创新能力的提升。

一是系统规划和顶层设计缺失。河南高度重视重大科技基础设施建设，出台《河南省重大科技基础设施管理办法》《关于省重大科技基础设施建设运行模式的意见》等政策文件，加快推进全省重大科技基础设施建设。但重大科技基础设施具有较强的前瞻性、战略性，在当前区域科技创新竞争日趋激烈的背景下，需要加强系统谋划和前瞻规划。目前，全省还没有专门制定出台重大科技基础设施布局建设总体规划或专项规划，顶层设计和规划引领方面亟待加强。

二是国家战略科技力量在河南布局偏少。从国家实验室的布局情况来看，河南国家级重点实验室仅13家，远低于北京、上海、江苏、广东、湖北、陕西等省份。从一流大学和科研院所来看，全省"双一流"高校和学科竞争力亟待提升。从大科学装置布局情况来看，我国在建运行的57个大科学装置主要集中在北京、上海、合肥、深圳、武汉等地，河南只有1个在建大科学装置项目。

三是科技研发投入和资金供给不足。重大科技基础设施投资规模大、建设周期长、运行成本高,需要较大的资金投入,河南在科技研发方面的财政资金供给还需加强。2023年,全省研究与试验发展(R&D)经费投入强度为2.05%,比全国平均水平低0.60个百分点,居全国第17位、中部六省第4位,低于安徽R&D经费投入强度(2.69%)0.64个百分点、湖南R&D经费投入强度(2.57%)0.52个百分点、湖北R&D经费投入强度(2.52%)0.47个百分点。从资金筹措渠道来看,目前河南重大科技基础设施建设以自筹资金为主,建成投用后还需要持续的资金投入,在研发经费投入保障方面将面临较大压力。

四是配套设施和服务保障亟待加强。重大科技基础设施建设运行需要完善的科学辅助服务和市政配套服务,以此吸引和留住更多科技型人才。从实地调研情况来看,目前河南在建的第一个重大科技基础设施——超短超强激光平台项目配套还不完善,项目选址位于荥阳市广武镇张河村南侧,周边市政基础设施和公共服务设施不健全,相关国土空间规划调整不到位,未来可能影响区域相关配套服务设施的落地建设,容易形成城市"孤岛效应"。

## 三 河南加快重大科技基础设施布局建设的路径及举措

未来五年是我国战略科技力量布局重塑的重要时期,也是河南科技创新滚石上山、赶超跨越、争先进位的攻坚突破期,需要抢抓政策机遇和时间窗口,充分借鉴国内外先进地区重大科技基础设施布局建设的经验,聚焦科学技术前沿和全省经济社会发展所需,强化顶层设计、前瞻谋划、规划引领,找准河南重大科技基础设施布局建设的关键点、突破点、支撑点,按照"建设一批、预研一批、储备一批"的原则,统筹推进专用研究设施、公共实验平台、公益科技设施等重大科技基础设施建设,聚力打造特色突出、运行高效、支撑有力的重大科技基础设施集群,着力抢占科技

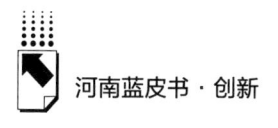

创新前沿和未来产业发展制高点，为建设国家创新高地和重要人才中心提供强有力的支撑。

## （一）抓紧开展重大科技基础设施系统性谋划布局

按照立足当前、着眼长远、适度超前、高效实用、安全可靠的原则，从学科建设、产业转型、城市建设、社会发展等多个维度，前瞻性、系统性开展顶层设计和规划编制，为全省重大科技基础设施布局建设提供科学依据和行动指引。一方面，要高质量研究制定中长期重大科技基础设施布局建设规划。突出战略导向、问题导向和目标导向，精准把握全球科技演化趋势、国家战略规划重点和全省发展阶段特征，按照"前瞻三十年、谋划十五年、做实近五年、盯紧前三年"的思路，紧密对接《国家重大科技基础设施建设中长期规划（2012—2030年）》，结合国家和省"十五五"规划纲要，高质量研究制定河南省重大科技基础设施中长期布局建设规划，明确全省重大科技基础设施布局建设的总体思路、布局建设原则、未来重点领域方向等，以科学规划引领全省重大科技基础设施有序有效布局建设。另一方面，要高标准谋划建设重大科技基础设施功能区。科学技术发展实践证明，重大科技基础设施具有显著的空间集聚和集群发展效应，现代科学研究项目一般需要同时用到两种甚至多种实验装置和配套设施，因此推动建设重大科技基础设施功能区十分必要。未来一个时期，要强化载体建设和促进空间集聚发展，加快谋划建设重大科技基础设施功能区，加强整体布局、系统组织、跨界集成，整合政产学研资源，有效提升重大科技基础设施功能区的承载力和集聚力，推动有条件的科学实验装置项目向重大科技基础设施功能区集中布局，推动形成要素汇聚、功能集成、产业集聚、开放联动的空间发展格局，努力打造河南科技创新新地标和国家创新高地新支撑。

## （二）加大力度争取国家重大科技基础设施战略布局

抢抓国家新一轮战略科技力量布局重塑的机遇，强化与国家战略科技力量对接，积极争取在河南布局建设重大科技基础设施，尽快实现量的突破和质的跃升。一是积极争取国家"十五五"规划及专项规划支持。要抢抓国家"十五五"规划布局新机遇，加强与国家相关部委对接，争取将超短超强激光平台、水灾变模拟试验设施、地月电磁空间多模态观测系统、智能医学研究设施等重大项目纳入国家"十五五"规划纲要或重大科技基础设施专项规划。二是争取中国科学院重大科技基础设施储备项目落地。中国科学院是国家战略科技力量的重要组成部分，是国家重大科技基础设施布局建设的最早发起者和承担者，也是全国重大科技基础设施运行和管理的主要力量，目前在建和运行的国家重大科技基础设施中，有2/3的设施由中国科学院及其下属院所管理。未来一个时期，要进一步加强与中国科学院的精准对接和战略合作，积极争取中国科学院"十五五"储备重大科技基础设施项目在河南布局建设，并依托重大科技基础设施，在基础研究、核心技术攻关、成果转移转化、人才交流合作等方面持续拓展合作广度和深度。三是积极谋划推动央地共建重大科技基础设施项目。根据《国家重大科技基础设施管理办法》，国家有关部门、省级人民政府、中央管理企业等是重大科技基础设施建设的主管单位，负责组织本部门、本地区或本企业所属单位重大科技基础设施项目的申报建设等工作。未来一个时期，在加强与中国科学院及一流高校和科研院所合作的同时，要注重加强与国家相关部委及央企等对接合作，积极谋划布局央地共建重大科技基础设施项目，特别是在设施装置研制、工程建设、运行管理、服务保障等方面充分发挥各自优势，合力谋划推动实施一批重大科技基础设施项目。

## （三）因地制宜布局建设重大科技基础设施集群

立足河南发展基础优势，对接国家发展战略，坚持面向世界科技前沿、面向经济主战场、面向国家重大需求、面向人民生命健康，谋划实施一批重大科技基础设施项目，加快融入国家战略科技力量体系。一是加快推进超短超强激光平台建设。高标准、高质量推进超短超强激光平台项目建设，精益求精抓好项目工程、设施配套、设备组装等关键环节，加强研发、安装全过程安全管控，着力打造全国一流的重大科技基础设施标志性项目，确保到

2025年建成投用，同步开展基础研究和关键技术研发，打造世界领先的大科学装置与产业化研发平台。尽快完善周边配套设施，协同引进实验室、产业技术研究院、中试孵化基地等科研配套设施，不断增强超短超强激光平台的运行实效。二是谋划布局特色优势重大科技基础设施。按照"建设一批、预研一批、储备一批"的原则，聚焦生物农业、量子信息、空间信息等优势领域，加快推进水灾变模拟试验设施、地月电磁空间多模态观测系统、智能医学研究设施等项目建设，着力构建特色优势重大科技基础设施集群；以培育国家大科学装置"预备队"为目标，依托河南省科学院以及其他优势创新主体，开展前瞻引领型重大科技基础设施探索预研，推动符合条件的设施项目申报国家"窗口指导"，尽快形成"探索、预研、建设、运行"格局。三是探索推进"大装置+小设施"协同布局。针对全省重大科技基础设施数量少、体量小等问题，要加快适应现代科学研究多装置协同发展要求，重大科技基础设施功能区及周边地区协同引进实验室、概念验证平台、关键仪器及中试装置等科研配套设施，着力提升科研组织能力，吸引集聚高端创新资源和高素质科技创新人才团队。

## （四）健全完善重大科技基础设施配套服务

适应重大科技基础设施"研、教、产、城、居"融合发展趋势，统筹考虑城市空间布局、高等教育提质、产业转型发展、科技金融服务等，推动重大科技基础设施功能区与高等院校、科研机构、成果转化平台、生活配套服务设施等联动发展，推动创新链、产业链、资金链、人才链深度融合，不断提升重大科技基础设施对各类创新要素的集聚力和吸引力。一是依托重大科技基础设施贯通"教育—科技—人才"链条。重大科技基础设施在建设和运行过程中，能够集聚大批科学家、工程师和优秀青年科技人才，具有强大的科技、教育、人才集聚能力。未来一个时期，要深入实施创新驱动、科教兴省、人才强省战略，依托重大科技基础设施一体化推进高等教育提质、科创能力提升、人才集聚，积极开展原创性基础研究和前沿科学研究，最大限度释放重大科技基础设施的整体效能。二是依托重大科技基础设施促进

"城市—产业—人口"集聚。从国内外重大科技基础设施布局建设实践来看,依托重大科技基础设施建设带动综合性科技园区成长,推动本地科研机构向更高层级的科创中心演进,是一个可复制可推广的经验。未来一个时期,要统筹考虑城市功能区建设、产业集群培育发展、人口流动集聚,依托重大科技基础设施建立健全"沿途下蛋"机制,以超短超强激光平台、智能医学研究设施、水灾变模拟试验设施等为重点,坚持边建设、边产出、边转化,对阶段性攻关成果、自主创新成果及时开展工程化、产品化验证和开发应用,推动科技创新成果就地就近转化,催生更多新兴产业和未来产业,加快形成新质生产力。三是依托重大科技基础设施建设,实现"科学家—企业家—投资家"联动。充分发挥科学家、企业家、投资家等各自优势,探索构建"科研赋能+孵化生产+科创金融"的科技创新综合体,高效衔接创新链、产业链、资金链、人才链,促进"科学发现、技术发明、产业发展"一体联动,实现"科技—产业—金融"良性循环,不断增强重大科技基础设施的产业带动作用,切实解决科技、经济"两张皮"问题,有效提升"0-1-100-N"科技孵化转化成功率。四是依托重大科技基础设施深化"生产—生活—生态"融合。统筹考虑重大科技基础设施功能区与科技成果孵化转化区、高新技术产业园区、居民生活居住区、生态休闲区等功能区的融合联动布局,在重大科技基础设施功能区周边尽快建立义务教育、医疗卫生、商业、商务、文化、娱乐等配套公共服务设施,避免重大科技基础设施功能区陷入城市"孤岛"。

## (五)探索创新重大科技基础设施建设管理体制机制

坚持制度创新、科技创新"双轮驱动",统筹考虑重大科技基础设施建设资金需求、运行模式、管理体制和激励机制等,探索新型科学研究组织范式,破除科研体制机制障碍,为重大科技基础设施高质、高效建设运行提供有力保障,不断提高"投、建、运、管"整体效能。一是创新建设运行方式。探索设立省重大科技基础设施建设专项,拓展多元建设投入渠道,积极争取国家财政资金支持,特别是要提高谋划储备项目成熟度,争取纳入国家"十五五"规划,获得更多国家政策和资金支持;加强科研经费供给保障,通过省级财政加大重大科技基础设施项目建设投资、配套科研经费等投入力度,为重大科技基础设施建设运行提供稳定的资金支持;创新社会资本投融资机制,引导各类社会资本参与重大科技基础设施建设。二是深化科研机制改革。适应重大科技基础设施建设、运行和管理新趋势、新特点,探索建设新型研发机构管理机制,有效激发科技创新动力活力;改革科研项目组织管理模式,充分利用"揭榜制""赛马制""定向委托制"等机制,总结凝练核心技术攻关动态清单,通过跨部门、跨系统、跨层级的组织协调方式,激发各类参与主体内在创新活力,推动构建高效、协同的集中攻关体系。三是推动开放合作共享。研究制定清晰明确的重大科技基础设施合作规范和实施细则,包括鼓励多主体参与建设、加强国内外开放共享合作、促进科技成果转化等,加速汇集国内外优质创新资源,推动高校、科研机构、政府、企业等多主体合作,积极引导企业在重大科技基础设施功能区建立研发中心,加快创新成果就地转化、产业孵化和商业化应用。四是做好建设运行评估。建立基于运行实效、开放合作、应用产出、用户评价、维护和升级改造需求的评估标准体系,定期对重大科技基础设施建设运行目标实现程度进行评估,并将评估结果作为资源配置、升级改造、设备退役的重要参考;健全重大科技基础设施项目后评价机制,对规划、研制、建设、运行、维护等过程中的成功经验及存在问题进行客观评估,建立重大科技基础设施布局建设正反馈机制,推动全省重大科技基础设施实现持续健康运行。

**参考文献**

胡美林:《前瞻布局建设创新基础设施集群》,《河南日报》(理论版)2023年8月26日。

王贻芳、白云翔:《发展国家重大科技基础设施引领国际科技创新》,《管理世界》2020年第5期。

王贻芳：《中国重大科技基础设施的现状和未来发展》，《科技导报》2023年第4期。

王婷、蔺洁：《重大科技基础设施的功能定位与建设若干建议》，《科学管理研究》2023年第4期。

宋大成等：《国外重大科技基础设施开放共享模式比较及对我国的启示》，《中国科学院院刊》2024年第3期。

西桂权、付宏、刘光宇：《中国大科学装置发展现状及国外经验借鉴》，《科技导报》2020年第11期。

葛焱、邹晖、周国栋：《国家重大科技基础设施的内涵、特征及建设流程》，《中国高校科技》2018年第3期。

胡艳、张安伟：《新发展格局下大科学装置共建共享路径研究》，《区域经济评论》2022年第2期。

陈套：《重大科技基础设施内涵演进与发展分析》，《科学管理研究》2021年第5期。

# B.10 河南加强企业主导的产学研深度融合对策研究

袁金星*

**摘　要：** 以企业为主导的产学研深度融合是激活科技创新资源、提升创新体系效能、增强产业发展接续性和竞争力的有效途径，也是创新驱动发展的核心内容与重要实现形式。近年来，河南持续强化企业在创新决策、研发投入、科研组织、成果转化方面的主体作用，加强政策制定、打造企业雁阵、完善支撑体系、建设高能级平台、加强供需对接等，扎实推进产学研深度融合，成绩突出、效果显著。但是，河南创新能力不足、产学研融合深度不够、龙头企业对创新要素的整合能力不强等短板弱项依然存在，需要进一步借鉴先进省市经验，重点在创新生态营造、科技治理体系完善、重大科技项目实施、应用场景驱动等方面继续发力，多措并举，不断推动以企业为主导的产学研深度融合，助力现代化河南建设实现新突破、取得新辉煌。

**关键词：** 产学研合作　企业主体地位　河南

习近平总书记在2021年两院院士大会和全国科协代表大会上做出"加快构建龙头企业牵头、高校院所支撑、各创新主体相互协同的创新联合体"[①] 指示要求。党的二十大报告明确提出要"加强企业主导的产学研深度

---

\* 袁金星，河南省社会科学院创新发展研究所副所长、副研究员，研究方向为科技经济、区域经济。

① 《深入把握科技创新规律　加快构建创新联合体》，"海外网"百家号，2021年8月17日，https://baijiahao.baidu.com/s?id=1708324311069155902&wfr=spider&for=pc。

融合，强化企业科技创新主体地位"。2023年4月，二十届中央全面深化改革委员会第一次会议审议通过《关于强化企业科技创新主体地位的意见》，强调"推动形成企业为主体、产学研高效协同深度融合的创新体系"。企业主导的产学研深度融合是创新驱动发展的核心内容与重要实现形式，也是优化科技创新体系、塑造发展新动能的重要途径。进入新时代，河南锚定"两个确保"奋斗目标，把创新摆在发展的逻辑起点和现代化建设的核心位置，加快建设国家创新高地和全国重要人才中心，但创新能力差距明显、产学研用融合深度不够、龙头企业对创新要素的整合能力不足等短板弱项依然存在。在这种背景下，进一步加强企业主导的产学研深度融合，既是落实习近平总书记关于科技创新重要论述的具体行动，也是河南建设国家创新高地的有力举措，更是实施创新驱动、科教兴省、人才强省战略的重要抓手，事关河南发展大局，对全面推进中国式现代化建设河南实践具有重要的现实意义。

## 一 河南加强企业主导的产学研深度融合取得的成效

近年来，河南持续强化企业在创新决策、研发投入、科研组织、成果转化方面的主体作用，扎实推进企业主导的产学研用深度融合，相关工作取得新进展、新突破、新成效，为全省经济高质量发展提供了有力的科技支撑。

### （一）坚持高位推进，加强政策制定，推进产学研深度融合发展

一是坚持高位谋划推进。2021年7月，河南在全国率先成立科技创新委员会，由省委书记和省长任双主任，机构改革后调整为省委科技委，围绕创新平台、企业研发等进行了体系化、高密度、渐次推进的战略部署，引领各部门形成齐抓共管、协同推进产学研用深度融合的良好氛围。二是高质量推进企业研发活动全覆盖。河南建立省级总体统筹调度、省辖市负责指导协

调、县区履行主体责任的工作推进机制，着力推动规上工业企业研发活动实现从"有形覆盖"到"有效覆盖"的转变。截至2023年底，全省"四有"覆盖率达72.73%。[1] 三是扎实推进"万人助万企"活动。河南推行"揭榜挂帅""赛马制""PI制"等项目组织机制，实行科研经费"直通车"制度，进一步强化科技对企业的支撑引领作用。同时，全省各级科技部门成立服务小组，当好惠企政策的"宣传员"、企业项目的"代办员"、困难问题的"协调员"，企业创新发展活力显著提升。

### （二）实施专项行动，打造企业雁阵，科技型企业队伍快速壮大

一是实施高新技术企业倍增计划。持续优化高新技术企业认定流程，建立高新技术企业培育库，搭建全省高新技术企业申报、评审、管理全流程服务体系，高新技术企业培育力度全面增强。截至2023年底，全省高新技术企业总量突破1万家，达到1.2万家，较2020年翻了一番。[2] 二是实施科技型中小企业"春笋"计划。持续完善量质齐升的科技型中小企业入库评价机制，不断扩大科技型中小企业覆盖面，完善科技型中小企业数据库。截至2023年底，全省科技型中小企业入库2.6万家，数量较2020年翻了一番，位居全国第七。[3] 三是建立完善优质中小企业梯度培育体系。出台《河南省优质中小企业梯度培育管理实施细则》，制定专项扶持政策，坚持培优与帮扶并重，持续推动中小企业走专业化、精细化、特色化、创新型发展道路。截至2023年底，全省省级以上专精特新中小企业达到3535家，专精特新"小巨人"企业达到394家。[4]

---

[1]《科研体制深度变革，创新平台加速布局，科技型企业势头强劲——河南：科创局面悄然嬗变》，"新华社客户端"百家号，2024年9月1日，https：//baijiahao.baidu.com/s？id=1808957508643656445&wfr=spider&for=pc。

[2]《2023年河南省经济运行情况新闻发布会》，河南省人民政府网站，2024年1月24日，https：//www.henan.gov.cn/2024/01-24/2891898.html。

[3]《2023年河南省经济运行情况新闻发布会》，河南省人民政府网站，2024年1月24日，https：//www.henan.gov.cn/2024/01-24/2891898.html。

[4]《2023年河南省经济运行情况新闻发布会》，河南省人民政府网站，2024年1月24日，https：//www.henan.gov.cn/2024/01-24/2891898.html。

## （三）加大支持力度，完善支撑体系，创新要素加速向企业集聚

一是加大科技金融扶持力度。以打造企业全生命周期支持体系为目标，不断优化政策性科技金融体系，"投贷保补服"一体化科技金融体系全面建成。2023年，全省"科技贷"放款55.61亿元，支持企业806家（次），同比增长18.5%；2022年3月推出"专精特新贷"，6月授信总金额达91.43亿元，累计放款金额达73亿元。[①] 二是加强创新创业载体建设。深入推进大众创新创业，完善"众创空间—孵化器—加速器—智慧岛"孵化链条，营造良好的创新创业生态。截至2023年底，全省国家级科技企业孵化器总数达到71家；智慧岛数量已达24个，实现省辖市、济源示范区、航空港区全覆盖。三是加强创新人才支撑。出台涵盖引才措施、服务配套等人才工作各环节、全链条的"1+20"一揽子人才政策，大力实施"八大行动"，促进创新人才向企业集聚。2021~2023年，累计引进顶尖人才28人、领军人才369人、博士及博士后1.6万人。目前，全省人才总量超过1410万人。[②]

## （四）建设高能级平台，培育创新联合体，探索产学研用融合创新模式

一是建设由企业主导的创新联合体。聚焦国家重大需求和全省28个重点产业链，在2022年建设培育12家创新联合体的基础上，2023年组建第二批16家创新联合体，促进产学研用创新要素有效集聚和优化配置。二是高水平创新平台建设加速推进。近3年全省新建20家省实验室、6家省产业技术研究院、41家省产业研究院、50家省中试基地，推动形成集基础研究、应用研发、成果转化和产业化于一体的全链条科技创新组织模式，产学研用协同创新机制不断完善。三是完善"企业出题、政府立题"科研攻关

---

[①]《保持战略定力 集聚创新动能 为中国式现代化建设河南实践贡献科技力量》，河南省科学技术厅网站，2024年3月12日，https://kjt.henan.gov.cn/2024/03-12/2960775.html。
[②]《让创新源泉充分涌流——深入贯彻落实全省科技大会精神之四》，河南省人民政府网站，2024年7月2日，https://www.henan.gov.cn/2024/07-02/3015732.html。

模式。聚焦产业链中高端、关键环，实施重大科研项目"揭榜挂帅"制度，探索试行攻关险，在重点产业领域的一批科研项目揭榜成功，实现17个省辖市和济源示范区全覆盖，有力推动解决产业发展中的"卡脖子"关键技术问题，促进产学研用协同发展。

### （五）完善转化机制，加强供需对接，科技成果转化量效齐增

一是完善科技成果转化体系。持续落实《河南省促进科技成果转化条例》《河南省技术转移体系建设实施方案》，出台《关于推进科技成果转移转化的若干意见》，开展职务科技成果赋权改革试点，布局建设21家省级科技成果转移转化示范区，营造支持科技成果转化的良好氛围。二是支持高校与企业共建研发中心。出台《关于推动高校与规上工业企业共建研发中心（平台）高质量发展的意见》等，建立"企业出题、高校答题"校企深度参与、共同研发的工作机制。截至2023年底，全省共有1503个校企共建研发中心，17个高校科技成果转化和技术转移基地。[1] 三是加强科技成果转化的政策激励。一方面突出奖补拉动，对在豫企业购买省外先进技术成果实行奖补，进一步强化企业科技成果转化的核心主体作用；另一方面加强政策联动，全面落实技术转移奖补、研发费用加计扣除等政策，消除科技成果转化过程中的政策盲点和模糊地带，打通科技成果转化通道。2023年，全省技术合同交易金额达到1367亿元。[2]

## 二 河南加强企业主导的产学研深度融合存在的问题

当前，河南产学研融合深度不够、协同效率不高、企业主导力不强，还存在诸多痛点、堵点、难点，主要体现在以下几个方面。

---

[1] 《河南1503个校企共建研发中心 助力产业创新同频共振》，河南省人民政府网站，2023年11月15日，https：//www.henan.gov.cn/2023/11-15/2848303.html。
[2] 《央媒看河南｜河南：科创局面悄然嬗变》，河南省人民政府网站，2024年9月1日，https：//www.henan.gov.cn/2024/09-01/3057018.html。

## （一）从制度引领来看，产学研融合的政策支撑法治保障不足

通过梳理发现，现有产学研深度融合政策措施偏零散，发挥企业主导作用、深化产学研用融合的顶层设计不完善，尚未形成自上而下的政策制度体系，存在指导性政策多、可操作性细则少，普惠性政策多、导向明确政策少，政策执行效能差、具体措施落实难等问题。如《中华人民共和国促进科技成果转化法》中明确指出"完善知识产权归属及收益分配机制"，但并没有进一步明确和界定知识产权归属、收益分配、风险分担等内容，没有有效解决产学研合作中各类创新主体的利益分配和风险分担问题等。因此，这也是导致河南企业主导的产学研合作在深度、效度、积极性上不高的重要原因之一。

## （二）从主导作用来看，企业主导产学研合作的能级不高

河南创新引领型企业数量不多、能级不高、实力不强，缺乏对创新链具有整合能力的"链主"企业，企业自身没有足够的研发投入，难以承担从小试、中试到量产等一系列成本高、风险大的技术转化流程，更难以在产学研用合作及创新资源整合中发挥主导作用。例如，2023民营企业发明专利500家榜单数据显示，河南17家企业入围研发投入500强，8家企业入围发明专利500强[1]，与浙江、江苏、广东、山东等省份相比差距较大。研发投入排名靠前的郑州宇通2023年研发投入为15.68亿元；另外，河南规模以上企业"四有"覆盖率为72.73%，这在一定程度上说明河南近30%规模以上企业具备参与产学研用合作的基础。

## （三）从供需协同来看，科研供给与产业需求不匹配

当前，技术创新的颠覆性、复杂性和所需投入不断提高，网络化、集成

---

[1]《2023民营企业发明专利500家榜单发布 8家豫企上榜》，河南日报客户端，2023年10月21日，https://app-api.henandaily.cn/mobile/view/news/23709061005652787242598 2。

化、融合化、开放式创新加速渗透,需要构建新的分工协同机制和风险分担机制。但是,河南产学研融合中的创新资源流动、风险识别与利益分配等机制仍不完善,企业、高校、科研机构等各类主体对自身在创新合作中的定位与分工不清晰,在合作中普遍存在层次偏浅、短期合作偏多、合作模式偏松散、团队流动性较大等问题,多为技术转让、委托开发、单一项目点对点合作、人才联合培养等,共建研发团队和创新联合体、联合设立基金以及股权投资等紧密合作模式偏少,难以形成长期、稳固、共同发展的战略合作关系。

### (四)从创新服务来看,支撑协同融合的服务体系不健全

产学研用融合中每个环节都需要专业化的中介服务、多元化的要素配置、高效率的金融服务等,但河南科技服务业发展水平不高。赛迪顾问股份有限公司发布的《2022中国科技服务业发展年度报告》显示,2021年我国科技服务业主要集聚在三大城市群,河南仅占全国的3.3%,低于同期全省生产总值占比(5.1%)。[1] 同时,河南科技服务机构专业化程度不高,高端科技服务业态较少,科技金融服务支撑不足,从事技术转移、成果转化的专业机构和人员偏少,不利于推进科技成果转移转化。总体上看,全省"基础研究+技术攻关+成果产业化+科技金融+人才支撑"的全链条服务体系尚不健全,没有形成互通共享的格局,这是制约河南产学研深度融合的主要因素。

## 三 先进省市强化企业主导的产学研深度融合的做法

近年来,新一轮科技革命和产业变革风起云涌,各地纷纷抢抓战略机遇,多措并举强化企业科技创新主体地位、深化产学研合作,形成了一些新模式、新经验,对河南有一定的借鉴价值。

---

[1] 《重磅发布 |〈2022中国科技服务业发展年度报告〉》,"赛迪顾问CCID"百家号,2023年6月9日,https://baijiahao.baidu.com/s?id=1768178249919265086&wfr=spider&for=pc。

## （一）更加突出链主企业的主导作用

链主企业大多是占主导地位的行业龙头，规模大、实力强、影响面广，不仅自身是技术创新的引领者，也是产学研合作的发起者、牵头者、领航者。在科技进步、产业创新日益加快的大背景下，链主企业对整个产业链创新的主导作用越发明显。2022年浙江瞄准全球一流竞争力目标实施"雄鹰行动"，要培养一批在国内外资源配置中占据主导地位、影响力大的产业领航型企业，或是掌握核心技术且对产业链自主可控具有重要影响的技术领航型企业；2023年7月山东提出建立省级制造业领航企业培育机制，加快建设一批国际级领航企业，增强国际竞争力和产业链控制力。

## （二）更加突出场景创新的驱动作用

随着经济社会全面迈向数字化时代，场景创新打破了先研发、后转化的线性创新传统范式，成为推动企业主导的产学研深度融合的关键因素。在场景应用驱动下，创新动力从科学家的好奇心转变为真实的产业和市场需求，创新主体由高校和科研院所转变为科技型企业。场景创新有效连接供需两端，促进产学研各方有效融合，破解科技成果转化难题。北京早在2020年就开始实施新场景行动方案，依托重大项目挖掘场景机会，采取"政府搭台、企业出题、企业答题"的模式，促进科技型企业研发资源与应用对接；广东佛山从2022年开始聚焦制造业数字化转型升级，开放场景机会，以场景驱动大中小企业融通创新，企业与高校、研发机构自由对接合作；安徽合肥自2021年开始前瞻谋划场景创新工作，2022年5月率先成立全国首个城市场景促进机构——合肥市场景创新促进中心，以政府主导、企业运营、市场参与的方式，推进全领域、全市域、全流程场景创新。

## （三）更加突出需求导向的创新生态圈建设

产学研深度融合是一套完整的创新体系，需要全过程创新生态链作为支撑。深圳最早着手构建完整的创新生态链，提出构建"基础研究+技术攻关+成果产业化+科技金融+人才支撑"的全过程创新生态链，受到国家发展改革委的推广，鼓励各地结合实际学习借鉴。2023年7月，广东以全过程创新生态链为立法主线，发布《广东省科技创新条例》（征求意见稿），其中明确指出应推动企业成为技术创新决策、科研投入、组织科研和成果转化的主体，促进创新要素向企业集聚，从立法层面进一步规范企业主导的产学研深度融合推进路径。

### （四）更加突出高能级科创平台的载体作用

科技创新平台是创新体系的重要组成部分，也是面向产业创新需求、促进科技创新资源开放协同的重要组织，更是促进产学研深度融合的重要载体和有效抓手。近年来，各地纷纷抢抓国家战略机遇，加快布局高能级科技创新平台，通过科技创新平台加速创新要素高效流动、深度融通。例如，合肥"科大硅谷"、武汉"中国光谷"等均已成长蜕变为中部地区的典型代表；成渝地区以"一城多园"模式加快建设西部科学城，目前西部（成都）科学城已经形成"国家实验室+省级实验室+重点实验室"的高水平科技创新平台体系，集聚国家级科研机构26家、国家级创新平台96个，对地方产学研深度融合发挥了重要作用。

## 四 河南加强企业主导的产学研深度融合的对策建议

### （一）抓创新生态建设，强化制度建设对产学研深度融合的保障作用

一是强化顶层设计。针对河南产学研融合现状，出台时间表和路线图，围绕关键领域出台改革举措，将企业主导的产学研融合纳入制度化轨道。二是深化体制改革。高标准建设省、市、县三级科技服务综合体，优化科技服务组织体系，构建"基础研究+技术攻关+成果产业化+科技金融+人才支撑"的全链条服务体系，为各类创新主体提供优质高效的服务，推动产学

研深度融合。三是凝聚社会力量。要发挥有效市场的作用，大力发展科技服务业，培育技术经理人队伍，开展多主题、系列化技术转移对接交流活动，激发科技中介机构在推动企业主导的产学研深度融合过程中的动力。四是加强法治保障。加快推进产学研深度融合相关立法工作，加强相关法律法规宣传，让各类创新主体在产学研深度融合过程中享有公平的机会、公平的权利、公平的规则。

## （二）抓科技治理体系，强化企业的科研决策主体地位

一是建立企业科技战略参与机制。转变政府职能，深化赋权放权改革，建立企业家科技创新咨询会议制度，赋予企业家在重大科技创新项目立项、重大科技基础设施建设等决策方面的权利，让科学家研判技术前景、企业家发现市场需求、市场验证技术价值，推动高校、科研院所与企业良性互动，加强供需对接。二是强化企业创新智库支撑能力。构建高端智库网络，支持企业提升科技创新战略规划能力；鼓励企业家与科学家深度合作，加强技术经理人队伍建设，打通科技成果转化的渠道。三是健全"企业出题"的科技项目形成机制。建立需求导向和问题导向的科技项目形成机制，从企业和产业实践中凝练应用研究任务，推动"企业出题""高校和科研院所答题"的产学研深度融合模式持续落实落地。

## （三）抓创新项目带动，强化企业的科研组织主体地位

一是支持科技领军企业牵头组建创新联合体，承担重大科技攻关项目。围绕事关国家安全、产业核心竞争力、民生福祉的重大战略任务，支持企业牵头组建创新联合体，采用"揭榜挂帅""赛马制"，鼓励企业承担重大技术攻关任务。二是发挥省产业研发联合基金作用，鼓励企业参与基础研究。瞄准基础研究与应用研究脱节、产业技术缺乏源头支撑等问题，建立基础研究企业深度参与机制，扩大省产业研发联合基金规模、范围，根据产业技术需求确定基础研究方向和研究课题，引导企业参与基础研究。三是优化科技项目，引导企业承担成果转化项目。对于科技计划中产业应用目标明确的项

目,鼓励企业牵头组织实施,发挥科技成果转化引导基金的作用,鼓励企业积极承担科技成果转化项目。

### (四)抓应用场景驱动,强化企业的科技成果转化主体地位

一是开展"科技创新+场景应用"科技成果转化示范。围绕河南七大产业集群、28条产业链,聚焦产业共性关键技术,支持国家高新区等挖掘和构建多元化应用场景,发布重大应用场景需求清单,开展成果转化"场景驱动"行动,加快高校、科研院所先进科技成果在企业转移转化,加速产学研融合进程。二是健全产学研成果转化激励机制。深化职务科技成果赋权改革,激发高校、科研院所成果转化积极性;制定企业科技成果转化激励政策,对企业科技人员给予股权奖励;在科技人才评价中,把科技成果转化的绩效作为主要依据,特别是建议高校、科研院所对从事科技成果转化人员实行单列考核。三是完善科技成果对接服务机制。实施河南省概念验证计划,构建"政产学研协同共同体",加大对校地、校企合作的奖补力度,增强科技创新原动力,推进科技成果产业化进程。

### (五)抓创新企业梯队,强化企业对产学研深度融合的主导作用

一是以"营造环境"为抓手,培育壮大科技型中小微企业。持续推进"万人助万企",深入实施科技型中小企业"春笋"计划,培育壮大科技型中小微企业,加快培育一批专精特新企业、"瞪羚"企业、单项冠军企业。二是以"提升能力"为导向,提升科技型骨干企业创新能力。持续推进创新型企业树标引领行动,实施高新技术企业倍增计划,推动规模以上工业企业研发活动由"有形覆盖"到"有效覆盖",加快推进规模以上工业企业数字化、智能化全覆盖,着力提升科技型骨干企业创新能力。三是以"优化布局"为目标,发挥科技领军企业的引领支撑作用。研究提出科技领军企业标准,筛选一批科技领军企业,进行重点培育;支持科技领军企业更多参与重大科技决策,承担重大科技项目,发挥科技领军企业引领支撑作用。

## 参考文献

《"创新驱动、科教兴省、人才强省"战略实施报告》，河南省人民政府网站，2023年9月7日，https://www.henan.gov.cn/2023/09-07/2810889.html。

王玲杰、杨东风主编《河南蓝皮书：河南创新发展报告（2024）》，社会科学文献出版社，2023。

李斌：《郑州都市圈创新链产业链融合发展的思考与建议》，《中共郑州市委党校学报》2024年第2期。

崔岚：《创新驱动背景下河南推动产学研深度融合的路径研究》，《统计理论与实践》2023年第9期。

王小广：《发挥好企业科技创新主体作用》，《人民论坛》2024年第4期。

# 专题篇

## B.11 河南省强化企业科技创新主体地位研究

冯凡栩[*]

**摘　要：** 习近平总书记多次强调要强化企业科技创新主体地位，《2024年河南省政府工作报告》也提出要"强化企业科技创新主体地位，激励企业加大创新投入，深化产学研用结合，支持有实力的企业牵头重大攻关任务"，企业在国家创新体系中的地位上升到新高度，日益成为推动国家科技创新的重要力量。与此同时，河南省在强化企业创新主体地位方面虽出台了一系列举措并取得了明显成效，企业创新主体地位得到巩固、创新动力得到激发，但仍存在企业创新能力不足、高水平成果产出匮乏、基础研究布局不合理等问题。未来，河南省应多措并举巩固企业在研发投入、科技决策、科技成果转化、人才集聚中的主体地位，充分强化企业科技创新主体地位，激发科技创新内在动力，为新质生产力发展注入强大动能。

**关键词：** 企业　创新主体　河南省

---

[*] 冯凡栩，河南省社会科学院创新发展研究所科研人员，研究方向为科技创新、企业管理。

企业既是创新活动的组织者、创新价值的创造者、科技成果转化的直接推动者,也是科技创新活动研发投入、科技决策、成果转化、人才集聚的主体,更是科技创新活动的主导者。只有企业创新主体地位得到强化,创新的内生动力才会更加强劲。在河南省建设国家创新高地和重要人才中心的背景下,迫切需要把强化企业创新主体地位摆在重要位置,不断推动科技创新在中原大地起高峰、成高地。

## 一 河南省强化企业科技创新主体地位的重要意义

### (一)是河南省建设国家创新高地的必然选择

河南省始终把创新摆在发展的逻辑起点、现代化建设的核心位置,全力建设国家创新高地,将强化自主创新能力放在了更加突出的位置。《2023年全国科技经费投入统计公报》显示,2023年各类科技主体中企业R&D经费投入超2.5万亿元,占比高达77.7%,是研发经费投入的主力军;技术合同成交额占全国的比重超过90%,是技术输出的主体。与此同时,2023年在国内有效发明专利中企业所占比重超过七成,可见企业是创新创造、科技进步的主要推动者。由此可见,河南省要想加快建设国家创新高地,实现高水平科技自立自强,就必须充分强化企业科技创新主体地位,让企业在科技创新中展现更大担当。

### (二)是河南省推动高质量发展的内在要求

高质量发展是全面建设社会主义现代化国家的首要任务,是推动河南省经济转型升级的关键。实现高质量发展就是要推动经济发展质量变革、效率变革、动力变革,这其中必须牢牢抓住创新这一动力,大力实施创新驱动发展战略,推动科技创新成果转化为现实生产力。企业一端连着需求,一端连着供应,作为市场需求最敏锐的感知者,具有天然的创新属性,使创新离需求更近、离实用更近、离产业更近。因此,河南省要想塑造高质量发展新动能，就必须通过强化企业科技创新主体地位，使企业不断适应市场环境的变化，满足经济发展、社会进步、国家安全和人民生活质量改善的需要。

### （三）是河南省构建现代化产业体系的战略支撑

以科技创新引领现代化产业体系建设，是把握新一轮科技革命和产业变革机遇，加快构建新发展格局、推动高质量发展的必然要求。与此同时，现代化产业体系以科技创新为核心，推动形成各类生产要素和创新要素有效配置、协同联动的有机系统，构建现代化产业体系必须充分发挥科技成果转化的作用。企业是科技成果转化的直接承接者和主导者，通过强化企业科技创新主体地位，能有力推动新要素、新技术、新产业互促共进，将科技成果转化为新质生产力，推动产业向高端化、智能化、绿色化发展，进而增强现代化产业体系的核心竞争力。因此，河南省必须把强化科技创新主体地位摆在重要位置，只有这样才能更好地形成现代化产业体系的有力支撑。

### （四）是河南省培育新质生产力的现实需要

《2024年政府工作报告》指出要"加快发展新质生产力"，中国共产党河南省第一届委员会第七次全体会议提出"要健全因地制宜发展新质生产力体制机制"，把培育新质生产力放在重要位置。新质生产力作为由科技创新发挥主导作用的先进生产力，由技术革命性突破、生产要素创新性配置、产业深度转型升级催生，代表着生产力的跃迁。与此同时，企业作为贯通生产、分配、流通、消费各环节的重要载体，是创新知识生产和科技成果转化的关键枢纽，是推动技术突破、整合利用生产要素资源、优化生产组织的有生力量。这就决定了河南省培育和发展新质生产力，必须充分调动企业积极性和创造性，全力支持企业在科技创新中担任主角，促进各类创新要素向企业集聚，让颠覆性和原创性科技成果竞相涌现，引领和推动新质生产力发展。

## 二 河南省强化企业科技创新主体地位的主要成效

近年来，河南省深入实施创新驱动发展战略，特别是围绕强化企业科技创新主体地位出台一系列政策和举措，持续改善创新生态、增强研发力量、激发创新动力，有力巩固了企业在研发投入、科技决策、成果转化、人才集聚等方面的主体地位，巩固和提升了企业科技创新主体地位，取得了明显成效。

### （一）企业创新生态持续改善

创新生态是企业发展的基础，为企业开展创新性活动、获取创新资源和服务提供重要保障。河南省积极引导企业发挥科技创新主力军作用，为企业发展营造了良好的创新生态。一方面，从顶层设计上发力为企业提供政策支持。先后出台《河南省"十四五"科技创新和一流创新生态建设规划》《关于加快构建一流创新生态建设国家创新高地的意见》《河南省创新型企业梯次培育实施方案（2024—2026年）（试行）》等政策支持企业发展，与此同时开展了创新型企业树标引领行动、高新技术企业倍增计划、科技型中小企业"春笋"计划，建立了"微成长、小升规、高变强"的创新型企业梯次培育机制，并加快培育专精特新企业、"瞪羚"企业、单项冠军企业，推动形成创新型企业集群发展体系。另一方面，多措并举为企业提供全方位、多层次创新服务。河南省不断完善创新服务体系，为企业提供技术攻关、知识产权保护、政策咨询、融资支持等服务，如举办专利转化运用服务对接月、"百会链千企"科技服务活动，通过"揭榜挂帅"方式为企业提供技术合作方、帮助企业破解技术难题，组建一批产业（区域）科技服务组织助力企业创新发展，印发《推动科技金融增量扩面降价提质工作方案》为企业提供融资服务等，全方位、多层次为企业发展营造"软"环境。

### （二）企业研发力量不断增强

研发力量是企业生存发展的根本、科技竞争力的源泉、实现经济效益的关键，增强研发力量是增强企业生命力的根本举措。河南省加快构建以企业为主体的技术创新体系，企业研发力量不断增强。一是科技型企业数量明显增加。2023年全省高新技术企业有12895家，科技型中小企业有26197家；制造业单项冠军企业达51家，数量居全国第8位。截至2024上半年，河南省已遴选创新龙头企业116家、"瞪羚"企业454家，组建28家创新联合体，国家级专精特新"小巨人"企业达到394家。超聚变、华兰疫苗、致欧科技等5家企业进入胡润全球独角兽榜。[①]二是企业研发投入持续增长。在财政资金的引导下，企业纷纷加大研发投入，2023年规模以上工业企业研发活动"四有"（有研发机构、有研发人员、有研发经费、有产学研合作）覆盖率达70.9%，R&D经费中企业资金经费支出占比连年保持在接近90%的水平，对河南R&D经费投入增长的贡献率超过80%，为研发活动提供了必要的资金支持，提高了企业整体研发效率和研发能力。三是企业创新成果不断涌现。河南省围绕产业发展"卡脖子"技术需求，组织实施"揭榜挂帅"制研发项目，实现"谁有本事谁就揭榜"，推动原始创新、集成创新能力和产业核心竞争力全面提升，攻克了一批关键技术、取得了一批知识产权、涌现了一批创新成果。如光力科技凭借半导体封测装备和空气主轴技术，成为全球排名前三的半导体切割划片装备企业；联合精密研发的微米级别控制大颗粒金刚石、SiC晶圆加工整套自主解决方案、钻石研磨垫等多个产品填补了行业空白。

### （三）企业创新动力充分激发

创新动力是企业发展的灵魂和生命力，是企业开展科技创新、获取可持续竞争力的根本源泉，只有具有创新动力的企业才能在激烈的市场竞争中不断提高其核心竞争力、取得先发优势。一是搭建创新载体和平台，为企业提供场地保障和创新资源。截至2023年，河南省已建设省实验室20家、产业研究院40家、中试基地36家、创新联合体28家，全国重点实验室达到13

---

[①] 《河南科技概况》，河南省人民政府网站，2024年4月8日，https://www.henan.gov.cn/2024/04-08/2974850.html。

家，国家级创新平台增至172家①，为企业提供高水平研发条件和创新资源。积极发展众创空间和产业园，推进孵化基地、中试平台建设，整合技术、资金、政策等要素，为企业主体提供场地保障和技术创新成果转化服务。二是强化创新人才支撑，为企业科技创新汇聚顶尖力量。河南省持续完善科技人才引育政策，加大人才项目支持力度，大力支持企业"招才引智"，落实各项人才补贴、职业培训等，降低用工成本，支持企业提升创新创业水平。截至2023年，河南省已有全职在豫两院院士47人、中原学者97人、国家杰出青年34人、中原创新领军人才198人、中原创业领军人才129人②，鼓励企业以岗位聘用、项目合作等方式柔性引进这些高技能人才，为企业科技创新提供坚实的人才支撑。三是积极发展科技金融，助力企业拓宽融资渠道。河南省不断加大对科技型企业的信贷投放力度，引导金融机构积极开展知识产权质押贷款、供应链融资、股权质押融资业务，创新发展"研发贷""科创积分贷""科技人才贷"等弱担保、信用类产品，为科技型企业提供全生命周期的金融服务，积极推广"科技贷""专精特新贷"等信贷产品，通过银行直贷、银担合作和投贷联动等模式向科技型企业发放贷款，满足科技型企业融资需求。

## 三 河南省强化企业科技创新主体地位存在的问题

河南省虽然在强化企业科技创新主体地位方面取得了明显成效，但是依然存在一些制约因素，不利于企业在研发投入、科技决策、成果转化、人才集聚等方面发挥主体作用，不利于强化企业创新能力。

### （一）科技领军企业较少，企业创新能力不足

河南省科技领军企业较少，主要表现在大型龙头企业数量不足、专精特

---

① 《张占仓：河南创新驱动持续发力 经济发展稳中向好》，"大河财立方"百家号，2024年1月24日，https://baijiahao.baidu.com/s?id=1788958471797175415&wfr=spider&for=pc。
② 数据来源：河南省科学技术厅。

新企业数量较少、新兴产业企业成长不够等，而科技领军企业作为创新的主力军，其数量不足导致河南省整体企业创新能力不足。据统计，河南省高新技术企业数量仅占全国数量的2.7%。2023年河南省共有25家企业入选中国制造企业500强，总数不足浙江省和山东省的1/3。截至2023年底，河南省拥有国家级专精特新"小巨人"企业394家①，与排名前三的浙江（1079家）、广东（881家）、山东（768家）差距较大。在2023中国企业500强中，河南省仅有万洲国际（排第144位）、洛阳钼业（排第159位）、平煤神马（排第167位）等12家企业上榜，主要集中在能源、化工、原材料、食品等传统产业领域，而新兴产业和未来产业领域的企业较少，尤其是新兴产业和未来产业还未形成完整的产业链，高质量科技创新企业集群较少。总体来看，河南省头部企业、大型企业、单项冠军企业数量偏少，大多数企业是腰部企业，创新能力不强。

**（二）产学研融合不深，创新要素衔接不紧**

在当前河南省产学研融合的过程中，企业缺乏一定的主导作用与话语权，现有的产学研合作主要停留在技术转让、合作开发和委托开发等较低层次的合作上，而共建研发机构、产学研一体化的高层次合作较少，产学研协同创新的链条不顺畅。企业与高校、科研机构的考核评价导向不同，传统科研成果与产业化应用"两张皮"，科研资源、基础设施难以共享，与之相配套的激励机制目前没有完整构建，导致高校、科研院所提供的科研成果、专利虽然数量较多，但满足企业需求的较少。与此同时，大多数企业与高校、科研院所协同创新不够，一些优秀的科技成果并未实现产业化，导致科技成果转化不顺利，尤其是科研院所作为产业源头技术的重要供给方，其关键核心技术及共性技术进入小试中试和量产前，企业参与度不高，许多科技成果停留在实验室阶段难以走向市场。以企业为主导的产学研融合不深造成河南

---

① 《河南国家级专精特新"小巨人"达到394家》，河南省人民政府网站，2024年1月28日，http://m.henan.gov.cn/2024/01-28/2893656.html。

省科技成果转化率偏低，与先进省份有一定差距。2023年河南省技术合同成交额达1367.7亿元，占全国的比重仅为2.22%，在全国排第14位，还不足湖北省（4802.2亿元）的1/3、安徽省（3339.5亿元）的一半，创新链与产业链衔接还不够紧密。①

### （三）高精尖人才匮乏，高水平成果产出不够

河南作为人口大省，高层次人才相对较少，高精尖人才更是匮乏，导致其高水平产出较少。2022年河南省每万人就业人员中R&D人员有29.2人，仅相当于全国平均水平的47.2%，在豫全职两院院士占全国的1.4%，远低于江苏、湖北等省份，而河南省企业R&D人员全时当量占全省R&D人员全时当量的比重一直稳定在86%左右，这在一定程度上说明了河南省企业R&D人员以及高层次人才相对匮乏。②此外，河南省产业结构以传统制造业为主，传统支柱产业产值占规模以上工业产值的50.1%，战略性新兴产业和高技术制造业产值占规模以上工业产值的比重仅为40.2%，③这在一定程度上限制了高精尖人才的引留，同时在数字经济、智能经济、现代农业等领域人才匮乏。尽管近年来河南省创新平台数量大幅增长，但是与发达地区相比仍有一定的差距，尤其是一些高能级创新平台与先进省份存在较大差距，国家级创新平台数量仅相当于安徽省的81.9%，体现原始创新能力的全国重点实验室河南省仅有13家，远低于发达省份，不利于企业开展重大技术攻关，导致企业高水平科技成果产出较少。

### （四）企业研发投入不足，基础研究布局不合理

2023年全国企业研发经费投入2.59万亿元，而河南省企业研发经费投

---

① 《河南科技概况》，河南省人民政府网站，2024年4月8日，https://www.henan.gov.cn/2024/04-08/2974850.html。
② 赵西三：《河南创新能力面临的问题及提升对策》，中原人文社科网，2024年1月26日，http://www.hnskl.org/zhuanti/zyzk/2023/zt3/2024-01-26/16545.html。
③ 《2023年河南省国民经济和社会发展统计公报》。

入仅为1049.82亿元，仅占全国企业研发经费投入的4%。[①] 河南省企业研发投入相对不足，主要是由于部分企业对科技创新规律认识不足，缺乏长远的战略眼光，通过科技创新提升企业综合实力和市场竞争力的认识不到位，特别是受自主创新成本高、投资回收期长、成功率低等因素的影响，不少企业更愿意投向周期短、回报率高的行业，不愿意承担较大风险搞自主创新。此外，多年来河南省企业研发经费投入占全省研发经费投入的比重接近九成，而2023年河南省基础研究经费占R&D经费支出的比重仅为3.1%，这在一定程度上说明了企业在基础研究方面投入不足，从事基础研究的意愿和动力不强。受到基础研究周期长、不确定性强等因素影响，很多企业在重点领域关键核心技术上的基础研究与应用研究布局不合理、投入不足，原创性、前沿性、引领性创新突破偏少。

## 四 河南省强化企业科技创新主体地位的对策建议

### （一）激励企业加大创新投入，强化企业研发投入主体地位

企业是研发投入的主力军，要强化企业研发投入主体地位，不断引导企业加大研发投入，开展技术创新活动，推动创新要素高效配置。一是以政策优惠引导企业加大研发投入。河南省应紧密联系当前发展所需，研究制定引导企业加大研发投入的创新性政策，继续强化财政科技投入导向。要全面落实研发费用加计扣除、企业研发投入引导、税收减免、高新企业税收优惠等普惠性政策，直接降低企业研发成本。同时，设立专项研发补贴基金，对符合国家战略导向和市场需求的研发项目给予资金支持，特别是对中小企业和初创企业。二是完善企业研发融资体系。建立健全多元化的研发融资渠道，包括风险投资、创业投资、科技贷款、科技保险等，降低企业研发融资门槛

---

[①] 《2023年全国科技经费投入统计公报》《2023年河南省研究与试验发展（R&D）经费投入统计公报》。

和成本，鼓励金融机构创新金融产品，把向科技企业放贷情况作为银行机构考核评价的重要依据，进一步调动金融资本积极性，促进各类资金向科技企业倾斜，为企业研发活动提供长期、稳定的资金支持。三是完善多元化科技投入机制。加快推进科技创新券等新型政策工具的使用，进一步降低企业成本，完善多元化科技投入机制，发挥好政府和社会资本的支持作用，探索"政府+企业"、政府购买服务、社会资金注入和创新风险投资等模式，形成共促企业科技创新的合力。

## （二）深化产学研用结合，强化企业科技成果转化主体地位

企业是科技成果转化的主体，而科技成果转化作为科技创新的"最后一公里"，是科技成果转化为现实生产力的关键环节，河南省必须强化企业科技成果转化主体地位，促进创新链与产业链的紧密衔接。一是构建以企业为主导的创新联合体。要加快创新联合体建设，健全"企业出题"的科技项目生成机制，形成由企业作为关键核心技术的"出题者"，列出技术需求榜单，开展"揭榜挂帅"，协同高校、科研院所等开展联合攻关的技术创新体系，促进科研成果高效转化。二是健全以企业为主体的科技成果评价体系。发挥企业和用户单位主导作用，将测试验证结果、市场应用情况和用户评价意见作为项目验收的主要依据，引导产学研用深度融合、科技成果高效转化。三是发挥以企业为核心载体的科技成果转化作用。依托科技领军企业布局建设工程技术研究中心，鼓励高校和科研院所的科学技术发现与发明转移到企业进行成果转化，推动更多的科技成果从实验室走向生产线。

## （三）支持企业牵头重大攻关任务，强化企业科技决策主体地位

企业作为市场经济的主体直接面向消费者和市场需求，天然的市场敏锐性和市场信号的获取决定了企业可以把握科技创新的方向和重点，因此，只有强化企业科技决策主体地位才能保证科技创新满足市场需求。一是建立企业常态化参与科技创新决策的机制。要支持企业参与科技重大顶层设计、重大决策，提升企业在科技项目形成、组织和资金配置等方面的参与度和话语

权，建议成立由企业科研人员参与主导的科技咨询委员会，赋予企业家在重大科技创新项目立项等决策方面的权利。二是鼓励科技领军企业牵头布局基础研究。在制定国家和区域科技、产业创新规划时，要充分考虑企业的创新需求，瞄准科技、产业创新的重点领域和方向，鼓励和支持科技领军企业制定"领先研发战略"，强化基础研究前瞻布局和长远谋划。三是构建企业主导的"卡脖子"技术联合攻关机制。以项目任务为纽带，由科技领军企业牵头，联合相关创新链产业链的优势科研力量开展攻关，拓展新市场、创造新需求、开发新技术，赋予企业更大的技术路线决定权、经费支配权、资源调度权。

### （四）推进人才"引育留用"全链条发力，强化企业人才集聚主体地位

人才是推动企业创新的关键因素，企业创新离不开高技能人才的支撑，需要全社会共同发力，精准引才、精心育才、用心留才和科学用才，为企业发展提供强有力的人才保障和智力支持。一是精准引才，拓宽企业引才渠道。探索"候鸟式聘岗"等新型引才模式，通过项目合作、技术咨询、兼职顾问等方式，吸引高端人才为河南省企业提供智力支持。开展校企、院企科研人员"双聘"或"旋转门"机制试点，积极探索"高校引人、企业用人、合作育人"新路径。二是精心育才，提升人才综合素质。进一步鼓励科技企业加快建设一批重点实验室、技术创新中心等各类创新基地和平台，发挥创新平台培育人才的作用，促进知识共享和交流，并为企业员工提供实践机会，提升技能水平。三是用心留才，优化人才发展环境。深化推进"放管服"改革和人才工作体制机制改革，建立以创新能力、质量、实效、贡献为导向的人才评价体系，完善高层次、急需紧缺专业技术人才职称评聘"绿色"通道，对基础研究人才、青年科技人才等重点推行聘期评价、长周期评价。四是科学用才，激发人才创新活力。鼓励企业建立科学的人才评价机制，打破唯学历、唯职称、唯资历的评价标准，注重以实际工作业绩和创新成果评价人才，对有突出贡献的人才给予表彰和奖励，激发其创新活力。

## 参考文献

《河南省人民政府关于印发河南省"十四五"科技创新和一流创新生态建设规划的通知》，河南省人民政府网站，2022年2月23日，https：//www.henan.gov.cn/2022/02-23/2403275.html。

《重磅！河南省政府工作报告全文来了→》，河南省药品监督管理局网站，2024年2月4日，https：//yjj.henan.gov.cn/2024/02-04/2898628.html。

《三足鼎立——河南科技创新大格局初探》，大河网，2023年9月7日，https：//www.henan.gov.cn/2023/09-07/2810637.html。

赵西三：《河南创新能力面临的问题及提升对策》，中原人文社科网，2024年1月26日，http：//www.hnskl.org/zhuanti/zyzk/2023/zt3/2024-01-26/16545.html。

# B.12 河南省管国有企业创新发展的做法、成效及建议

都鹤鸣[*]

**摘　要：** 近年来，河南省管国有企业深入实施"创新领跑行动"，强化企业科技创新主体地位，企业创新机制逐步完善，创新动能进一步释放；创新人才高地建设落到实处，创新生态进一步优化；强化科技攻关，技术创新能力进一步提升；布局新赛道，现代化产业体系进一步完备。同时，新一轮科技革命和产业变革为河南省管国有企业创新发展带来新的机遇和挑战，为此，本报告提出了以下对策建议：做大做强头部企业，聚企成链、聚链成势；强化国有企业科技创新主体地位，促进创新链、产业链深度融合；聚焦增强核心功能，增强国有企业核心竞争力；着力深化体制机制改革，加快形成同新质生产力发展更相适应的生产关系。

**关键词：** 国有企业　创新发展　企业高质量发展

党的二十届三中全会指出"强化企业科技创新主体地位，建立培育壮大科技领军企业机制，加强企业主导的产学研深度融合"。国有企业作为我国国民经济的重要支柱，对我国科技创新发展有着重要的引领作用。河南是全国经济大省、新兴工业大省，锚定"两个确保"的奋斗目标，应充分发挥和提升河南省管国有企业的科技创新能力，发力"六新"，聚焦培育和发

---

[*] 都鹤鸣，河南省社会科学院创新发展研究所经济师，研究方向为国企改革、科技经济。

展新质生产力，坚持走好创新驱动高质量发展"华山一条路"，推进中国现代化建设河南实践。

## 一　河南省管国有企业基本情况

据河南省人民政府国有资产监督管理委员会网站公布的最新数据，截至2024年10月河南省管国有企业有25家（见表1），包括河南能源集团有限公司、中国平煤神马控股集团有限公司等行业龙头企业。近年来，河南省国有企业深入实施"创新领跑行动"，强化企业科技创新主体地位，推动国有企业成为全省科技创新的骨干力量。截至2023年底，河南省市两级监管企业资产总额达5.8万亿元，同比增长9.2%；全年实现营业收入8348.6亿元，同比增长8.1%；利润总额达582.5亿元，同比增长60.8%。其中，河南省管国有企业资产总额达3.9万亿元，同比增长6.9%；实现营业收入6642.3亿元，同比增长6.9%；利润总额达295.6亿元，同比增长32.9%。各项经济指标均创历史最高水平，主要指标增速位居全国前列，净资产收益率等增幅明显。

表1　河南省管国有企业名单

| 序号 | 企业名称 | 序号 | 企业名称 |
| --- | --- | --- | --- |
| 1 | 河南能源集团有限公司 | 14 | 豫信电子科技集团有限公司 |
| 2 | 中国平煤神马控股集团有限公司 | 15 | 河南省豫地科技集团有限公司 |
| 3 | 河南钢铁集团有限责任公司 | 16 | 中原豫资投资控股集团有限公司 |
| 4 | 河南中豫国际港务集团有限公司 | 17 | 河南中豫建设投资集团股份有限公司 |
| 5 | 河南交通投资集团有限公司 | 18 | 河南省国有资产控股运营集团有限公司 |
| 6 | 中豫航空集团有限公司（河南机场集团） | 19 | 河南省自然资源投资集团有限公司 |
| 7 | 中豫航空集团有限公司（河南航投集团） | 20 | 河南种业集团有限公司 |
| 8 | 河南省铁路建设投资集团有限公司 | 21 | 河南省储备粮管理集团有限公司 |
| 9 | 河南省文化旅游投资集团有限公司 | 22 | 河南中州集团有限公司 |
| 10 | 河南水利投资集团有限公司 | 23 | 中国河南国际合作集团有限公司 |
| 11 | 河南国有资本运营集团有限公司 | 24 | 河南豫港控股集团有限公司 |
| 12 | 河南省检验检测研究院集团有限公司 | 25 | 河南省盐业集团有限公司 |
| 13 | 河南农业投资集团有限公司 | | |

资料来源：河南省人民政府国有资产监督管理委员会网站。

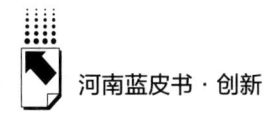

根据中国企业联合会、中国企业家协会发布的 2024 中国企业 500 强榜单，河南省共有 13 家企业上榜，其中省管国有企业有 4 家，分别是中国平煤神马控股集团有限公司、河南能源集团有限公司、河南交通投资集团有限公司、河南钢铁集团有限责任公司，前 3 家企业排名较上年变化不大，河南钢铁集团有限责任公司为 2024 年新上榜企业，以 660.52 亿元的营业收入居第 364 位（见表 2）。

表 2 "2024 中国企业 500 强"河南省管国有企业上榜情况

单位：亿元

| 上榜企业 | 2024 年排名 | 2024 年营业收入 | 2023 年排名 | 2023 年营业收入 |
| --- | --- | --- | --- | --- |
| 中国平煤神马控股集团有限公司 | 168 | 1606.61 | 167 | 1600.41 |
| 河南能源集团有限公司 | 216 | 1202.17 | 228 | 1129.33 |
| 河南交通投资集团有限公司 | 225 | 1150.16 | 269 | 911.40 |
| 河南钢铁集团有限责任公司 | 364 | 660.52 | 未上榜 | 412.41 |

资料来源：2023~2024 年中国企业 500 强榜单，2023 年河南省 100 强企业榜单。

## 二 河南省管国有企业创新发展的做法成效

### （一）创新机制逐步完善，创新动能进一步释放

一是省管国有企业科技创新体制机制更加完善。河南省印发《省管企业创新领跑行动方案（2024—2025 年）》《省管企业新业倍增行动方案（2024—2025 年）》，锚定 8 个战略性新兴产业和 4 个未来产业，从完善制度体系、明确攻坚方向、加强要素集聚、聚焦成果转化等方面提供支持。二是制定和健全省管国有企业科技创新激励措施和考核机制。河南省印发《推动省管企业加强科技创新的若干激励保障措施》《省管企业科技创新专项考核办法（试行）》等文件（见表 3），落实科技创新激励措施，加大科技创新成果奖励力度，健全科技创新成果收益分享机制，首次提出建立科技创新责任豁免机制，同时实施科技创新成果专项考核，将科技创新与省管国

有企业负责人经营业绩考核挂钩。三是培育国有创新型企业。启动省级科改示范行动，培育一批具有"独门绝技"的国有创新型企业，享受等同国家"双百行动"和"科改行动"的支持政策。四是省管国有企业完善相关创新制度，释放企业创新动能。河南能源集团有限公司印发科技研发人员薪酬分配改革指导意见，深化科技研发人员薪酬分配制度改革。中国平煤神马控股集团有限公司首次设立科研开发及成果转化激励奖金，构建项目研发节点奖励、效益分红、股权期权和一次性重奖"四位一体"创新激励体系。据河南省发展和改革委员会官方数据，2024年上半年省管国有企业研发投入同比增长12.4%，高出全国地方监管企业平均值2.0个百分点，豫地科技集团、河南交投集团、河南水投集团、豫信电科集团4家企业研发投入费用同比大幅增长，平煤神马集团炼焦煤资源绿色开发全国重点实验室重组运行，国家自然科学基金项目、河南省自然科学基金项目分别新增2项、4项。

表3 河南省属国有企业相关创新制度

| 创新制度 | 印发单位 |
| --- | --- |
| 《关于推进国有企业打造原创技术策源地加快科技创新的实施意见》 | 河南省委办公厅、河南省人民政府办公厅 |
| 《省管企业创新领跑行动方案（2024—2025年）》 | 河南省人民政府国有资产监督管理委员会 |
| 《省管企业新业倍增行动方案（2024—2025年）》 | 河南省人民政府国有资产监督管理委员会 |
| 《推动省管企业加强科技创新的若干激励保障措施》 | 河南省人民政府国有资产监督管理委员会 |
| 《省管企业科技创新专项考核办法（试行）》 | 河南省人民政府国有资产监督管理委员会 |
| 《〈省管企业负责人经营业绩考核办法〉补充规定》 | 河南省人民政府国有资产监督管理委员会 |
| 《关于加快建设省管企业人才新高地的若干措施》 | 河南省人民政府国有资产监督管理委员会党委 |
| 《河南能源集团科技创新领跑行动实施方案（2024—2025年）》 | 河南能源集团有限公司 |

资料来源：河南省人民政府国有资产监督管理委员会网站。

## （二）创新人才高地建设落到实处，创新生态进一步优化

一是落实人才队伍建设具体措施。河南省人民政府国有资产监督管理委

员会党委印发《关于加快建设省管企业人才新高地的若干措施》等文件，通过系统谋划人才强企战略、精准引用高精尖缺人才、大力提升人才素质能力、持续改进人才评价激励、全面提升服务保障水平，落实落细人才高地建设具体措施，引进高端人才、培育创新型人才。二是打造国有企业招才引智生态圈。河南省人民政府国有资产监督管理委员会发布文件落实落细设立高能级创新联合体、设立人才科创飞地孵化中心和海外人才招引培育平台等具体措施，同时各大国有企业在河南招才引智创新发展大会上举办国有企业专场，打造国有企业招才引智生态圈，加快省管国有企业人才新高地建设。三是创新生态更加优化。实施"企业家领军行动"，着力提升企业家的领导力和执行力，打造"政治家+企业家+专家"的领导队伍，同时开展优秀科技领军人才、优秀创新团队、优秀青年科技人才和技术能手"三优一能"评选活动，加大战略科学家、科技领军人才、青年科技英才引进培养力度，通过优化创新生态培育更多创新型人才。

### （三）强化科技攻关，技术创新能力进一步提升

一是推动产学研深度融合。针对行业关键共性技术和战略发展需求，加强国有企业与高校、科研院所的合作，积极融入河南省"三足鼎立"科技创新大格局，积极参与嵩山、黄河、神农种业等省实验室的科研项目，推进产学研深度融合。二是推动科技成果转化落地。组建创新联合体，推动创新联合体"开新、扩围、提质"，加快概念验证中心、中试验证平台共建共用，打通技术供给端与企业需求端的联系通道，推动科技成果转化落地，把科技创新力转化为先进生产力。三是强化企业创新主体地位。河南省人民政府国有资产监督管理委员会实施创新领跑行动，建立重大科技创新项目奖励清单，对基础研究、前沿颠覆性技术及重大"卡脖子"技术等分类开展中长期考核激励，同时河南能源集团有限公司等省管国有企业制订年度科研项目计划，实行"揭榜挂帅""赛马"等制度，吸引国内外高水平科技创新领军人才和团队担任"答题人"，解决企业发展中的重大技术难题。

在新材料领域，中国平煤神马控股集团有限公司积极延伸煤炭产业链，

普通的煤炭被加工成众多高附加值衍生产品，打造出煤焦、尼龙、新能源新材料三大核心产业，拥有特色煤基化工产业链，同时拥有技术全球领先、单体最大的 PERC 高效单晶硅电池片生产线，突破规模化生产高纯度硅烷气核心技术，填补国家空白，且实验室成功研制出河南省第一块八英寸碳化硅单晶晶锭，全钒液流电池核心部件全部实现自主研发和生产，技术领跑全球。在新能源领域，洛阳国宏与宁德时代合作建立的新能源电池基地已投入使用，二期项目目前已开工建设，主要生产新能源乘用车动力电池；2024 年 8 月河南省成立省级新能源产业投资运营平台——河南中豫格林新能源公司，发挥国有企业的作用，整合产业资源发展新能源，打造新能源产业发展"河南模式"。

### （四）布局新赛道，现代化产业体系进一步完备

一是推动传统产业转型升级。通过引进人工智能等新技术促进传统产业高端化、绿色化、智能化转型升级，如煤炭产业智能化开采、低碳化利用，煤化工产业瘦身集聚、延链强链，实现新旧动能转换，形成新质生产力。二是积极发展新兴产业。河南省人民政府国有资产监督管理委员会实施"新业倍增行动"，以并购重组、产业协同、联合攻关等方式培育壮大 8 个战略性新兴产业，谋篇布局 4 个未来产业，深度融入"7+28+N"产业链群建设。三是推进未来产业发展。立足国家和全省重大战略需求和战略必争领域，前瞻性谋划布局未来网络、未来材料等未来产业。加快北斗河南分中心建设，开展氢能技术研究和规模化运用，布局第三代半导体产业，探索 AI 制药、细胞治疗等细分领域。在低空经济产业方面，中豫航空集团着力打造通航全产业链，构建以郑州新郑国际机场为中心的"一枢多支"现代化机场群，完成对中国飞龙通用航空公司的重组，积极打造低空经济战略性新兴产业。在人工智能产业方面，豫信电子科技集团打造集算力资源调度、AI 原子能力和通用大模型于一体的全省人工智能基础服务中台，在 2023 年其超聚变服务器实现营业收入 282 亿元，位列国内通用服务器市场第三。

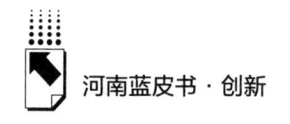

## 三 河南省管国有企业创新发展面临的形势分析

### （一）河南省管国有企业高质量发展面临的战略机遇

从国际来看，新一轮科技革命和产业变革风起云涌，无人驾驶、人工智能、低空经济等产业飞速发展，新一代信息技术迅速发展并广泛渗透到各行业，为河南省国有企业创新发展集聚了资源，提供了历史机遇。与此同时，随着推动共建"一带一路"进入高质量发展新阶段，"六廊六路多国多港"互联互通架构基本形成，共建"一带一路"经贸合作持续深化。2024年9月中非合作论坛北京峰会在北京召开，新形势下中非合作实现整体跃升，为河南省国有企业开展国际科技创新合作提供了新机遇。

从国内来看，党的二十届三中全会通过的《中共中央关于进一步全面深化改革、推进中国式现代化的决定》，对深化国有企业改革做出重大部署，进一步明确了全面深化改革的总目标，特别指出"推动国有资本和国有企业做强做优做大，增强核心功能，提升核心竞争力""健全国有企业推进原始创新制度安排"。党的二十届三中全会部署的任务要求在2029年前完成，因此这是今后5年国有企业改革的行动纲领，为河南省国有企业创新发展提供了根本遵循，指明了方向。

从省内来看，推动中部地区崛起、黄河流域生态保护和高质量发展等一系列战略在河南省交汇叠加。《中共河南省委关于贯彻党的二十届三中全会精神，进一步全面深化改革、推进中国式现代化建设河南实践的实施意见》明确提出要推进创新发展综合配套改革，积极融入国家创新布局，深入实施创新驱动、科教兴省、人才强省战略，深化教育综合改革，聚焦"两城一谷"完善创新布局，深化科技管理体制改革，促进企业主导的产学研深度融合，完善科技成果转移转化机制，深化人才发展体制机制改革，提升创新体系整体效能。随着"三足鼎立"创新大格局全面起势，河南省在新赛道、新领域中推进省实验室建设，郑州打造"中国中部新能源汽车之都"新名片,富士康"回流"河南省布局高端制造业,河南省多举措推进现代化产业体系形成,一系列优势和利好政策为河南省国有企业创新发展创造了有利条件。

### (二)河南省管国有企业发展面临的挑战

从国际来看,国际环境日趋复杂对国有企业维护国家战略安全提出新要求。当今世界百年未有之大变局加速演进,国际政治经济格局和大国关系深刻调整,当前地缘政治、军事外交、经济安全等外部环境变化带来的不利影响增多,中美博弈、俄乌冲突、"逆全球化"等国际安全风险点增多,外部环境面临的不确定性和不稳定性增强,对国有企业稳定宏观经济大局以及保障国家政治安全、关键领域战略安全、产业链供应链安全提出更高要求。当今时代科技创新能力成为国家竞争力的核心,目前全球科技创新进入空前密集活跃时期,世界主要国家都在努力抢抓新产业革命的历史机遇,严峻的科技创新竞争环境对河南省国有企业开展科技创新活动带来了一定的挑战。

从国内来看,当前我国在发展中和转型中仍然存在国内有效需求不足、经济运行出现分化、重点领域风险隐患仍然较多、新旧动能转换存在阵痛等问题,同时我国各地科技竞争愈加激烈,我国纷纷出台一系列优惠政策争夺人才,抢占人才"制高点",面对"不成创新高地,就成发展洼地"的紧迫形势,给河南省国企创新发展、培养创新型人才带来一定挑战。

从省内来看,河南省仍存在发展不平衡不充分、发展不协调不适应的问题,经济回升向好的基础还不够稳固,居民消费和企业投资的意愿还不够强烈,新兴领域存在短板,关键核心技术"卡脖子"问题依然突出。在经济转型中,河南省要求省管国有企业挑大梁,全面推进新型工业化。同时,河南省面临高层次、创新型、国际化人才相对匮乏、人才吸引力不足、高水平创新平台数量较少等问题,整体创新生态不优为河南省国有企业创新发展形成一定制约。

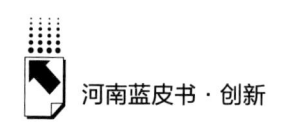

## 四　加快河南省管国有企业创新发展的对策建议

### （一）做大做强头部企业，聚企成链、聚链成势

头部企业是产业链的主导者、规则的制定者和生态的构建者，头部企业的科技创新能力对整个行业具有引领作用。一是围绕河南省"7+28+N"产业链群布局，培育产业链"链主"，大力培育和扶持具有产业链"链主"功能的国有企业，以在国内循环主导的新形势下实现产业升级和技术突破。二是做大做强头部企业。头部国企要加强对外开放合作，完善生产服务网络，打造国际品牌，强化"链主"地位，提升"链主"带动力，增强产业链韧性。三是推动国有企业发挥产业引领作用，以高质量共建"一带一路"为契机，带动中国装备制造、技术、标准和服务共同"走出去"，同时带动河南民营企业转型升级，推动河南现代化产业体系建设，向全球产业链价值链中高端迈进，聚企成链、聚链成势。

### （二）强化国有企业科技创新主体地位，促进创新链、产业链深度融合

企业是创新的主体，是推动创新创造的生力军。强化国有企业科技创新主体地位，一是聚焦推动高质量发展，充分发挥国有企业在资金和技术方面的优势，不断加大研发投入，在"卡脖子"关键核心技术攻关、前沿性颠覆性原创技术研究等问题上有所突破，研发出具有自主知识产权的产品，打破国外垄断。二是推动以企业为主导的产学研深度融合。习近平总书记在党的二十大报告中指出："加强企业主导的产学研深度融合，强化目标导向，提高科技成果转化和产业化水平。"[1] 省管国有企业应以市场需求为导向，

---

[1] 《李晓红：强化企业科技创新主体地位》，中国政府网，2022年12月26日，https://www.gov.cn/xinwen/2022-12/26/content_5733549.htm。

积极与高校、科研院所和民营企业建立多种形式的合作关系，积极融入"三足鼎立"科技创新大格局，牵头构建以企业为主体、市场为导向、产学研深度融合的科技创新体系。三是推动科技成果转化，促进创新链、产业链深度融合。充分发挥国有企业市场需求、集成创新、组织平台优势，完善科技成果转化机制，发挥科技成果转化基金的作用，不断促进技术的迭代升级，加快科技成果向现实生产力转化，畅通科技创新与产业发展深度融合应用的渠道。

### （三）聚焦增强核心功能，增强国有企业核心竞争力

省管国有企业作为创新主体，要发挥引领支撑作用，紧紧围绕提升核心竞争力和增强核心功能，在科技进步和自主创新上展现更大作为。一是要准确把握战略性新兴产业、未来产业的发展态势，按照《河南省"十四五"战略性新兴产业和未来产业发展规划》进行战略谋划，根据《河南省加快制造业"六新"突破实施方案》聚力攻克新技术。省管国有企业要在提升产业基础能力、攻坚关键共性技术、建设重大创新平台等方面扛大梁。二是省管国有企业要加强各自领域的基础研究和应用基础研究工作，秉持长远的战略眼光，深耕细作，注重研发经验和数据的积累与沉淀，加强科技创新与新产品研发。三是省管国有企业要聚焦主责主业开展经营管理活动，完善企业内部主责主业管理制度，坚持突出主业、聚焦实业，提升主业集中度、增强核心功能与服务国家战略的能力。

### （四）着力深化体制机制改革，加快形成同新质生产力发展更相适应的生产关系

党的二十届三中全会强调要加快形成同新质生产力更相适应的生产关系，这是进一步全面深化国有企业改革的鲜明导向和时代特征。河南省国有企业必须牢牢把握新一轮科技革命和产业变革机遇，着力深化体制机制改革，加快形成同新质生产力发展更相适应的生产关系。一是健全国有企业推进原始创新制度安排，完善支持原始创新的出资人政策，推进职务科技成果

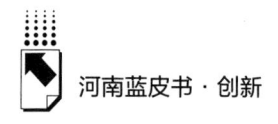

赋权改革，灵活开展以创新为导向的中长期激励，落实落细容错免责机制，建立健全鼓励创新宽容失败机制。二是加强国有企业新型劳动者队伍建设，鼓励科技创新，通过国内外高精尖人才引进、建立国有企业科技创新基金、培育壮大一批科技创新孵化企业等各种方式建设国有企业新型劳动者队伍。三是完善国有企业创新体系，优化资源配置。国有企业应建立健全科技创新体系，包括技术创新、管理创新、商业模式创新等多个方面，同时更加突出国有企业在科技创新上的主导性和引领性，进一步优化资源配置。

**参考文献**

金艾琳：《河南国企改革要咋干？重点来了》，《河南商报》2024年1月17日。

金艾琳：《上半年有4家企业研发投入翻番》，《河南商报》2024年8月14日。

河南省人民政府国有资产监督管理委员会党委：《打造新国企展现新作为在深化提升行动中率先开局奋勇争先》，《河南日报》2024年3月27日。

《河南能源集团实施科技创新领跑行动》，《中国煤炭报》2024年9月10日。

# B.13 比较视角下河南研发投入的短板及对策建议

宋正昱[*]

**摘　要：** 创新是引领发展的第一动力，2022年河南R&D经费达到1143.26亿元，连续7年保持两位数增长；全省R&D经费投入强度达到1.96%，延续屡创新高的良好态势。但是与全国平均水平相比，河南R&D经费增速较快、投入强度偏低，基础研究和应用研究投入占比较低；与中部六省相比，河南整体研发投入力度较大、增幅较大，是4个研发经费超过千亿元的省份之一。同时在研发投入方面还存在如政府研发资金投入占比持续下滑、科教资源匮乏、研发能力薄弱、基础研究投入不足等问题，为此要进一步加大研发投入力度，引导社会资本参与基础研究，创新财政支持研发投入的方式方法，多措并举助力河南研发投入再上新台阶。

**关键词：** 研发投入　创新财政　河南省

创新是推动国家和地区经济发展与社会进步的不竭动力，抓创新就是抓发展，谋创新就是谋未来。研发投入作为科技创新的前提条件与物质保障，是持续激发创新活力，助力高水平科技自立自强的有力保障，直接关系到一个地区的创新能力与竞争力。近年来，河南始终坚持把创新摆在发展的逻辑起点、现代化建设的核心位置，深入实施创新驱动、科教兴省、人才强省战略，不断加大研发投入、全力打造国家创新高地，研发投入保持高速增长。

---

[*] 宋正昱，博士，河南省社会科学院创新发展研究所助理研究员，研究方向为科技经济。

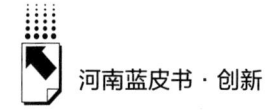

但是与先进省份相比还有很多不足，河南要创新研发投入方式，加大研发投入力度，补齐研发投入短板，奋力谱写新时代中原更加出彩的绚丽篇章。

## 一 河南研发投入现状分析

近年来，河南深入实施创新驱动、科教兴省、人才强省战略，全省科技创新活力持续迸发，创新基础不断夯实，创新成果持续涌现，全社会研究与试验发展（R&D）经费投入保持较快增长。2023年，河南研发投入强度超过2%，财政科技专项支出达463.8亿元，技术合同成交额同比增长33.4%，达到1367.4亿元，跑出了建设国家创新高地的"河南加速度"。

### （一）R&D经费投入持续增长

R&D经费是衡量一个地区自主创新能力的重要指标，河南R&D经费投入连年增长、屡创新高。2022年，河南R&D经费达到1143.26亿元，较2021年同期增加124.42亿元，增长幅度达12.2%[1]，增速较全国平均水平快2.1个百分点，已连续7年保持两位数增长；全省R&D经费投入强度达1.96%，较2021年同期提高0.21个百分点。2023年，全省R&D经费投入强度突破2%，延续屡创新高的良好态势。河南坚持把科技创新作为财政重点支出优先保障，全社会研发投入和财政科技支出实现"双提升"，科技活动投入指数得分达72.26分，较上年提高4.6分。[2] 持续提升的研发投入为河南进一步提升原始创新策源能力与突破关键核心技术奠定了坚实的基础。

### （二）企业创新主体地位持续巩固

企业是原创技术的策源地，是推动创新创造的生力军，在国家创新体系中发挥着十分重要的作用。2022年，全省有R&D活动单位9218个，

---

[1] 《2022年河南省研究与试验发展（R&D）经费投入统计公报》，河南省统计局网站，2023年9月18日，https://tjj.henan.gov.cn/2023/09-18/2817518.html。
[2] 尹江勇：《看看咱的区域科技创新"成绩单"》，《河南日报》2024年7月31日。

较上年增加1851个，增长25.1%。有R&D活动单位数占调查单位数的比重达到27.8%，占比较上年提升3.6个百分点。其中，全省各类企业有R&D活动单位数8845个，占全社会有R&D活动单位数的96.0%，占比较2021年提高1.0个百分点。25.8%的企业开展技术创新活动，较2021年提高0.7个百分点。从R&D经费投入情况来看，各类企业R&D经费投入992.50亿元，占全省R&D经费投入的86.8%，对全省R&D经费投入增长的贡献率达到80.4%。[1]

## （三）规模以上工业企业研发活动覆盖面显著扩大

"推进规上工业企业研发活动全覆盖"是河南实施创新驱动发展战略的一项重要任务。近年来河南围绕企业研发需求，积极探索"基础研究+技术攻关+成果产业化+科技金融+人才支撑"全过程创新生态链，推进产学研合作，实现企业研发机构与高校、科研院所"一对一"对接。2022年，全省规模以上工业企业有R&D活动数量达到7942个，较2021年的6091个增长30.4%。有R&D活动单位数占全部规模以上工业企业单位数的33.4%，占比较2021年提高5.3个百分点，与全国平均水平的差距由2021年的10.2个百分点缩小至2022年的3.9个百分点。截至2023年底，全省"四有"覆盖率达72.73%。这些令人欣喜的成就背后，是科技创新活力的持续迸发。面对复杂多变的发展环境，全省规模以上工业企业把创新摆在制造业高质量发展的突出位置，通过加大研发投入、加强新技术新产品开发等提高核心竞争力，以空前的科技创新积极性为企业发展积蓄新动能。

## （四）基础研究经费占比创历史新高

基础研究是催生颠覆性技术的源头活水，是孕育未来产业的摇篮。历次科技革命的兴起，通常源于基础研究的重大突破。2022年河南基础研

---

[1] 《全省研发投入快速增长 创新活力持续提升》，河南省统计局网站，2024年1月28日，https：//tjj.henan.gov.cn/2024/01-26/2893306.html。

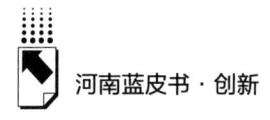

究经费达到37.49亿元，较2021年增长52.7%，增速较2021年加快35.7个百分点，较全社会R&D经费增速高40.5个百分点。基础研究经费占全社会R&D经费的比重达到3.3%，较2021年提升0.9个百分点，创历史新高。[①]

### （五）科技成果量质齐升

近年来，河南不断开辟新赛道、增强新动能、塑造新优势，聚焦国家战略需求和本省重点产业布局，在种质资源创新、智能装备制造等领域全力攻坚，加快突破一批关键核心技术，为高质量发展提供科技支撑。2023年，全省技术合同成交额达1367.6亿元，较2022年增长33.4%；签订技术合同2.49万份，较2022年增长11.2%；有效发明专利达83127项，较2022年增长23.8%；科技成果登记数达3843项，较2022年增长59.5%；省级科学技术奖励数达329项，较2022年增长6.5%；新建计量标准131项，较2022年增长12.0%。亮眼成绩的背后，是近年来河南更迅猛的创新势头、更有力的创新举措、更浓厚的创新氛围。

## 二 河南研发投入情况与全国平均水平比较

《2022全国科技经费投入统计公报》显示，2022年全国R&D经费投入达30782.9亿元，其中，河南R&D经费投入为1143.26亿元，居全国第11位。河南研发投入情况与全国平均水平相比，有以下几个特点。

### （一）从增速看：河南研发投入整体高于全国平均水平

2018~2022年，河南研发投入保持高速增长态势，除了2021年研发投入增速略低于全国平均水平以外，其余年份均高于全国平均水平。但是，近几年全省研发投入增速有所回落，由2019年的18.1%下降到2022年的12.2%。2020~2022年，河南研发投入增速由高于全国平均水平3.4个百分

---

[①] 河南省统计局。

点，下降到高于全国平均水平 2.1 个百分点，仍高于全国平均水平，总体符合预期（见图 1）。

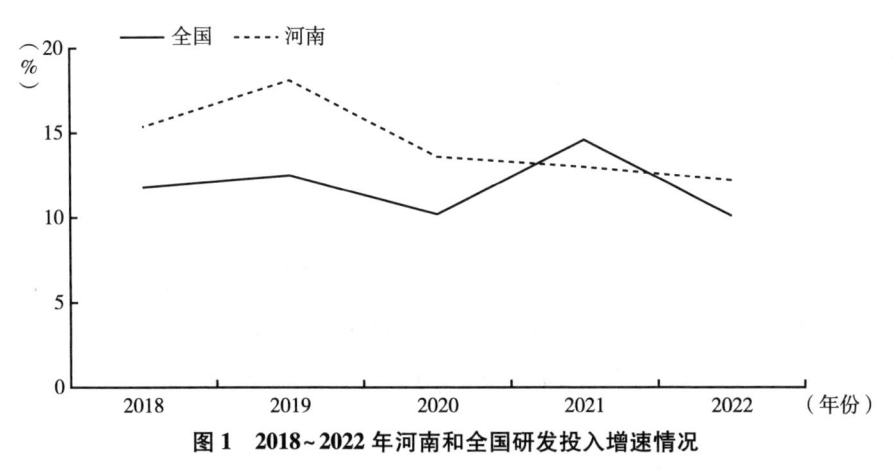

**图 1　2018~2022 年河南和全国研发投入增速情况**

资料来源：2018~2022 年《全国科技经费投入统计公报》。

### （二）从强度看：河南研发投入强度低于全国平均水平，但差距在逐渐缩小

2018~2022 年，河南研发投入强度分别为 1.40%、1.46%、1.64%、1.73%、1.86%，呈现逐年提高的发展态势，且持续低于全国平均水平，但是河南研发投入强度与全国平均水平的差距在逐步缩小。2018~2022 年，河南研发投入强度与全国平均水平的差距分别是 0.79 个百分点、0.77 个百分点、0.76 个百分点、0.71 个百分点和 0.68 个百分点（见图 2）。

### （三）从活动类型看：河南基础研究和应用研究投入占比低于全国平均水平

2022 年，河南基础研究、应用研究与试验发展投入占研发投入的比重分别为 3.3%、8.6% 和 88.1%。而全国三种科研活动投入占比分别为 6.6%、11.3% 和 82.1%。可见，河南基础研究投入占比比全国平均水平低 3.3 个百分点，应用研究投入占比比全国平均水平低 2.7 个百分点（见图 3）。

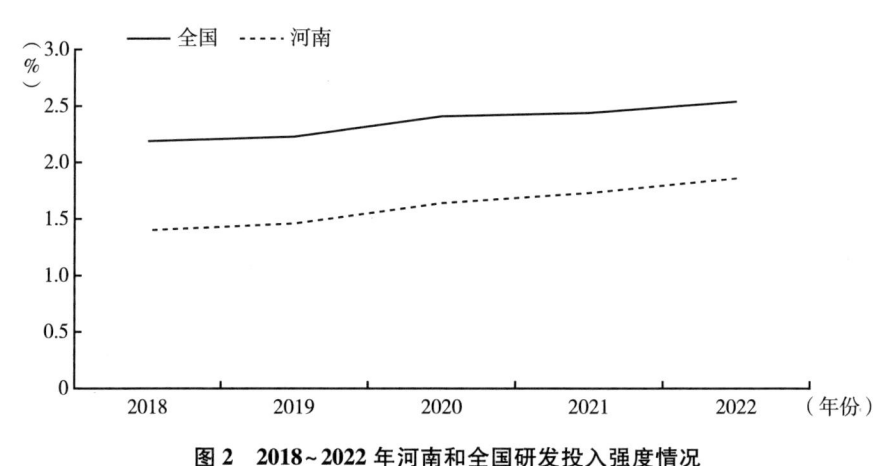

**图2　2018~2022年河南和全国研发投入强度情况**

资料来源：2018~2022年河南和全国研究与试验发展（R&D）经费投入情况。

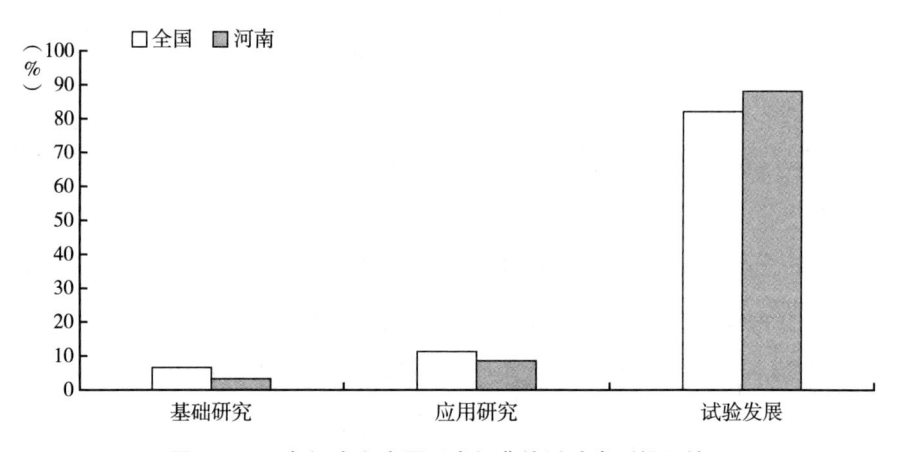

**图3　2022年河南和全国研发经费按活动类型投入情况**

资料来源：2022年河南和全国研究与试验发展（R&D）经费投入情况。

## （四）从活动主体看：河南高校、科研院所研发投入占比低于全国平均水平

2022年河南企业研发投入占比较全国平均水平高9.2个百分点，而高校、科研院所研发投入占比较全国平均水平分别低了6.6个百分点和1.7个百分点。河南高校、科研院所研发投入占比较低主要原因有以下三点。

一是河南工业总量较大，规模以上工业增加值长期位居全国第五，工业在河南的经济结构中占据重要地位，企业为保持市场竞争力和技术领先，通常会在研发领域投入大量资金，相比之下高校和科研院所的研发投入占比较低。二是河南高水平科研机构和高校数量偏少，高层次创新平台不足，创新主体实力不强，高端创新人才匮乏，科技成果转化率和产业化水平不高，高校和科研院所的资源相对不足，限制了其在科技创新中的作用发挥。三是河南作为传统的农业大省，科技创新的投入方式仍以应用研究为主。这种偏应用、重工业的投入模式导致河南基础研究和高水平创新性研究的占比偏低。

## 三 河南研发投入情况与中部六省比较

中部六省是我国重要粮食生产基地、能源原材料基地、现代装备制造及高技术产业基地和综合交通运输枢纽，在全国具有举足轻重的地位。中部六省总面积占全国的10.7%，承载了全国28.1%的人口，创造了全国21.9%的GDP。同时，中部地区地处中国腹地，承东启西、连南接北，具有枢纽中心地位，交通网络发达、粮食和能源资源丰富、产业基础雄厚。中部地区加快崛起、撑起中国发展版图的"脊梁"，将为高质量发展和中国式现代化建设提供重要的战略支撑。近年来中部六省把创新摆在现代化建设全局核心位置，纷纷加大研发投入，努力推动科技创新的"关键变量"转化为高质量发展的"最大增量"。河南研发投入情况与其余5个中部省份相比，呈现以下特点。

### （一）河南研发投入在中部六省中排名第四

2022年湖北研发投入规模突破1254.7亿元，占全国的比重达到4.08%；湖南紧随其后，研发投入规模达到1175.3亿元；安徽、河南也分别达到1152.5亿元和1143.3亿元；江西为558.2亿元；山西的研发投入在中部六省中最低，为273.7亿元。2022年，河南研发投入规模在中部六省中排名第四（见图4）。

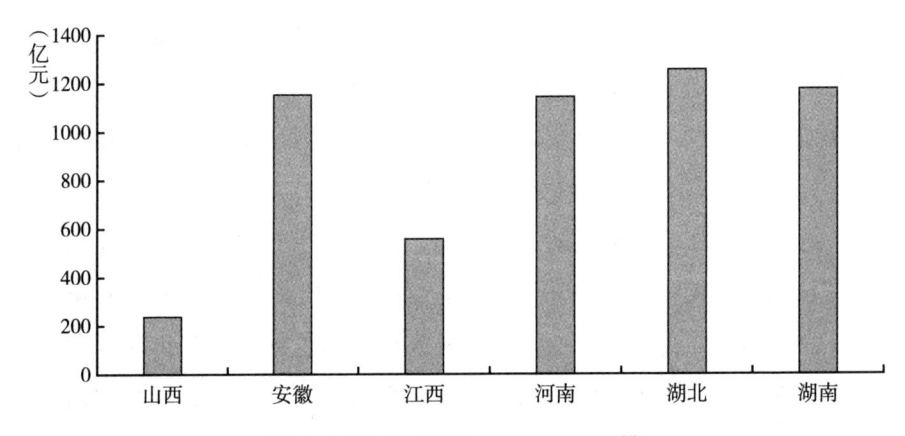

**图4　2022年中部六省研发投入规模**

资料来源：2022年中部六省研究与试验发展（R&D）经费情况。

### （二）河南研发投入强度在中部六省中居于中游

由表1可知，2018~2022年，中部六省除山西、安徽以外，其余4个省份研发投入强度均呈稳步上升的态势。2018~2022年，湖南研发投入强度由1.81%提高到2.41%，湖北由2.09%提高到2.33%，河南由1.40%提高到1.86%，江西由1.41%提高到1.74%，安徽由2.16%提高到2.56%。山西则由1.05%缓慢提升至1.07%。2018~2022年，河南研发投入强度在中部六省中处于中间位置，且研发投入强度尚未达到2%。

**表1　2018~2022年中部六省研发投入强度**

单位：%

| 省份 | 2018年 | 2019年 | 2020年 | 2021年 | 2022年 |
| --- | --- | --- | --- | --- | --- |
| 山西 | 1.05 | 1.12 | 1.20 | 1.12 | 1.07 |
| 安徽 | 2.16 | 2.03 | 2.28 | 2.34 | 2.56 |
| 江西 | 1.41 | 1.55 | 1.68 | 1.70 | 1.74 |
| 河南 | 1.40 | 1.46 | 1.64 | 1.73 | 1.86 |
| 湖北 | 2.09 | 2.09 | 2.31 | 2.32 | 2.33 |
| 湖南 | 1.81 | 1.98 | 2.15 | 2.23 | 2.41 |

资料来源：国家统计局，2018~2022年中部六省研究与试验发展（R&D）经费情况。

## （三）河南研发投入增速虽有所回落但整体保持稳定

由图5可知，近年来中部六省研发投入基本保持10%以上的增速。2019~2022年，河南研发投入增速分别为18.1%、13.7%、13.0%、12.2%，研发投入增速排名在2019年和2020年表现较为稳定，均为第3位，而在2021年有所下滑，2022年回升至第3位。

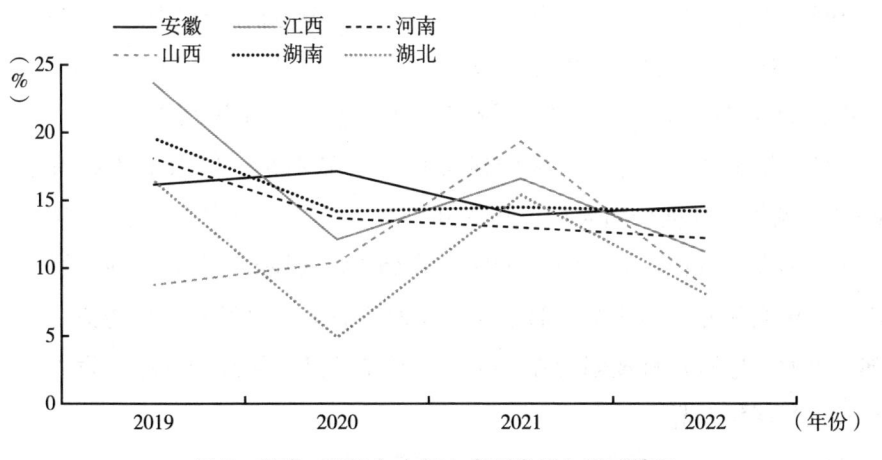

**图5 2019~2022年中部六省研发投入增速情况**

资料来源：国家统计局，2019~2022年《全国科技经费投入统计公报》。

## （四）河南基础研究投入占比在中部六省中排名靠后

基础研究投入是提高原始创新能力的保障。2021~2022年中部六省基础研究投入占比呈"五升一降"。安徽、江西、河南、湖北、湖南占比均实现提高。安徽基础研究投入占比由3.6%提高到9.0%，江西由4.2%提高到4.7%，河南由2.4%提高到3.3%，湖北由4.1%提高到6.3%，湖南由5.0%提高到6.6%，山西则由4.8%下滑到4.2%。从中部六省基础研究投入占比提升幅度来看，河南排第4位，高于江西、山西。2021~2022年，河南基础研究投入占比在中部六省中排名靠后。

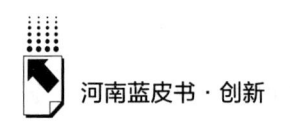

## 四 河南研发投入存在的短板

### （一）全省各地区研发经费投入不均衡

由表2可知，2022年河南全省各地区在R&D经费投入方面存在不均衡的问题。全省R&D经费投入为1143.33亿元，R&D经费投入强度为1.86%。其中，郑州市和洛阳市在全省处于领先地位，分别投入34.47亿元和16.81亿元，投入强度分别为2.67%和2.96%。新乡市、焦作市和平顶山市的R&D经费投入也相对较高，投入强度分别为2.57%、2.27%和2.06%。相比之下，部分地区的研发投入明显不足，信阳市和周口市的R&D经费投入强度分别为0.66%和0.58%。驻马店市和商丘市的R&D经费投入强度也较低，分别为0.98%和1.05%。这些数据表明，研发资源在不同地区之间分布不均衡，部分经济较发达的地区研发投入更为集中，而部分欠发达地区在科技创新方面的投入明显不足，导致全省在研发方面存在较大的区域差异。

表2 2022年全省各地区R&D经费投入情况

单位：亿元，%

| 地区 | R&D经费投入 | R&D经费投入强度 |
| --- | --- | --- |
| 全省 | 1143.33 | 1.86 |
| 郑州市 | 34.47 | 2.67 |
| 开封市 | 2.93 | 1.10 |
| 洛阳市 | 16.81 | 2.96 |
| 平顶山市 | 58.39 | 2.06 |
| 安阳市 | 44.65 | 1.78 |
| 鹤壁市 | 13.87 | 1.25 |
| 新乡市 | 88.87 | 2.57 |
| 焦作市 | 50.62 | 2.27 |
| 濮阳市 | 22.54 | 1.19 |

续表

| 地区 | R&D 经费投入 | R&D 经费投入强度 |
| --- | --- | --- |
| 许昌市 | 52.78 | 1.41 |
| 漯河市 | 31.50 | 1.74 |
| 三门峡市 | 34.51 | 2.06 |
| 南阳市 | 78.85 | 1.73 |
| 商丘市 | 34.15 | 1.05 |
| 信阳市 | 20.97 | 0.66 |
| 周口市 | 20.95 | 0.58 |
| 驻马店市 | 31.88 | 0.98 |
| 济源示范区 | 16.60 | 2.06 |

资料来源：河南省统计局《统计专报》2023 年第 85 期。

## （二）政府研发资金投入占比持续下滑

2022 年，全省政府 R&D 经费投入为 95.44 亿元，比上年增长 8.3%。近年来政府 R&D 经费投入虽然连年增长，但在全部 R&D 经费投入中的占比呈现逐年下滑的趋势，已由 2009 年的 15.9%下滑到 2022 年的 8.3%，远低于 20%的全国平均水平。[①] 例如，同属中部六省的湖北，2012~2021 年全省财政科技支出从 54.39 亿元增长到 314.57 亿元，累计支出 2038.00 亿元，年均增速达 21.53%，高于同期财政支出增速，科技支出占全省财政支出的比重由 1.45%提升至 3.97%。再比如，2023 年安徽财政科技支出为 535.3 亿元，总量跃升至全国第 4 位，较上年增长 5.5%，助力区域创新能力稳居全国第 7 位，连续 12 年处于全国第一方阵。

## （三）科教资源匮乏，研发能力薄弱

目前，河南仅有郑州大学与河南大学两所"双一流"高校。国家实

---

① 河南省统计局。

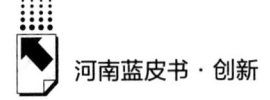

验室、大科学装置、教育部直属高校、中国科学院直属机构在河南仍属空白。国家重点实验室等国家级创新平台数量偏少。2022年，全省86.8%的研发投入来自企业，占比高于全国平均水平9.2个百分点，科研院所研发投入仅占全省研发投入的5.8%，低于全国平均水平6.6个百分点。高校研发投入占全省研发总投入的6.1%，低于全国平均水平1.7个百分点。而同属中部六省的湖北科教资源较为丰富，其拥有7所"双一流"高校，30个国家重点实验室，特别是武汉集聚了大量优质高校和科研院所。

### （四）基础研究投入不足

基础研究作为科学技术的源头，是提高原始创新能力、积累智力资本的重要途径，基础研究的水平决定了一个国家和地区科技创新的后劲。习近平总书记强调，加强基础研究，是实现高水平科技自立自强的迫切要求，建设世界强国的必由之路。[①] 与国内先进地区相比，河南基础研究资金投入不足。2021年，北京基础研究支出为232595万元，其中重大科学工程支出为55000万元，占比为26.65%。2021年，上海在基础研究方面投入68905.3万元，其中专项基础研究投入64780.0万元。广东对重大科技基础设施进行单独预算，计划重大科技基础设施投入480亿元，平均每年投入资金9.6亿元。2021年安徽计划基础研究投入16400万元，其中自然科学基金7600万元，实验室及相关设施8800万元。而2020年，河南研发投入为901亿元，其中基础研究经费为21亿元，仅占2.3%，且基本上是政府投入。

### （五）创新制度保障不足

从2022年创新调查企业家问卷结果来看，与2021年相比，河南企业有

---

[①] 《习近平主持中共中央政治局第三次集体学习并发表重要讲话》，中国政府网，2023年2月22日，https://www.gov.cn/xinwen/2023-02/22/content_5742718.htm。

关创新各项政策的认可程度进一步降低,认为效果明显的企业占比不到一半。[①] 企业研发费用加计扣除税收优惠政策惠及面最广,也只有46.6%的受调查企业享受该政策且认为效果明显。认为技术转让、技术开发收入免征增值税和企业研发活动专用仪器设备加速折旧政策有明显效果的企业占比均不到40%。调查发现,部分优惠政策门槛较高、与企业适配性较低、申报手续烦琐、宣传力度不够、资金落实不到位等情况影响了创新政策的落地生效,未能有效提升企业科技创新意愿。

## 五　河南加大研发投入的对策建议

### (一)完善资金管理,提升服务效能

一是优化科研经费管理机制。要继续完善省级财政科研经费投入机制,应放尽放,充分尊重科研规律,给予科研单位和科研人员更大的经费使用自主权。二是持续创新多元投入机制。实现金融资源优化配置,加大金融创新力度,灵活运用各种金融工具,为创新主体和产业主体提供多元化、差异化、定制化的融资服务。充分发挥各类产业基金的作用,加强抵押担保、信用贷款等综合服务,为企业实现融资创造条件。充分发挥财税政策的引导作用,引导社会力量参与科技创新,吸引金融资本和社会资金进入技术创新领域,构建多层次、多方式、多元化的科技资金投入体系。三是全力推动改革政策落地实施。以党的二十届三中全会精神为指引,及时修订《河南省支持科技创新发展若干财政政策措施》和《河南省省级创新研发专项资金管理办法》等政策文件,推进全省科技创新"一盘棋"。四是不断增强监督合力。优化监管方式,将审计监督、财会监督和日常监督融合起来,减少过程检查,通过大数据等信息化手段提升监督效率,减轻科研人员负担。

---

① 河南省统计局。

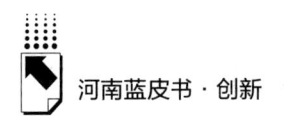

## （二）提升资金使用效益，保障重大项目需求

一是保持较大的财政投入力度。政府财政投入始终是研发经费的重要来源，对企业和社会资本投入起着引领和导向作用。要按照"紧日子保基本，调结构保战略"的原则，始终把科技创新作为重点支出优先保障，不断调整财政支出结构，探索重大创新平台稳定支持机制。二是不断加强省级相关专项资金的统筹使用，探索对省实验室给予稳定的自主科研经费支持，推动重大平台持续开展基础研究，加快突破重大科学问题和关键核心技术。重点保障省委、省政府决策部署的重大科技创新项目资金需求，积极制订完善地方财政支持科技创新的有关计划，完善政府对研发投入的导向机制，逐步加大政府资金投入力度，增强政府资金带动社会投入的放大效应，充分发挥政府对科技创新的重要扶持、引导作用。三是进一步完善财政支撑创新发展政策体系。研究提出具体财政支持政策，加强对创新引领型企业、高能级创新平台、高层次科研人才、"双一流"高校和科研院所等的培育，用"真金白银"支持科技创新。

## （三）坚持"补贷融"，厚植创新发展沃土

一是用好财政补助。发挥财政科技资金引导、示范、放大效应，强化财政科技资金在科学研究、技术创新、平台建设和人才培养方面的统筹管理。压实地方政府财政科技投入主体责任，各级财政用于科学技术的经费增长幅度应当高于本级财政经常性收入的增长幅度。充分运用转移支付、综合绩效考核等有效手段，将地方政府财政科技投入纳入市县财政管理绩效考核评分体系，并作为预算绩效管理激励性资金分配因素。二是用好金融信贷。充分运用"科技贷"政策工具，引导社会资本参与科技创新，有效解决科技型企业融资难题，确保创新不再等"贷"。三是用好政府融资。持续发挥新兴产业投资引导基金、科技研发计划联合基金、创业投资引导基金的重要作用，进一步引导社会资本支持科技企业和投入基础研究。持续探索政府融资新路径，推动省科技创新风险投资基金、郑洛新国家自主创新示范区创新创

业发展基金、郑洛新国家自主创新示范区科技成果转化引导基金为科技型企业提供支持。

### （四）鼓励地方政府加大研发投入力度

一是合理划分科技领域省与市县财政事权和支出责任。按照建立权责清晰、财力协调、区域均衡的省以下财政关系的要求，合理划分科技领域省与市县财政事权和支出责任，推动建立科技领域可持续的投入保障长效机制。同时，建议各市县财政部门始终坚持把科技作为支出重点领域，按照方案确定的财政事权和支出责任做好预算安排，持续加大财政科技投入力度。二是突出科技创新在地方高质量发展考核体系中的重要作用。开展县（市、区）高质量发展年度综合考核，建议将"每万家企业法人中高新技术企业数""研发投入占地区生产总值比重"等指标纳入县（市、区）高质量发展监测和考核指标体系，充分发挥考核指标的"指挥棒"作用，引导带动地方政府加大科技投入，确保各级财政科技投入只增不减。三是鼓励各地方因地制宜构建各具特色的创新体系，地方财政收入宽裕的可以面向未来进行前沿技术投资，地方财政收入相对紧张的可以面向本地产业转型突破关键共性技术进行针对性投资。

### （五）多措并举强化企业创新主体地位

企业是最活跃的创新力量，在国家创新体系中发挥举足轻重的作用。"强化企业科技创新主体地位，发挥科技型骨干企业引领支撑作用，营造有利于科技型中小微企业成长的良好环境，推动创新链产业链资金链人才链深度融合。"①习近平总书记在党的二十大报告中的这一重要论述，明确了强化企业科技创新主体地位的战略意义。立足新发展阶段，必须进一步强化企业的创新主体地位，多措并举，提高企业的自主创新能力，为构建新发展格

---

① 《李晓红：强化企业科技创新主体地位》，中国政府网，2022年12月26日，https：//www.gov.cn/xinwen/2022-12/26/content_ 5733549.htm。

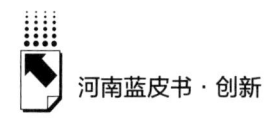

局奠定坚实基础。一是充分发挥税收政策作用，增强企业自主创新能力。通过制定更多激励企业创新的普惠性政策，促进创新要素向企业集聚，加强对现有优惠政策的宣传解读，优化政策办理流程。二是支持大企业牵头组建创新联合体，打造共性技术平台。推动产业链上下游、大中小企业融通创新，在协同互促中释放乘数效应。三是推动产学研深入合作，全力提升企业核心竞争力，通过引导有条件的企业开展基础研究，掌握高端源头技术。

**参考文献**

尹江勇：《看看咱的区域科技创新"成绩单"》，《河南日报》2024年7月31日。

《2022年河南省研究与试验发展（R&D）经费投入统计公报》，河南省统计局网站，2023年9月18日，https://tjj.henan.gov.cn/2023/09-18/2817518.html。

《全省研发投入快速增长　创新活力持续提升》，河南省统计局网站，2024年1月28日，https://tjj.henan.gov.cn/2024/01-26/2893306.html。

# B.14 制约河南省民营高新技术企业发展的主要因素及突破路径*

张祝平 钱 鹏**

**摘　要：** 推动民营高新技术企业发展是实现河南省高质量发展的重要基础，也是建设现代化河南的坚实支撑。虽然河南省民营高新技术企业发展具有一定的市场和区位优势，但在政策支持、奖补落实、人才引育、职称评审和创新能力等方面存在一些制约因素。针对存在的问题，本报告从完善政策支撑体系、切实落实奖补政策、着力加强人才引育、优化职称评审制度和加快提升创新能力等方面提出了促进河南省民营高新技术企业发展的对策建议。

**关键词：** 民营经济　高新技术企业　河南省

民营高新技术企业（以下简称"民营高企"）是指由民间资本主导、在《国家重点支持的高新技术领域》内，持续进行研究开发与技术成果转化，形成企业核心自主知识产权，并以此为基础开展经营活动的企业，具有高创新性、高成长性、高风险性和高收益性的特征。习近平总书记多次强调"要优化民营企业发展环境，破除制约民营企业公平参与市场竞争的制度障

---

\* 本报告系河南省软科学重点课题"河南省新型研发机构发展质量提升对策研究"（项目编号：242400411023）的阶段性研究成果。
\*\* 张祝平，中共河南省委党校科技与文化教研部教授，研究方向为科技创新；钱鹏，博士，中共河南省委党校经济学教研部讲师，研究方向为产业经济。

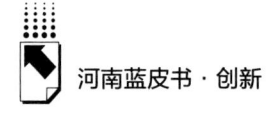

碍，依法维护民营企业产权和企业家权益"。① 中国共产党河南省第十一届委员会第七次全体会议指出，"要助企纾困，提振民营经济发展信心""聚焦培育和发展新质生产力"等，为推动河南省民营高企高质量发展指明了方向。

民营高企是科技创新的重要主体，是加快形成新质生产力的生力军，决定一个地区的科技发展水平、经济综合实力乃至发展后劲。发达国家和国内经济发达的广东、浙江等省份无一不是民营高企发展较好的地区。近年来，在"万人助万企"等活动的有力推动下，河南省民营高企驶入了发展的快车道。在全省28条先进制造业重点产业链中，卫华、三全等18家龙头民营企业担任了产业链盟会长单位，在全省前四批国家级专精特新"小巨人"企业中，有327家为民营企业。② 民营高企已成为提升河南省科技创新水平，增强地区综合实力的重要力量。但是深入调研发现，河南省民营高企发展仍面临一些问题，亟须落实奖补政策，优化发展环境，以新质生产力为牵引，加快推进民营高企高质量发展。

## 一　制约河南省民营高新技术企业发展的主要因素

### （一）政策支持需要加强

政府的政策支持在拓宽融资渠道、促进企业转型、提升企业竞争力等方面发挥重要作用，是推动民营高企高质量发展的重要支撑，但与民营高企的需求相比，河南省在政策支持方面的力度仍然偏弱。

一是金融支持力度较弱。一方面，民营高企仍面临贷款难题。"科技贷"等政策的推出在一定程度上缓解了企业的资金需求，但金融机构对民营高企贷款仍存在较大的顾虑，银行在给民营高企贷款时往往只注重抵押、

---

① 《以更优环境促进民营经济发展壮大》，"人民网"百家号，2023年4月13日，https：//baijiahao.baidu.com/s？id＝1763010888047309984&wfr＝spider&for＝pc。
② 《促进民营经济做大做优做强（三）》，大象新闻，2024年4月24日，https：//www.hntv.tv/news/0/1782946660339441666。

担保、财务报表等指标,很少考虑企业的成长性和潜力,尤其是对轻资产的民营高企,惜贷现象更为严重。另一方面,在河南省的国有基金中,民营高企的受益面较窄。受制于投资成功率等考核因素,河南省的科创基金对民营高企的投资偏于保守,各类基金更倾向于投资国有高新技术企业,种子轮、天使轮投资的金额占比较低,"摘熟果""短期化"等问题较为突出。二是科创资源获取相对困难。民营高企申报科创项目的门槛过高。例如,即使是新引进的规模较大、科研能力较强的中央属性高企,也因不满足新型研发机构等平台"注册成立时间必须满 3 年"的条件而无法申报。三是科技创新服务体系不完善。河南创新服务平台不完善,面向民营高企的技术服务平台和孵化器数量较少,与技术创新紧密相关的科技服务市场发展不充分,部分企业被迫将研发环节放到省外,割裂了研发、中试和生产环节。

## (二)奖补政策落实不到位

对于民营高企来说,必要的创新奖励和研发补贴政策是激励技术创新、降低运营成本、推动产品升级的有力保障。为扶持民营高企发展,河南省出台了较为完善的政策措施,但在基层具体实施过程中存在诸多问题。

首先,在政策执行方面,部分政策落实不到位。调研发现,近年来多项科技类奖补资金发放不及时、科研奖励打折扣等现象较为普遍,且民营高企在申请相关奖补政策时,申报手续烦琐,审批流程复杂,导致很多企业难以充分享受政策红利。其次,在政策连续性方面,相关政策存在断档情况。如河南省实施的研发后补助政策极大地激发了民营高企的创新活力,有效提高了其自主创新能力,但是该政策自 2022 年到期之后,一直未出台与之相关的后续政策。再次,在政策细节方面,部分规定有不合理之处。例如,一些省市级重大科技攻关项目,根据资金管理办法,从事项目研发的人员人工费用不能计入研发费用,但是软件类企业与大部分工业企业不同,绝大部分投入是以人工为核心的智力投入,这就非常不利于软件开发等细分行业的重大攻关与创新。再如,从北京等地引进的高新技术企业中部分实质性在豫工作科研人员,因不符合社保、户籍的要求,在项目申报、人才补贴、租购房优惠等方面受到较多限制。最后，在政策宣传方面，培训宣讲活动形式较为单一、内容不够精准。近年来，各级政府为提升民营企业对政策的知晓度，会定期组织不同形式的培训活动，但是大多数培训是"照本宣科""点到为止"，未能将政策成体系、有针对性地精准传达给民营高企，导致很多企业对政策奖补内容、项目申报流程与职称申请条件不了解，无法充分享受政策优惠。

### （三）各类人才难引难留

人才是科技创新的第一资源，人才问题已成为河南省民营高企发展面临的突出问题，具体表现在以下几个方面。

一是民营高企面临招聘难、招人贵的困境，高端人才引不来。河南是传统的农业大省、人口大省，经济发展水平相对较低，产业技术水平相对落后，愿意落户河南省的高端人才较少，且高端人才大多首选事业单位和国企，民营高企招聘和留用高端人才往往比国企难度大、代价高，需付出更高的成本才能招到高端人才。二是民营高企面临人才流失的困境，中端人才留不住。因经济发展等综合因素，河南省中青年科研人员、资深一线工人、技能型工匠人才等流出现象较为严重，该情况在县（市、区）民营高企尤为明显。部分民营高企的人才向北上广深等地流失率高达50%以上，民营高企的人才队伍陷入"招聘—培养—熟练—流失—再招聘"的负向循环，"徒弟带着师傅走"的现象已经比较常见，甚至部分民营高企成为发达省份熟练技工的培训基地。三是人才待遇未能及时全面落实。为吸引人才来河南省工作，助力经济社会实现高质量发展，河南省各级政府部门为人才来豫留豫，在就业创业、住房安居等方面提供了全方位、多层次的奖励补贴措施，但是在落实方面存在一些问题。首先，由于政府财政资金紧张，政府承诺的人才补贴普遍存在兑现不及时的情况。其次，人才关注的保障住房、健康医疗、子女入学等问题也未能得到很好的解决。最后，部分人才政策有待优化。如国家对引进高端人才给予的高额奖励，河南省税务部门要扣缴一定的税款，而相同的情况发生在浙江等地时，税务部门扣缴后财政会全额返还，这导致高端人才的归属感不强。

## （四）职称评审制度需要完善

近年来，河南省在持续完善职称评审制度，对包括民营高企在内的民营企业、小微企业也专门出台了优选评审方案，职称评审的条件逐步放宽、流程日趋规范，但仍有一些有待完善之处。

一是民营企业高级职称通过率较低。河南省已经出台的针对民营企业职称评审的灵活政策在很大程度上降低了初级、中级职工的参评门槛，但是高级职称的评审条件在绝大多数情况下仍与高校、科研院所等同。另外，民营高企在企业规模、科研创新、专业化申报等方面存在明显劣势。例如，对于没有自主职称评审委员会的民企而言，职称申报时需要与国企"同台竞技"，职称评审难度大、通过率低；对于有职称评审委员会的民企来说，有相当一部分员工的高级职称只在本单位或民企内部才能得到认可，在国企的认可度较低，往往不被承认，这在一定程度上限制了民企人才的社会流动，降低了民营高企的身份认同度。二是部分政策有待优化。虽然河南省在加快青年人才成长方面有明确的政策支持，但相关政策没有考虑到医疗卫生行业学制长的特殊性。河南省《关于加强和改进优秀青年专业技术人才队伍建设的若干措施》中提出"符合条件的35岁及以下青年专业技术人才申报正高级职称、30岁及以下青年专业技术人才申报副高级职称，不受单位结构比例限制"，医学博士毕业年龄大多在30岁左右，需满5年后方可晋升副高级职称，导致生物医药类人才普遍难以享受该政策。

## （五）创新能力亟须提高

民营高企是科技创新的重要主体，是加快形成新质生产力的生力军，当前河南省民营高企在发展新质生产力中普遍存在创新能力不足的问题。

一是河南省整体科技创新水平较低，科技创新的氛围不浓厚。河南省科技创新的政策激励效果有限，民营高企在创新能力方面存在明显的短板，产品缺乏核心科技，市场竞争力较弱，科技创新氛围不浓，导致河南省缺乏一流的创新生态和完善的创新机制，造成企业核心竞争力缺失。二是企业智能制造转型困难。受历史和现实等多重因素影响，河南省大多数民营高企智能化和信息化水平较低，同时由于受到资金、成本、人才等因素的制约，智能化转型的动力不强、速度较慢，数智赋能民营高企发展的水平较低。河南省民营高企迫切需要数智化手段发展新业态、拓展新领域，推动资源的优化配置，提升运营效率，实现创新发展。三是生产成本较高，上下游产业协同不足。河南省地处中部地区，与新疆、四川等地相比用电成本高昂，虽然陆上运输发达，但是产业上下游资源整合不足，企业物流成本较高。同时，由于河南省的中小型高新技术企业较多，资金实力较弱，成果转化效能较低，进而导致省内产业链上的资源配置不均衡，高端化、绿色化技术改造较慢。

## 二　河南省民营高新技术企业发展的突破路径

### （一）完善政策支撑体系

一是完善金融支持体系，加大银行信贷、担保保险、创业投资、资本市场等多元化资本对企业融资的支持力度。一方面，要强化政府性基金的引导作用，积极提升民营高企在政府性基金中的受益面。提高股权融资在民营高企特别是初创期民营高企的受益面，鼓励政府性基金投资民营高企。另一方面，要着力解决民营高企的贷款难题。根据民营高企的特点，在现有"科技贷"等金融政策的基础上，借鉴上海等地推出的"高企贷"政策，重点支持首贷及中小微民营高企，优先运用知识产权质押、应收账款质押、订单融资等方式，为其提供低息或信用贷款，并建立专门的绿色审批通道，从提高贷款获得率、降低企业融资成本、优化服务方式等方面入手，优化民营高企信贷环境，破解民营高企资金难题。二是完善财税支持体系。一方面，要加大财政支持力度，鼓励民营高企立足河南省实际，结合河南省发展战略和企业发展需求，持续加大研发投入，支持其开展联合技术攻关，加大对企业研发奖补的力度，大力推进民营高企进行技术改造，积极落实财政补助政策，着力降低企业创新成本。另一方面，要全面落实企业研发费用税前加计扣除政策和高新技术企业税收优惠政策，推动优惠政策"应享尽享"。同时，面对因企业倒闭，外省税务局要求河南省企业替上下游企业补缴税款的行为，河南省税务部门要积极协助企业向国家税务总局申诉。三是降低科技创新项目申报门槛。适当降低项目申报条件中对企业资质、规模、平台等方面的要求，给予高水平初创企业参与重大项目的机会，让"硬技术""真人才"早一些"唱主角""挑大梁"。四是完善创新服务平台。完善科技服务市场，尽快成立省级科技服务集团，构建科技资源供给链、科技服务生态链和科技金融服务链。

## （二）切实落实奖补政策

一是确保政策落实到位。在落实民营高企的奖补政策时要明确执行责任和权力确保政策能够顺利实施，同时还要将奖补资金落实情况纳入监督检查和巡视巡察内容，及时发现惠企政策资金落实不到位的问题。二是确保新老政策有序衔接。"企业无信，则难求发展；社会无信，则人人自危；政府无信，则权威不立。"政府出台的针对民营高企的补贴政策，要做到新老政策无缝衔接，切忌无疾而终，或突然停止，既影响政府权威，又不利于民营高企发展。三是积极落实相关政策细节。在政策细节上，既要兼顾管理办法，又要尊重企业客观需求，及时调整不利于民营高企发展的政策举措，以更优惠的政策、更好的环境吸引民营高企入驻河南。如在重大科技攻关项目方面，针对软件类高新技术企业，可以参照长沙市科技专项资金管理办法，将项目组研究人员的费用计入劳务费。四是精准宣讲惠企政策内容，着力消除企业感受与政府政策间的"温差"。针对民营高企的政策需求、规模类型、行业特性等特征，将创新主体提升、创新平台建设、重大技术攻关、三大场景改造、减税降费、科技金融、人才引育、职称评审等相关政策，以单个政策为"点"、相关政策为"线"、综合规划为"面"，以政府公益、购买第三方服务相结合的形式，在提高惠企政策知晓率的基础上，真正促使企业"应知尽知"与"应享尽享"，打通政策落地的"最后一公里"。

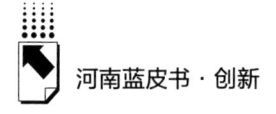

### （三）着力加强人才引育

人才在企业的发展中发挥提升技术创新能力、增强市场竞争力的重要作用，要高度重视人才的引进、培养和管理，为民营高企建立完善的人才梯队建设和管理机制，努力缓解困扰河南省民营高企发展的人才问题。一是加大中高端人才引进力度。面向河南全省征集新能源、新材料、装备制造、信息技术、生物医药等高端人才技术项目，由政府集中对接院士和重点高校、科研机构优秀人才与高新技术企业开展技术攻关和对接合作，创新柔性引才引智方式，填补民营高企的中高端人才缺口，以求"不为所有，但为所用"。同时，借鉴农业科技特派员的成功经验，深入实施民营高企科技特派员制度，鼓励高校、科研院所和国企同民营高企搞帮扶、结对子，解决民营高企的中高端人才引进问题。二是加大优秀技能型人才培育和供给力度。结合重点产业链情况，鼓励搭建校企联合人才培养教育基地、实践基地，促进产教深度融合。参照北京、苏州等地的企业新型学徒培养计划、校企合作优秀单位奖励办法等，建立校企合作奖励激励办法，根据引进人才、共建平台、项目攻关等实际合作情况给予民营高企适当的奖励、补贴，解决民营高企发展中优秀技工短缺等人才问题。三是全面落实各类人才待遇。对省内出现的个别未兑现人才引进待遇和人才专项资金管理使用不规范等问题进行严肃处理，发现一起，查处一起，不仅要引得来优秀人才，还要留得住、用得好优秀人才。

### （四）优化职称评审制度

职称评审是激发民营企业人才创新活力、促进民营企业人才引育留用的重要路径，要高度重视民营企业的职称评审工作，持续优化现有评审制度。一是进一步提升民营高企职称的通过率和认可度。一方面，要结合民营高企需求和行业发展状况，同时结合本省实际，适度扩大初中级职业资格以考代评专业范围。进一步修订和完善自主知识产权、科技成果转化能力等与民营高企相适应的职称评审指标体系，积极探索高级职称评审"考评结合"制度，并不断加强职业资格和职业技能等级与职称衔接。另一方面，要进一步完善评审标准,创新评审方式。既要根据不同专业特性,严格制定评审标准,提高评审结果的权威性和认可度,又要根据民营高企职称评审通过率低于国企的现状,适度提升民营高企的职称评审通过比例。要坚持"高看一眼、优等对待",出台措施确保民营高企取得的职称证书具有同等效力。二是优化年限等评审条件。对于民营高企所需的较高层次专业技术人才、急需紧缺人才、优秀青年人才可直接申报相应级别职称,应不受之前职称级别、年限等限制,此类举措在兄弟省市早有先例。

### (五)加快提升创新能力

新质生产力在未来区域科技竞争中的作用至关重要,要充分发挥民营高企在发展新质生产力中的重要作用,以科技创新塑造河南省民营高企发展新优势、新动能。一是促进技术创新实现突破。结合河南省发展战略需求,鼓励支持民营领军高新技术企业在重要科技问题和创新薄弱环节,牵头组建新型研发机构,承担重大科技创新任务,提高其在重大科技项目中的参与度,提高领域内的科技话语权,着力建设一批产业化示范项目,以技术创新提升新产品、新工艺、新设备的产出能力。二是推动产业转型焕发新机。深入开展民营高企的技术改造提升行动,鼓励企业产品换代、生产换线、设备换芯,强化政府政策扶持和资金、水电、土地、厂房配套等方面的要素保障,促进民营高企实现高端化和绿色化转型,推动传统制造业在智能化改造和数字化转型中焕发新机。三是实现生产要素创新配置。一方面,要激发生产要素活力。注重发挥数据要素的"乘数效应",激发土地、劳动、技术、管理和资本等要素的生产活力,推动民营高企深度融入河南"四链融合"生态体系,推动教育、科技、人才等资源协同融合发展,让各类高端、优质、创新要素向新质生产力高效流动。另一方面,要完善科技创新服务体系。突出民营高企地位,与产业链上下游企业、科研机构、服务机构等形成紧密的合作关系,通过产学研深度融合,推动科技成果的转化和应用。同时要尽快成立省级科技服务集团,通过强化技术服务平台建设引领河南省民营高企高质量发展。

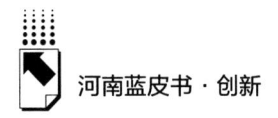

# 参考文献

侯冠宇、张震宇：《营商环境助推民营企业发展：历史、现实与路径》，《重庆社会科学》2024 年第 8 期。

《高新技术企业贷款授信服务有了"上海方案"》，科学技术部网站，2019 年 10 月 9 日，https：//www.most.gov.cn/dfkj/sh/tpxw/201910/t20191009_ 149125.html。

# B.15 河南招才引智创新发展的成效及建议

赵晶晶[*]

**摘　要：** 中国·河南招才引智创新发展大会不仅是河南吸引人才"永不落幕"的坚实平台，也为人才提供了施展才华的广阔舞台。本报告进一步阐释了河南举办招才引智创新发展大会的重要意义，归纳总结了第六届中国·河南招才引智创新发展大会的主要成效，在此基础上，结合全省创新发展的新形势，提出聚焦发展战略，实现人才引进和高质量发展的良性互动；持续加大政策支持力度，充分激发人才发展活力；持续优化人才发展机制，构建一流人才生态环境；"双招双引"相结合，大力引进急需紧缺人才；创新引才模式，打造驻外引才工作站和"人才飞地"等进一步做好河南招才引智工作的对策建议。

**关键词：** 招才引智　"人才飞地"　河南省

千秋伟业，人才为先。中国·河南招才引智创新发展大会不仅是河南吸引人才的"永不落幕"的坚实平台，也为人才提供了施展才华的广阔舞台。办好中国·河南招才引智创新发展大会是河南贯彻落实习近平总书记关于人才工作重要论述的具体行动，也是推动河南建设国家创新高地和重要人才中心的必要举措，让人才了解河南、走进河南，广聚天下英才，让中原更加出彩。

---

[*] 赵晶晶，河南省社会科学院创新发展研究所助理研究员，研究方向为人事人才、创新发展、科技文化。

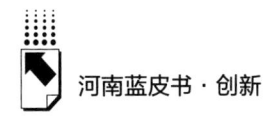

# 一 河南举办招才引智创新发展大会的重大意义

## （一）河南奋力实现"两个确保"奋斗目标的战略举措

中国共产党河南省第十一次代表大会提出要锚定"两个确保"奋斗目标，全面实施"十大战略"，并将"创新驱动、科教兴省、人才强省战略"作为"十大战略"之首。创新驱动本质上就是人才驱动，人才是科技创新最核心、最关键的主体，只有拥有了一流的人才，才能产生高质量的创新成果，才能牢牢把握创新的主导权，为科技创新提供源源不断的智慧与活力。招才引智创新发展大会正是河南延揽人才的重要平台，通过这一重要平台作用的发挥，可以进一步延揽一大批高精尖人才、高素质人才、科技创新人才，全面提高河南人才储备的数量和质量，为河南经济高质量发展提供强劲的人才支撑、智力支持，推动区域经济高质量发展，助力实现"两个确保"的奋斗目标，进而为中国式现代化的河南实践提供人才支撑。

## （二）河南加快建设国家创新高地和重要人才中心的重要行动

在中央人才工作会议上，习近平总书记强调深入实施新时代人才强国战略，加快建设世界重要人才中心和创新高地。[1] 深入贯彻习近平总书记重要指示精神，河南提出加快建设国家创新高地和重要人才中心。得人才者得天下，面对新的发展形势，各地都对人才展开了"争抢"，纷纷出奇招、出实招引才、育才、留才和服才。河南要应势而谋、顺势而为，要充分发挥招才引智创新发展大会的平台作用，通过一系列引才活动集聚一大批科技创新人才，面向国内外延揽一大批高层次、创新型人才（团队），助推高质量人才

---

[1] 《习近平在中央人才工作会议上强调　深入实施新时代人才强国战略　加快建设世界重要人才中心和创新高地　李克强主持　栗战书汪洋赵乐际韩正出席　王沪宁讲话》，人民网，http://dangshi.people.com.cn/n1/2021/0928/c436975-32240880.html。

项目交流与合作，汇聚顶尖人才智慧、创新发展资源，为河南加快建设国家创新高地和重要人才中心提供智力保障和人才支撑。

### （三）河南加快产业升级、构建现代化产业体系的必然选择

习近平总书记在参加他所在的十四届全国人大二次会议江苏代表团审议时强调："面对新一轮科技革命和产业变革，我们必须抢抓机遇，加大创新力度，培育壮大新兴产业，超前布局建设未来产业，完善现代化产业体系。"① 二十届中央财经委员会第一次会议提出产业发展要向智能化、绿色化、融合化迈进。人才是引领产业升级的关键因素，亦是现代化产业体系建设的重要支撑。要通过举办招才引智创新发展大会延揽高精尖人才，充分发挥大会平台作用，做好人才引、育、用、留等方面的工作，在重点战略领域提前做好人才布局，补齐河南产业人才发展短板，形成高水平的产业人才集聚。聚焦重点产业、新兴产业、未来产业，引进符合产业发展方向的高精尖人才，储备急需紧缺人才，促进产业链的智能化、绿色化和融合化，做到以产引才、产才结合、以才促产，为河南建设现代化产业体系提供坚实的人才支撑。

### （四）河南加快发展新质生产力的有效路径

习近平总书记在主持中共中央政治局第十一次集体学习时提出，要加快发展新质生产力。新质生产力是习近平经济思想中重要的原创性思想，具有重大的理论价值和丰富的实践意义。人才是生产力发展的决定性要素，是创新创造过程中的关键主体，要想培育壮大新质生产力，就要扩大人才规模、优化人才结构、提高人才层次。通过举办招才引智创新发展大会等一系列引才活动，着力引进、签约、留住一大批海内外高精尖人才、高端人才团队和高水平项目，进而有利于河南牢牢抓住人才这个关键变量，发挥好人才在河南科技创新中的关键作用，促进河南原创性、颠覆性科技创新，提升河南核

---

① 《习近平在参加江苏代表团审议时强调：因地制宜发展新质生产力》，中国政府网，2024年3月5日，https://www.gov.cn/yaowen/liebiao/202403/content_6936752.htm。

心技术攻关能力,变"人才总量"为"发展增量",变"人才增量"为"科技含量",为河南发展新质生产力提供强有力的人才保障和人才动能。

## 二 第六届招才引智创新发展大会取得的显著成效

从2018年开始,招才引智创新发展大会已成为河南常态化的创新引才平台,并取得了众多显著成效,求贤若渴已刻在河南发展逻辑里,延揽了一大批创新人才,促进一大批创新成果落地河南,人才政策体系不断完善,一流人才生态加快形成。结合相关调研情况,第六届招才引智创新发展大会取得的显著成效主要表现在以下几个方面。

### (一)展示了河南惜才爱才的良好形象

河南省委、省政府高度重视招才引智创新发展大会,展示了河南惜才爱才的良好形象。在第六届招才引智创新发展大会上,以大会开幕式、高峰论坛等活动为窗口,以邀约嘉宾为契机,全面展示现代化河南建设的新面貌、新气象、新成就。在开幕式上为青年人才代表发放人才公寓钥匙,向海内外展示河南聚天下英才的诚意、谋创新发展的决心。大会组织国内外知名专家学者赴中原科技城、中原医学科学城、中原农谷等重点创新平台实地考察调研,让专家学者更加深入地了解河南,展现了河南的良好形象。招才引智创新发展大会集全省之力打造了具有鲜明特色和重要影响力的招才引智常态化平台,发布招贤纳士的人才新政,开展极具特色的高水平人才引进活动,展现了河南惜才、爱才、用才、留才的决心,亦向人才展现了河南日新月异的变化和广阔的发展前景。

### (二)增加了河南人才资源总量

第六届招才引智创新发展大会成功举办大会开幕式和高端人才(项目)对接洽谈会,466名海内外嘉宾出席开幕式,对接洽谈会入场4.38万人次,3.15万人达成签约意向,拥有硕士和博士学位的高学历人才占比达65%。活动现场通过事业单位人才引进绿色通道,为2851名急需紧缺人才办理入职手续，硕士和博士学位人才占比达67.4%。如组织郑州大学河南音乐学院、河南大学河南戏剧艺术学院，参加高端人才（项目）对接洽谈会和省外专场招聘活动，共达成签约意向282人。引进人才涵盖智能终端、智能制造装备、新能源汽车、生物医药、物联网等新兴制造业以及航空物流、新兴金融服务、云计算等新兴服务业。第七届招才引智创新发展大会线上线下同步引才，共2779家用人单位参与，发布岗位8422个，人才需求达56298人。截至2024年9月，全职在豫两院院士新增26人；入选国家级、省级重点人才项目的高层次人才新增1033人次；累计引进博士、博士后1.6万人，[1]极大地增加了河南人才资源总量。

### （三）积极筹办招才引智活动

第六届招才引智创新发展大会共举办47场各类招才引智专场活动，活动成效显著。成功举办中原科技城院士论坛、中医药发展论坛、中原科技人才创新论坛、民盟青年论坛、先进材料与智能制造论坛，邀请290余名国内外相关领域知名专家学者，开展学术交流、洽谈项目合作、共商发展良策，推动人才链、产业链、创新链精准对接、高效贯通、深度融合，为"十大战略"落地落实提供了人才和智力支撑。通过大会官网和虚拟现实（VR）人才招聘平台常态化开展线上招聘活动，搭建具有信息发布、形象展示、人才招聘、在线咨询等功能的平台，扩展线上招才引智新载体。第七届招才引智创新发展大会举办主场招才引智、线上招才引智、省外招才引智等系列活动和香港高端人才专场招聘等系列活动，丰富了招才引智活动和引才载体。

### （四）打造招才引智品牌

在第六届招才引智创新发展大会举办过程中，各地拿出新招、高招、实招，打造人才主题公园、人才之家、人才驿站，设立"人才节""人才日"

---

[1]《看好河南 深耕中原——写在第七届中国·河南招才引智创新发展大会召开之际》，河南省人民政府网站，2024年9月7日，https://www.henan.gov.cn/2024/09-07/3060109.html。

"人才周"等，打造各具特色的"人才名片"，形成河南重视创新、渴求人才的鲜明标签，在国内外获得广泛关注。此外，加强大会宣传，多家中央、省、市媒体发布招才引智信息，推出《河南发布"招贤令"超5万优岗翘首待英才》《八方揽才　俊采星驰汇中原》等精彩报道，第七届招才引智创新发展大会推出《看好河南　深耕中原——写在第七届中国·河南招才引智创新发展大会召开之际》《广聚天下英才　中原未来可期——第七届中国·河南招才引智创新发展大会侧记》等新闻报道，实现了同频共振、叠加传播的宣传效果，促使河南招才引智品牌更加亮丽。

### （五）签约一大批高质量人才项目

第六届招才引智创新发展大会签约了一大批高质量人才项目，汇聚了顶尖人才（团队）智慧，有效服务河南创新发展。2023年1~10月，全省各地各部门共签约高层次人才合作项目2303个。中国科学院何满潮院士团队、中国工程院庞国芳院士团队等一批高端人才（团队），相继与河南省实验室、科技企业、地方政府签约，汇聚了全球顶尖人才和创新资源；多家企事业单位与国内外大院大所、大校大企签署合作协议，共建研发机构、联合技术攻关、推动科技成果转化，拓展了产学研用合作渠道；一批新材料、高端装备、信息技术、现代农业、节能环保等领域项目成功签约，带来了先进的科技成果，为河南省产业转型升级蓄势赋能。在第七届招才引智创新发展大会开幕式上，全省有1430家优质用人单位在现场设展，涉及新型材料、电子信息等领域，征集岗位需求6021个，人才需求达43356人，[1] 广纳天下英才，为河南高质量发展提供了人才支撑。

## 三　河南进一步做好招才引智工作的对策建议

功以才成，业由才广。对标建设国家创新高地和重要人才中心目标要

---

[1] 《广聚天下英才！第七届中国·河南招才引智创新发展大会开幕》，大河网，2024年9月7日，https://news.dahe.cn/2024/09-07/1813764.html。

求，服务河南战略发展大局，要更高质量办好招才引智创新发展大会，全力构建河南人才集聚"强磁场"，构筑人才引育"生态圈"，打造产业创新"新引擎"，切实让人才一到河南就能感受到家的温暖，鼓舞人才在河南干事创业、建功立业。

## （一）聚焦发展战略，实现人才引进和高质量发展的良性互动

一是服务河南战略发展大局。聚焦"十大战略"实施，以助力国家创新高地和重要人才中心建设为导向，优先服务重建重振省科学院、重塑重构省实验室体系、"双一流"创建等一系列重大工程，让人才引进与高质量发展形成良性互动，让河南招才引智工作再上新台阶。二是形成产才融合互动体系。将人才政策融入产学研用的关键环节，引进紧缺人才驱动产业发展，引进创新人才驱动产业升级，激发人才在产业链、科技链、创新链中的活力。促进产学研用各个环节，着重引进高精尖人才、项目和团队，加大资金投入和支持力度，助力其建设孵化场所、研究场所，搭建"科技+金融+人才"的服务平台，助力企业、产业的转型升级。三是多点联动形成引才矩阵。要始终把握"党管人才"的核心思想，发挥好政府的主体作用，以省级层面为引领，各地市多方联动，梳理好人才需求，让招才引智政策精准介入，着力打造好引才平台，落实好惠才政策，加强统筹调度，以更高标准、更实举措做好招才引智工作。同时要探索招才引智成效的考核制度，对各地人才招引情况进行"把脉问诊"，倒逼地方制定更加合理的政策，提升招才引智质效，对招才引智工作提前谋划、提前部署，创新活动开展模式，引进更多高学历、高素质人才来豫发展。

## （二）持续加大政策支持力度，充分激发人才发展活力

一是持续推进人才政策"提档升级"。持续加大引才政策的支持力度，完善"1+20"一揽子人才政策，打通人才政策落地的"最后一公里"，打造高质量、人性化的人才服务平台，为人才干事创业提供全流程的"保姆式""管家式"服务。构建人才、人才团队、人才项目的跟踪服务机制，涉及人才需求征集、信息发布、定向推送、人岗匹配、成效反馈、改进提升等多个

环节，为河南建设全国重要人才中心奠定坚实的人才基础。二是探索建立招才引智调研机制。组建河南人才发展专家团，对河南招才引智创新发展大会的办会方式、人才政策进行调研，对引进人才、人才项目的成效进行研究，对引才政策的科学性和合理性进行研判，成立工作组对招才引智政策的落实情况进行摸底，及时举办相关研讨会，对人才政策未有效落实情况做到及时处置。三是创新招才引智创新发展大会的办会形式。运用一系列科技创新方式，打破空间和时间上的限制，线上与线下相结合，常态化开展招才引智活动，强化网络平台服务功能，让求职者做到足不出户便可网罗优质岗位，真正让河南的招才引智工作做到"全周期""永不落幕"。多方联动促进招才引智工作融合发展，统筹推进招才引智、跨国技术转移、招商引资、豫商豫才回归等工作，实现资源共享、互促共进。四是打造"青年人才友好型"特色城市。大力扶持青年人才，打造"河南青年卡"，关注青年人才的成长和发展情况，为青年人才提供全周期的服务，如人才公寓、生活娱乐等全方位的服务保障，在引才中"出圈""破圈"，提升人才吸引力。五是促进人才流动，激发人才活力。促进省内和省外人才的交流与合作，增强人才之间的黏性，开展省内外企业的高层次人才交流与合作活动，跨地域引进高层次人才。探索高层次人才传帮带模式，培育本土高端人才，构建河南人才数据库，定时更新数据。推动省内外高校产学研用环节的互动，探索开展名校联合培养青年人才行动，与海内外名校建立高端人才联合培养机制，共同培养未来产业人才，推进校企合作，培养一批高精尖工程师。

### （三）持续优化人才发展机制，构建一流人才生态环境

一是持续优化人才发展机制。引才的关键在于用得好和留得住，不仅要用良好的人才政策和优厚的待遇引进人才，还要建立一套公平公正的选人用人机制，为人才提供广阔的干事创业的舞台，让人才能上能下、能进能出，助力人才脱颖而出。要建立更优良的人才激励机制，加大制度支持力度，对特殊人才"特才特批""一事一议"，让人才能够留得住、用得好。让人才感受到在河南发展不会被埋没和忽视，才有所展、才有所为。要为人才提供良

好的工作环境，营造时不我待的干事氛围。持续为引进人才做好跟踪服务，增加教育培训的机会，不断提升人才的能力和素质，用教育育人、用事业留人。二是持续增加人才发展经费投入。要用真金白银扶持高层次人才，对高技能人才、举荐人才的人员进行奖励，优先保障人才政策资金，实施紧缺人才安家工程。探索支持企业、科研院所、省属高校建立人才发展特区，扩容河南省人才发展基金的资金池，资助专业技术人才，培育河南高端领军人才。整合创新创业资源，在高校、企业、产业园等前端建立招才引智基地，配置创新创业全链条要素，吸引人才和项目落地河南。三是持续优化用人单位"小气候"。在充分调研的基础上，尽快出台《关于发挥用人单位主体作用营造最优人才"小气候"的若干举措》，向用人单位充分授权，为创新人才减负松绑，提供全周期、"保姆式"优质服务，把人才关心关注的"关键小事"办成关心关爱人才的"暖心实事"，把政策优势转化为比较优势和竞争优势，让下大力气引来的人才能够安心工作，切实巩固招才引智成果。

## （四）"双招双引"相结合，大力引进急需紧缺人才

一是推动招才引智与招商引资深度融合。锚定招才、招商大方向，招大引强，强化产业链招才、产业链招商，推动招才与招商、引智与引资同频共振、协同发展，并探索二者相互转化的实现路径。着力引进一批带项目、有技术、团队型的高层次人才项目，助推相关企业向专精特新企业、"小巨人"企业和"独角兽"企业转型。二是打造一支招才引智、招商引资的专业人才队伍。强化招才引智、招商引资的主阵地作用，建设一支懂管理、懂政策、懂经济、懂人才的专业"双招双引"队伍。创新招才引智方法，盘活资源，用更加灵活的举措推动招才引智。要注重流程帮办、项目服务和转化，优化河南营商、营智环境。三是促进河南人力资源服务业高质量发展。发力突破，攻坚克难，抢占区域人力资源服务业高峰，找出招才引智发力点，培育人力资源服务业增长点，加大对人力资源服务业的扶持力度，优化人力资源企业发展环境，充分激发用人单位的主体性，发挥政府的引导作用，激发人才市场活力，促进高质量就业。四是加大引进急需紧缺人才的力

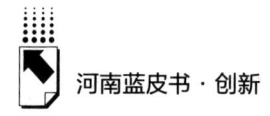

度。要紧盯急需人才、战略新兴人才，用优良的人才政策和服务吸引人才来豫从事研究工作，探索研发合作、研发入股、创办企业等，把人才资源转化为人力资本。要学习先进省份在人才引进、人才管理、技术研发等方面的经验做法，学习先进管理理念，提升现代化管理水平，为人才发展提供良好的环境。

### （五）创新引才模式，打造驻外引才工作站和"人才飞地"

一是充分发挥桥头堡平台的作用。充分用好驻京办、驻沪办、驻广州办、河南人才集团等在省外、海外设立的平台资源，建立省外、海外引才的"桥头堡""根据地"。组建海外招才引智团队，分赴海外发达国家，打通海外高端人才引进渠道，更紧密联系海外高端人才，更扎实开展海外招才引智活动。二是助力企业等用人单位打造"人才飞地"。探索在北京、上海、广州、深圳设立"人才飞地""科技飞地""创新飞地"，支持河南企业到海外以及国内先进城市设立技术研发中心，吸引人才、招募人才，试点"政招企用""人才共享"等创新模式，解决人才引留用等难题。三是探索成立驻外招才引智工作站。选取重点城市、重点院校深耕，搭建引才服务平台，深挖高层次人才、高技能人才资源，打造多元化、多层次人才梯队，助力河南高质量发展。成立引才"突击队""轻骑兵"，宣传河南省情、河南人才政策，帮助人才深入了解河南的经济发展状况和人才需求情况，提高河南企事业单位的影响力和吸引力。开展一系列人才政策宣讲会、人才交流会、岗位推介会等活动，与当地政府、当地高校共享人才供求信息。

**参考文献**

习近平：《在中央人才工作会议上的讲话》，《求是》2021年第24期。

《习近平在辽宁考察时强调 在新时代东北振兴上展现更大担当和作为 奋力开创辽宁振兴发展新局面》，《党建》2022年第9期。

# 实 践 篇

## B.16
## 河南加快中原农谷建设的思考与建议

高泽敏[*]

**摘 要：** 2022年，河南省委、省政府深入贯彻习近平总书记视察河南重要讲话重要指示，以前瞻30年的眼光谋划建设中原农谷，奋力打造以种业为核心的国家级、国际化农业创新高地。建设两年多以来，围绕"一年打基础、三年见成效、五年成高地、十年进入全球一流"的发展目标，中原农谷呈现良好发展态势。但是也要看到，当前中原农谷建设过程中还面临一些问题和挑战，需要政府、企业、科研机构和社会各界共同努力，全方位、全领域、全过程协调，聚"谷"成势，使中原农谷成为"创新要素集聚、创新特征鲜明、创新活力迸发"的国际一流"农业硅谷"。

**关键词：** 中原农谷 农业创新 河南省

---

[*] 高泽敏，河南省社会科学院创新发展研究所助理研究员，研究方向为创新政策与创新管理。

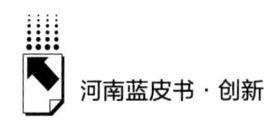

中原农谷是新时代河南创新发展的重要标识，是河南建设国家区域性农业科技创新中心和全球粮食产业创新高地的重要战略布局。2022年，河南省委、省政府深入贯彻习近平总书记视察河南重要讲话重要指示，落实"藏粮于地、藏粮于技"战略要求，聚焦国家种业、粮食安全重大需求，以前瞻30年的眼光谋划建设中原农谷，奋力打造以种业为核心的国家级、国际化农业创新高地，充分彰显出河南服务国家种业振兴的新担当新使命。

## 一 建设中原农谷的重要意义

中原农谷立足现代化河南建设全局，是顺应现代农业科技创新发展新趋势，以科技创新为引领，以提升种业原始创新能力为核心，以"谷城院"有机融合为平台，依托中国农业科学院、河南省农业科学院等科研机构，集聚国内外农业科技创新资源，涵盖现代农业全链条创新体系，兼具科技、经济、城市等多重复合功能的新型农业创新载体，对于实现高水平农业科技自立自强，培育发展农业新质生产力、加快农业强省建设影响深远、意义重大。

### （一）建设中原农谷符合农业强省建设的要求，既是时代使命，也是责任使然

强农必先强科技。综观美国、法国、荷兰等世界农业强国，高水平的农业科技创新是其鲜明特征。习近平总书记指出，"要依靠科技和改革双轮驱动加快建设农业强国。打造国家农业科技战略力量，支持农业领域重大创新平台建设"。[1] 河南作为全国重要的农业大省、粮食大省，在以农业强省支撑农业强国建设中肩负着重大历史使命。然而，农业科技力量分散、科技与产业脱节、科技创新支撑能力不足是当前农业强省建设面临的突出短板，迫切需要深化改革，建立与之相适应的科技创新体制机制。建设中原农谷，正是体现了河南省委、省政府坚持把创新摆在发展逻辑起点的时代意识和先进

---

[1] 习近平：《加快建设农业强国 推进农业农村现代化》，《求是》2023年第6期。

理念，通过搭建中原农谷的重大创新平台，破除体制性障碍，加速全省科技创新资源集聚，从整体上提升农业科技创新效能，为实现农业强省建设目标提供坚实基础和保障。

（二）建设中原农谷符合河南省情实际，既是自身优势，也是发展所需

高能级的创新平台不仅代表着农业科技的最高水平，更是引领农业科技创新的重要力量。河南是全国粮食生产核心区、生猪家禽主产省份、大宗经济作物优势产区，小麦、花生育种水平国际领先，玉米、大豆、芝麻、生猪制供种能力稳居全国第一方阵，科技创新家底厚实。站在全面建设社会主义现代化国家的高度，以中原农谷为抓手，建立高能级农业科技创新平台尤为重要，不但可以汇集全球优质创新资源，促进农业科技实现跨越式发展，而且能够通过加强与国际先进技术的交流与合作，全面提升河南农业科技的国内国际竞争力，筑牢国家粮食安全和河南农业现代化发展的基石。

（三）建设中原农谷符合科技创新规律，既是竞争所迫，也是趋势所向

随着新一轮科技革命的深入推进，集聚、协同、融合已成为全球科技创新范式的新特征。在农业领域，以转基因为代表的生物技术革命正在加速农业科技新旧动能转换，海南、北京、陕西、湖南、湖北等十多个省市纷纷加快种业集聚区建设，谁抓住了这次新的农业科技革命机遇，谁就能够抢占未来农业科技创新的制高点。因此，河南要想抢抓新一轮科技革命的机遇，就必须立足自身优势特色，加快农业科技创新平台建设，布局建设现代农业创新策源地，提升河南在全国农业科技创新中的话语权，中原农谷无疑是重中之重。

## 二 中原农谷建设取得的初步成效

自中原农谷建设以来，围绕"一年打基础、三年见成效、五年成高地、

十年进入全球一流"的发展目标,强化战略引领、区域布局、创新载体支撑,顶格谋划、顶格组织、顶格推进,着力打造创新之谷、开放之谷、绿色之谷、智慧之谷、融合之谷,中原农谷的承载力、吸引力、带动力、影响力不断提升,呈现良好的发展态势。

## (一)强化顶层设计,构建起中原农谷建设的"四梁八柱"

一是高规格成立由省长担任组长,分管农业副省长、分管科技副省长为副组长的中原农谷建设领导小组。二是构建"1+1+1+2+N"政策体系,即《中共河南省委 河南省人民政府关于加快中原农谷建设打造国家现代农业科技创新高地的意见》《河南省人民政府关于印发"中原农谷"建设方案的通知》《河南省人民政府关于加快建设"中原农谷"种业基地的意见》三个纲领性文件,《河南省人民政府关于印发中原农谷发展规划(2022—2035年)的通知》《新乡市人民政府关于印发中原农谷核心区建设规划(2022—2035年)的通知》两个规划,以及中共河南省委组织部、中共河南省委全面深化改革委员会办公室等25家省直单位和中央驻豫单位出台的若干配套政策,为打造世界级农业科技创新高地提供了产业政策、金融政策、人才政策、财政政策、科技创新政策等系统性政策保障。三是按照"省级主导、市级主责"的原则,中原农谷作为省委、省政府派出机构,采取"管委会+公司+专家咨询委员会"管理运作模式,整合省、市、区优质资源,建立中原农谷投资运营公司,与河南农业投资集团有限公司、平原示范区管委会建立常态化、长效化合作会商机制,在项目报批、资金申请、要素保障等方面实现政策直达、需求直报、业务直通,高效推动河南农投集团涉种产业项目优先向中原农谷集聚。四是建立促进中原农谷发展的专门法规。河南省十四届人大常委会第九次会议审议通过《河南省中原农谷发展促进条例》,明确中原农谷发展体制机制,以法治之力解决好中原农谷发展过程中的各种问题,为中原农谷建设提供法治支撑。

## （二）打造创新高地，搭建自主创新的中原农谷"芯"平台

一是打造一流农业科技创新平台，引聚高端农业科技创新资源。围绕种业创新，重点布局种业研发公共服务平台、种业关键共性技术平台、检验检测综合服务平台、种质资源共享服务平台四大公共平台，入驻国家生物育种产业创新中心、神农种业实验室、中国农业科学院中原研究中心等省级以上创新平台53家，先正达（中国）、中农发种业、秋乐种业、技丰种业等国内知名育种企业，河南种业集团、隆平生物等国内种业龙头企业，初步形成以国家生物育种产业创新中心为龙头，以国家级、省级重点实验室为主体，以共性技术、检验检测等平台为支撑，以种业企业总部基地为基础的种业创新组织体系。据统计，截至2023年，中原农谷拥有自主知识产权和开发权的农作物品种有50多个，包括秋乐2122、郑麦101等10多个小麦品种，郑单958、秋乐218、秋乐368等20多个玉米品种，国审远杂9102、豫花9326等花生品种及大豆、棉花、油菜品种等。二是打造一流科技成果转化平台，促进种业、粮食、食品产业协同发展，培育壮大创新企业雁阵。集聚千味央厨、华兰生物、九多肉多、五得利面粉、鲁花集团、花溪科技等农业产业化龙头企业153家，农产品加工营业收入达到441亿元，预制菜产业规模以上工业企业营业收入突破100亿元，形成从"田间到餐桌"的全产业链。三是打造一流农业开放平台。加大对外科技合作力度，与荷兰瓦赫宁根大学、中国科学院遗传与发育生物学研究所等国内外知名科研机构合作，成立国家生物育种产业创新中心欧洲研发分中心暨神农种业实验室与荷兰瓦赫宁根大学作物育种联合实验室，联合开展科技攻关；建立河南大学农学院科研试验示范基地，加快河南省水产种质资源库、中国农科院郑果所国家特色果树种质资源圃、河南省畜禽遗传资源基因库及种质资源大数据平台建设，建设国内一流数字种质资源库。

## （三）立足筑巢引凤，会聚一流专家人才赋能中原农谷建设

一是建立高素质人才引育长效机制。对标上海、深圳等先进地区做法，

通过实施"顶尖人才突破行动"、"领军人才集聚行动"和"青年人才倍增行动"，引进和培养农业科技领域的顶尖人才、领军人才和青年人才。深化科研经费管理制度改革、"揭榜挂帅"制度等，赋予科研人员更大的自主权。深化人才职称评审制度改革，鼓励科研机构和高等院校科研人员在中原农谷从事科技创新或离岗创业，在规定年限内保留人事关系和基本工资，并享有参加职称评审、岗位等级晋升、社会保险等方面的权利。二是制定人才项目和平台的支持政策。通过搭建神农种业实验室、国家生物育种产业创新中心等科研平台，促进国内外一流高校、科研院所和企业合作，吸引高端人才。开辟人才引进绿色通道，采取一事一议的方式，并为领军人才和青年拔尖人才提供奖励补贴、科研经费、团队建设等方面的支持。三是优化人才服务体系。为人才提供优惠的落户、入学、医疗、住房等政策，建立"一站式"服务平台，提供高品质的公共服务和生活服务；鼓励优质教育集团开展跨区域合作办学，共建教育资源公共服务平台，实现教育信息的互联互通；支持高水平医疗机构在中原农谷布局发展，提供高质量的医疗服务，以确保人才"引得进、留得住、干得好"。截至2023年底，中原农谷已有10多名院士、39支专家团队、300多位高水平种业人才。

### （四）深化改革创新，着力打造良性循环的中原农谷生态圈

一是精心打造中原农谷核心区，推动"农科教""育繁推"资源向中原农谷集中布局。瞄准世界前沿，打造具有全球重要影响力的农业科技原始创新高地、科技新城、产业新城。其中，包括国家生物育种产业创新中心、中原研究中心、神农种业实验室、黄河实验室、平原实验室、中农发集团、牧原集团等众多科研单位、企业。核心区的主要任务是科技研发，包括种子、种苗、种畜，同时发挥河南小麦、水稻、花生、玉米、大豆等传统优势。二是深化体制机制改革。针对当前种业创新中存在的体制机制不灵活、创新动力不足、育种模式落后等问题，打造种业发展体制机制创新的"试验田"。如国家生物育种产业创新中心创新平台共享机制，按照"资源共享、不重复建设、填平补齐"的原则，整合小麦国家工程实验室、花生遗传改良国

家地方联合工程实验室等22个国家及省部级科研平台的科研设施，建立起涵盖生物育种全链条、以模块化、流程化为特征的专业技术平台，为入驻中原农谷的科研团队和省内外28家研发机构提供技术服务，改变了传统科研项目"小、散、全"的科研资源配置模式，有效避免了研究同质化。三是加大金融支持力度。提升中原农谷项目的金融服务水平，支持粮食安全重点领域的信贷投放，出台农作物种业专项信贷政策，拓宽金融服务渠道，通过"一产业一方案一授权"等信贷模式，为家庭农场、专业大户、精准扶贫户、一般农户等不同群体提供针对性、个性化融资支持。同时，加大对入驻中原农谷企业的支持力度，针对企业发展周期提供差异化、阶段化金融支持，如对于那些处于成长期的科创小微企业，通过分析纳税、专利等数据，提供小微易贷（科技模式）等线上贷款产品。针对扩张期的专精特新中小企业，提供科技信用贷款、知识产权质押贷款等产品；针对成熟期专精特新"小巨人"企业和单项冠军企业，提供上市贷款产品，助力企业迅速发展壮大，为中原农谷建设注入金融活水。

## 三 当前中原农谷建设存在的问题

作为现代农业科技创新高地，中原农谷在建设过程中取得了显著成效，但同时面临一些问题和挑战。

### （一）管理体制机制需要进一步完善

目前，中原农谷建设主要是按照省级主导、市级主责的原则，采取"管委会+公司"运行机制，有利于推动政企分开、政企合作，实现"政府+市场"的共治。但是作为市级政府，在其财政实力有限的情况下，且农业科技创新的资金持续性投入相较一般工业大，责任远大于权力，往往"心有余而力不足"；对于管委会来说，虽然承担着类似政府的职能，但不具备相应的行政审批、选人用人、财力支配等权力，同时其招商、建设和运营团队主要由政府机关工作人员组成，缺乏专业的运营能力和手段，各类政策、

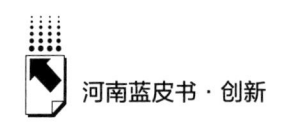

规划的落地实施面临既无人力也无财力的困境等，这些对中原农谷的进一步发展形成了一定的制约。

### （二）科技创新资源整合需要进一步加强

当前，虽然已引进了一批国内知名的科研机构和企业，搭建起各类资源集聚的平台，但是，基于不同创新主体的使命定位和创新动机各不相同，如何通过一定的激励约束机制，实现这些科研院所和企业之间的协同创新，提高创新的整体效能，仍是一个在实践中需要不断探索和解决的关键问题。

### （三）农业产业体系需要进一步优化

中原农谷的产业体系正在逐步完善，但如何进一步贯通研发、生产、加工、服务等环节，形成完整的现代化农业全产业链，提高农产品的附加值，是一个需要重点关注的问题。以种业为例，尽管河南是全国种业大省，有数千家种业公司，但是长期以来缺乏种业龙头企业，难以形成一定的规模效应，缺乏以龙头企业为核心的种业集群，造成种子繁育、加工、销售等种业上中下游衔接不够紧密、种业科技研发与产业结合不充分、一二三产业融合发展空间有限的问题。

### （四）科技人才管理体系需要进一步健全

人才是中原农谷建设和发展的关键支撑，虽然政府给予了大量的政策支持鼓励一流人才集聚中原农谷，但是如何吸引并留住人才，尤其是农业科技领域的领军人才及团队，使他们能够长期潜心服务于中原农谷建设还是一个挑战。此外，如何建立与人才贡献相匹配的评价和激励机制，在实际操作层面也是需要考虑的问题。

### （五）创新制度环境建设需要进一步深化

目前，中原农谷建设过程中还存在市场激励不足、资源配置效率不高、微观经济活力不足等问题,特别是激励创新的市场环境和社会氛围仍需进一步优化。对于农业改革领域的重大决策落实还没有形成政策合力,科技创新政策、产业政策、人才政策等的统筹衔接不畅,部分政策分散、重复、低效、协同性不够,甚至存在部门目标冲突,影响整体目标的实现和整体效能的提高。除此之外,包括财政、税收、土地等方面的优惠政策,以及这些政策的配套落实都需要进一步细化,以提高政策的可操作性和针对性。

## 四 加快中原农谷建设的总体思路

中原农谷是新时代河南省委、省政府站位全省发展大局做出的重大战略决策,应坚持高品质,实现全方位、全领域、全过程协调,聚"谷"成势,将中原农谷打造为"创新要素集聚、创新特征鲜明、创新活力迸发"的国际一流"农业硅谷"。

### (一)坚持高站位,打造全国种业科技创新高地

要面向国家战略目标,集聚国内外顶尖农业科技人才、国家大科学装置、高水平农业科研机构、跨国企业研发中心,建成"政产学研金服用"集成系统,集科研、生产、销售、科技成果转化于一体,覆盖研、育、繁、推等全产业链的知识技术创造高地、种业产业培育展示高地。未来,一批顶尖科学家和一流科研机构集聚中原农谷,一批龙头企业、独角兽企业异军突起引领全国,中原农谷逐步成为创新能力强、具有国际影响力的国家种业科技创新策源地和种业航母集群。

### (二)坚持高水平,打造农业科技成果转化新引擎

围绕立足农谷、面向全省、辐射全国的服务目标,通过"创新+承接+孵化+服务",构建全链贯通的转化服务体系,建立集展览展示、要素集聚、转化服务、产业孵化于一体的科技成果转化生态体系,构筑农业科技成果转

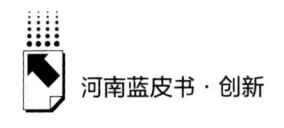

化首选地,打造科技成果转化的"农谷品牌""农谷范本""农谷模式",成为河南建设国家创新高地的重要支撑。

### (三)坚持高起点,打造全球粮食科技创新样板

充分利用河南综合交通枢纽优势、自贸区的区位优势和农业资源优势,构建全球协同创新网络,打造集国际贸易、科技创新、产业孵化、金融服务、知识产权、智慧城市等多重功能于一体的农业科技创新枢纽港,成为促进中国种业新品种、新技术"引进来""走出去"的前沿阵地。

### (四)坚持高标准,打造科技体制机制改革新标杆

以全球视野、国际标准,通过多种政策和制度上的创新,充分释放科技创新的活力和动力,率先构建符合农业科技创新规律、与国际惯例规则充分对接的制度体系,率先建成种业科技创新制度先行区,形成一批可复制可推广的制度成果,成为全国农业科技体制机制创新的新标杆。

## 五 推进中原农谷建设的对策建议

农业科技创新周期长,风险大,不确定因素多。建设中原农谷是一项复杂的、长期的、系统的工程,需要政府、企业、科研机构和社会各界的共同努力,久久为功、锲而不舍,共同写好"中原农谷"这篇大文章。

### (一)转变"两种思维"

思路决定出路。面对新一轮科技革命和产业变革的深入推进,首先要在思想上解放出来。一是从"产—学—研"到"研—学—产"。在新时代背景下,科技创新带来产业发展逻辑的深刻改变,应充分认识到当代新兴产业发展新规律和现代农业发展新特征,坚持市场导向,把科技研发作为起点,从"研"出发,更加注重创新,使研发成为产业、技术成为商品,即通过集聚国内外农业科技创新资源和组织前瞻技术研发,为河南农业转型升级和现代

农业高质量发展提供技术支撑。二是从"产—人—城"到"城—人—产"。要改变传统的用低廉的土地和人工成本吸引产业，进而积累财富实现城市发展的"产—人—城"模式。将其转变为更符合现代产业创新规律，集聚科技人才，进而发展产业的"城—人—产"新模式。统筹推进中原农谷建设、城市转型与科研院所发展，把中原农谷打造成一个对人才有吸引力的地方，实现"谷城院"一体融合，产业、城市与人才良性互动。

### （二）补齐"三个短板"

一是补齐管理体制短板。要进一步理顺中原农谷管理体制，明确"管委会+公司"模式下各机构的职责职能边界，明确管委会职责，使其聚焦于核心职能，抓好中原农谷高质量发展主线，聚焦产业规划、政策支持、平台搭建、良好营商环境建设等"服务职能"。要持续加强制度创新，探索建设"中原农谷科创特区"，在规划、土地、投资、建设等方面赋予中原农谷更多自主权。二是补齐管理人才短板。随着科技的发展、新兴产业的不断涌现，中原农谷是要以人为核心，培养具有全球视野和国际水平的战略科技人才、智库人才、管理人才以及创新团队，培养懂科技、懂产业、懂资本、懂市场、懂管理的复合型现代农业产业组织人才，通过人才的链接，推动技术成果、项目、企业、资本等创新资源汇入中原农谷。三是补齐政策实施短板。要进一步建立多方协同体系以及常态化政策扶持机制，强化各类规划的实施保障，加强中原农谷统计能力，建立与国际接轨的科技创新指标体系。特别是，加快培育种业专精特新企业，在技术服务、专题培训等方面给予重点扶持；给予专门的校园、社会招聘渠道及人才培训优惠；提升企业在金融市场的吸引力，后期在企业技改项目、培育项目资助申请上给予适当的政策倾斜；支持企业挂牌上市等。

### （三）做到"四个聚焦"

一是聚焦"创新"，推动创新活动同经济对接、创新成果同产业对接、创新项目同现实生产力对接，探索现代化种业协同创新模式，构建现代种业创新体系。包括通过梳理产业链上下游对接资源、供应商、客户、合作伙伴等，促进创新项目协同发展；通过体制机制创新，明确政府、高校、科研院所、企业各方的责任，促进科研人才与国家战略导向、科研考核与市场需求相吻合，促使各创新主体明确分工、加强协同。二是聚焦"融合"，充分利用中原农谷创新要素集聚的优势，一体部署创新链、产业链、人才链，以一个品种撑起一个产业，通过招引一批具有核心研发能力、产业带动力、国际竞争力的头部企业落户中原农谷，打造以供应链头部企业为产业集群"超链接"枢纽、带动产业链上下游的新的产业集聚模式，靶向招引、扩面成群、积厚成势，打造千亿级种业、粮食产业集群。三是聚焦"智慧"，建设智慧农谷"产业大脑"，融合发展"生物技术（BT）+现代信息技术（IT）+人工智能（AI）"高效智能农业生物技术体系，以数字技术引领现代农业发展。四是聚焦"绿色"，依托高标准农田建设，从资源优化利用、循环经济、可持续发展角度重点推动生物技术、装备技术、数字技术以及绿色技术的研发应用，强化种养全环节绿色技术的研发和推广，引导绿色、优质、安全、特色农业发展。

## （四）讲好"农谷故事"

一流的创新生态离不开良好的品牌形象塑造。一是构筑中原农谷的"科技范""国际范"传播矩阵，借助主流媒体的力量，通过权威发声拓展品牌传播的深度，善于借助外力和外脑，提升中原农谷的国内外知名度和影响力，让农业潮起来，做温暖、年轻、前沿的科技品牌。二是弘扬中原农谷精神，面向"政产学研金服用"中的每个环节做好传播工作，加强典型案例的储备，深度挖掘企业创新故事，增强传播的生动性、故事化，在融合互动中共促产业品牌联动，打造"中原农谷"品牌。三是围绕中原农谷主导产业及前沿领域，推出一系列科普沙龙活动，邀请行业大咖，提升中原农谷科创品牌传播力、影响力，进一步擦亮中原农谷科技创新的名片。

## 参考文献

《河南省人民政府关于印发"中原农谷"建设方案的通知》，《河南省人民政府公报》2022年第11期。

《王凯在调研指导中原农谷建设时强调打造国家现代农业科技创新高地为河南建设农业强省提供坚实支撑》，《河南省人民政府公报》2022年第16期。

《河南省人民政府关于加快建设"中原农谷"种业基地的意见》，《河南省人民政府公报》2023年第1期。

宗斌：《平原示范区绘就"南有航空港、北有中原农谷"蓝图》，《新乡日报》2023年2月24日。

《河南省中原农谷发展促进条例》，《河南日报》2024年6月7日。

赵改荣、职福利：《在中原农谷遇见"变革"之美》，《新乡日报》2024年8月5日。

# B.17
# 中原食品实验室高质量发展的创新实践与对策建议

姚 晨*

**摘　要：** 习近平总书记指出："抓创新就是抓发展，谋创新就是谋未来。"近年来，河南围绕建设国家创新高地，坚定不移地走好创新驱动高质量发展"华山一条道"，不断以创新之力催生稳增长的支撑点、调结构的突破点、新动能的增长点。作为漯河市委、市政府的"一号创新工程"，中原食品实验室揭牌两年多来，引进院士12名、突破关键技术16项、发布创新成果36项、推动产学研合作项目257项、集聚食品行业人才近12万人，为推动全省食品产业发展发挥重要作用。中原食品实验室的创新实践是河南整合重组实验室体系的缩影，折射出一个大省"渴望创新、呼唤创新、尊重创新、依赖创新"的发展轨迹。

**关键词：** 中原食品实验室　食品产业　创新驱动

　　科技创新是我国发展的新引擎，开辟发展新领域新赛道、塑造发展新动能新优势，离不开科技创新。河南省中原食品实验室作为漯河市委、市政府举全市之力打造的"一号创新工程"，自2022年成立以来，保持高标准运行，并取得明显成效。在组织建构方面，围绕中原食品实验室搭建了"1个中心实验室+6个研究基地+N家成果转化基地"的总体架构，并启动建设了集研发、孵化、中试等于一体的河南食品科创园。在运行机制方面，中原食

---

\* 姚晨，博士，河南省社会科学院助理研究员，研究方向为产业创新、创新发展。

品实验室采用"企业下单、科学家接单"的模式，先后与23家企业共建协同创新中心、与28家企业签订技术合作协议，为企业解决技术"痛点"。在创新人才集聚方面，柔性引进12名院士和13个团队，其中全职团队有11个，汇聚了高校和科研院所的核心科研力量，形成了院士领跑、博士集聚的"雁阵格局"。中原食品实验室的建设不仅提高了漯河市区域创新体系整体效能，也为河南创新引领食品产业转型升级和加快形成新质生产力注入强劲动能。

# 一 建设中原食品实验室的重要意义

## （一）提升河南现代食品产业竞争力的重要支撑

伴随新兴消费群体消费需求的快速变化，现代食品产业进入创新发展阶段，产品创新与技术迭代成为提升产业竞争力的核心要素。现代食品产业作为河南"7+28+N"产业链群建设的重要组成部分，是河南最具发展潜力和发展优势的战略支撑产业之一。河南要想保持现代食品产业的优势地位和竞争力，就必须以产品创新为核心，以科技创新带动食品产业转型升级。为此，作为中国首个"中国食品名城"，漯河市积极推动科技创新赋能食品产业提档升级，通过建设中原食品实验室，充分利用现有研发技术、人才资源、平台优势，围绕精准营养科学的探索、健康食品的创新开发与研制等六大核心方向，加大休闲食品、方便食品、新兴食品、速冻食品的产品创新力度，着力打造现代食品高能级创新平台，助力全省现代食品产业提质增效，进一步提升河南现代食品产业竞争力。

## （二）推动漯河市高质量发展的新动能

高质量发展是全面建设社会主义现代化国家的首要任务，而创新是引领高质量发展的第一动力。近年来，漯河市践行"大食物观"，大力建设中原食品实验室，坚持"创新引领未来"，以创新激发城市动力、推动产业升级、创造引领需求，加快培育新质生产力，推动漯河市高质量发展。作为漯河市的"一号创新工程"，中原食品实验室通过搭建"1个中心实验室+6个研究基地+N家成果转化基地"的组织架构，打造了"实验室+研究院+孵化器+中试基地+产业基金+产业园区"的全链条科研转化体系，打通从实验室到企业和市场的"最后一公里"，加速了食品产业科技成果转化，推动"科研之花"结出更多"产业之果"。同时，中原食品实验室通过与漯河市食品企业联合研发，成为漯河市食品加工产业集群的"创新大脑"。漯河市通过前瞻布局，开辟了新领域、新赛道，不断为食品产业发展注入创新活力，推动漯河市高质量发展。

### （三）漯河市构建"顶天立地"创新体系的重要抓手

构建"顶天立地"的创新体系是创新驱动发展战略的重要组成部分，建设高能级的创新平台是构建"顶天立地"创新体系的重要抓手。高能级的创新平台一方面能融入国家科技发展战略，通过整合优质创新资源、集聚高层次人才、凝练高质量课题，解决产业发展的"痛点""难点"；另一方面立足发展实际，打通科技创新与企业、市场的合作渠道，提高科技成果转化效率，协同推动科技创新和产业迭代升级。中原食品实验室作为河南高能级创新平台，推行"省外+省内"双首席科学家机制，省外首席科学家紧盯行业前沿，引领团队攀登科研高峰；省内科学家对接企业，带领团队全力攻克关键技术，利用高层次人才集聚效应赋能食品行业优化升级。同时，聚焦现代食品领域的重大科技需求，立足当地资源优势，运用现代生物技术，把"药食同源"理念融入产品创新过程，加强食品领域技术协同攻关，不断延伸产业链、提升品牌价值，有效推动现代食品领域创新质效提升，成为漯河市构建"顶天立地"创新体系的重要抓手。

## 二 中原食品实验室建设的经验做法

当今世界正经历百年未有之大变局，创新作为其中一个关键变量，呈现爆发性、颠覆性、融合性、竞争性的新特征。科技创新平台，尤其是高能级的科技创新平台，是落实创新驱动高质量发展的重要载体，是构建创新体系的核心力量，是区域抢夺创新资源的关键"利器"，对产业变革和区域创新发展发挥重要作用。中原食品实验室作为漯河市"一号创新工程"，是促进漯河市食品产业发展的重要创新平台，通过围绕现代食品产业，努力构建完整的科技创新体系、产业创新体系、人才创新体系，持续打造一流创新生态，为漯河市乃至河南创新引领食品产业转型升级和加快形成新质生产力提供不竭动力。成立两年以来，中原食品实验室吸纳12名院士、24支高层次人才科研团队，为双汇、伊利等280多家企业提供技术服务380多次。归纳其经验做法有以下几点。

## （一）从"谋势"到"乘势"，始终贯彻创新驱动发展战略

漯河市积极贯彻习近平总书记关于科技创新的重要论述，坚持以创新之城驱动现代化食品名城建设，举全市之力集中打造由省辖市主导建设、"挂牌即运营"的省级实验室，从创新理念、创新战略到创新行动，构建起"人才会聚+基础研究+技术攻关+成果转化+产业孵化"的"五位一体"科技创新体系，在人才引进、科研攻关、开放合作、成果转化、辐射带动等方面取得丰硕成果，实现了创新发展争先进位、提档加速、全面起势。在技术创新方面，目前，中原食品实验室分别与三剑客、小帅才等9家企业签订技术合作协议，与双汇、中大恒源等23家企业共建协同创新中心，累计开展课题研究124项，已突破16项关键技术，发布创新成果36项。在企业经营模式创新方面，漯河市以数字技术为引领，创新食品加工企业经营模式。通过打造食品云平台，赋能食品产业数字化转型，鼓励企业发展食品网络经济，壮大电商平台，通过应用大数据、人工智能等先进技术对食品的产、供、销流程进行升级改造，构建高效率、智能化的经营模式。中原食品实验室的成功探索与实践，顺应了新一轮科技革命和产业变革大势，主动响应和践行了创新驱动的国家战略部署，"抓住了创新，就抓住了牵动经济社会发展全局的'牛鼻子'"。

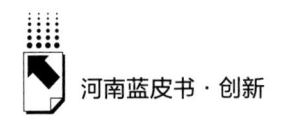

### (二)从"有名"到"有实",始终聚焦食品产业转型升级的重大科技需求

食品产业是漯河市的支柱产业,产业规模突破2000亿元,占全省的1/5、全国的1/50,是国家食品产业集群的重要支撑。中原食品实验室作为漯河市食品产业体系的重要创新平台,始终聚焦国家食品重大战略科技需求,高起点、高标准、高水平规划建设,全方位推动河南现代食品产业转型升级。在集聚一流创新团队方面,中原食品实验室集聚了由12名院士和29名国家杰出青年科学基金获得者领衔的24支科创团队,汇聚省内6所高校、省外9所高校和科研院所的"最强大脑"。在凝练一流创新课题方面,漯河市围绕药食同源、食品功能组分解析、精准营养研究与健康食品创制等六大方向部署战略性技术研发项目,先后攻克添加特殊益生菌的"快乐酸奶"、高端功能性甜味剂"阿洛酮糖"等16项"卡脖子"难题,引领世界食品产业发展。同时,中原食品实验室注重创新"接地气",与企业签署对赌协议,收集整理首席科学家有代表性的科技成果232项,从漯河市精挑细选50家优质企业,将其作为科技成果转移转化核心承载区,鼓励科学家将科研成果直接服务于企业,带动食品产业链上中下游、大中小企业融通创新。中原食品实验室正是通过攻克"卡脖子"技术,锻造"撒手锏"技术,从而助力漯河市食品产业发展壮大,推动河南现代食品产业转型升级。

### (三)从"集聚"到"集群",始终发挥中原食品实验室的扩散效应、倍增效应和溢出效应

习近平总书记强调,要围绕产业链部署创新链、围绕创新链布局产业链,推动经济高质量发展。中原食品实验室依托完备的食品全产业链,强化协同创新,贯通产学研用,充分发挥"院士领跑、博士跟跑"的知识扩散效应,"企业家出题、科学家答题"的价值倍增效应,"大企带小企、龙头带周边"的创新溢出效应。全国食品行业两院院士共15名,中原食品实验室就吸引了12名,引进、考察博士以上高层次人才1800余名,新增高技能

人才 28000 余名。在院士团队的带领下,中原食品实验室已与省内外 10 家食品龙头企业签订基地建设协议,与 32 家企业签订 63 个科研攻关项目合作协议。同时,中原食品实验室营养健康分中心落户中国农业大学,与清华大学共建乡村振兴工作站,与北京大学共育"沃土计划"、与中国社会科学院共搭农经协作网络,实现北京、漯河两个科研阵地的紧密联结。中原食品实验室正是通过与国内外一流人才、一流高校、科研院所、龙头企业的协同合作,有效贯通原始创新、集成创新、开放创新,打通了从人才强、科技强,到产业强、经济强的转化通道,让绚烂的"科技之花"结出了更多的"产业之果"。

(四)从"示范"到"引领",努力打造"一流人才"助推的"一流创新生态"

当今世界的竞争说到底是人才的竞争。中原食品实验室在成立之初就围绕构筑"人才高地"的目标,加强人才引、育、留、用,以"一流人才"助推打造"一流创新生态",服务精准度、政策含金量、人才吸引力处于全省第一方阵,为全省重塑实验室体系、建设国家创新高地和重要人才中心积累经验。在引才路径上,中原食品实验室更加注重做强做优食品产业链,精准引育与产业高度匹配的各类人才。例如,开展食品产业人才紧缺指数调研,重点摸排重点企业的人才需求,编制紧缺人才专业目录,建立人才需求、项目、资源和政策"四张清单"。创新"招商推介时人才宣传同步跟进、项目洽谈时人才招引同步对接、项目审定时人才部门同步参与、项目落地时人才政策同步兑现""四同步"工作法,做到人才工作与产业发展精准对接。在育才载体上,更加注重"政府—企业—高校(科研院所)"深度融合。依托全市 4 所高校、11 所中职学校、1 所技工学校,实施订单培养、工学交替、校企融合等多样化培养模式,先后与双汇、三全等 120 家省内外知名食品企业合作,年均定向培养技能人才 3000 余名,形成了由政府、企业与高校(科研院所)组成的稳定的"三角螺旋结构"。在留才生态上,更加注重营造良好的创新环境。在全省首推人才高层次编制服务、子女入学、

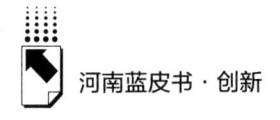

资金支持、薪酬模式、住房保障、医疗保健"六可选"模式。实行领导干部联系专家人才制度，上线运营"人才政策计算器"，推行人才奖励补贴、职称评审等19项人才服务事项一站式受理、限时办结，真正把服务做到人才心坎上。中原食品实验室的成功实践再一次证明，创新生态是创新活动赖以存续的"阳光"、"空气"和"水分"，哪里的"阳光足、空气好、水分饱"，人才、技术、资本、信息就更愿意留在哪里，哪里的创新氛围更浓厚、潜力更大、发展更主动，哪里就更容易形成创新竞争的"马太效应"。

## 三 推动中原食品实验室高质量发展的对策建议

现阶段，河南正处于以科技创新为引领加快新旧动能转换、全面迈上高质量发展轨道的决胜期，是决定河南能否在构建新发展格局中赢得战略主动的关键窗口期。因此，如何把科技创新这个"关键变量"转化为产业高质量发展的"最大增量"，是一个重大而又亟待解决的现实问题。中原食品实验室作为河南食品产业科技创新的重要平台和现代食品产业体系转型升级的重要力量，通过集聚高端创新主体、人才资源、技术资源、资金、信息，形成知识扩散、价值倍增、创新溢出的集群效应。未来中原食品实验室应继续增强服务区域食品产业科技创新和服务国家战略科技力量建设的责任感，下定决心，坚定不移走好创新驱动现代食品产业转型升级之路，助推河南现代食品产业向高质量发展迈进。

### （一）强化创新体系顶层设计，建成品类完整的实验室体系

党的二十届三中全会指出，"坚持以制度建设为主线，加强顶层设计、总体谋划"。未来中原食品实验室创新体系建设的顶层设计应体现以下三个基本原则，即主体原则、系统原则和比较优势原则，通过建设现代食品科学创新数据中心、食品产业创新资源库等，建成品类完整的实验室体系。一是同时发挥实验室创新平台的引领作用和领军企业的创新主体作用。由中原食品实验室集中力量进行基础研究、攻关食品产业重大课题，同时，增强领军

企业的活力，鼓励企业参与产业核心技术的创新，进而形成突破核心技术和提升企业技术创新能力的强大合力。二是围绕现代食品产业，系统加强实验室"从0到1"的基础研究。通过制订食品实验室重点研发计划，部署重大科技基础设施建设，探索解决面向食品产业科技前沿的原创性科学问题，建立颠覆性技术创新的支持和容错机制，系统打造有利于技术创新的政策环境。三是发挥比较优势，坚持化点为珠、串珠成链，完善学科领域布局。继续实行"链长+专班""图谱+清单""链主+盟会""政府+市场"工作机制，推动休闲食品、冷链食品、预制菜、酒饮品等重点产业领域建设全面起势。

### （二）加强创新资源统筹协调，推动科技创新与产业创新融合发展

完善科技创新体系，统筹创新资源，推动科技创新与产业创新融合发展。未来中原食品实验室应继续发挥创新平台的引领作用，促进科技与产业的创新链条有序衔接、相互融合。一是利用中原食品实验室创新平台优势，加强创新资源统筹。依托实验室的创新要素集聚优势，整合科技创新主体和创新要素，在产业发展重大需求和战略必争领域形成竞争优势，提升产业创新体系整体效能。二是提高中原食品实验室关键性技术和通用性技术的供给质量。应积极推动现代食品产业发展模式的转变，改变关键性技术、通用性技术的来源和供给方式，提高研发规模与研发效率，降低社会研发成本。三是促进实验室科技成果转化应用，完善科技成果转化全链条。大力发展实验室专业技术服务、技术推广、技术咨询、技术孵化等技术配套服务，建立技术转移中心、技术成果转化中心等，实现科技创新与产业发展的精准对接。

### （三）建立创新人才支持体系，助力实验室打造创新人才中心

人才是创新的第一资源，创新驱动本质上是人才驱动。未来中原食品实验室应系统建立创新人才支持体系，着力打造创新人才中心。一是精准绘制人才需求图谱，形成按图索骥、点上突破的引才格局。实验室应紧盯食品产

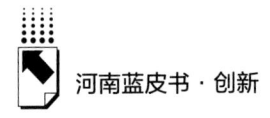

业发展需求，绘制产业升级人才图谱，精准招聘所需人才，提高人才引进的精准度，实现"点上"突破。二是创新人才管理体制机制，建立快速成长、持久稳定的育才通道。以"实干、实力、实绩"为核心，继续深化人才评价和职称评定改革，对引进的高层次、急需紧缺、特殊技（才）艺等人才，单独设置职称评定条件和程序。三是优化共赢共享政策环境，营造自由宽松、适度发展的留才高地。应重点在经费投入、成果转化、技术入股、联合开发、有偿技术服务等方面出新招、实招、硬招，构建政府、企业和人才共赢机制，以良好的待遇和优惠的政策留住人才。同时，全方位出台人才引留政策，特别在住房补助、子女入学、薪酬模式、就医保障、人事编制、基金支持等方面给人才留下足够的选择空间。

### （四）构建一流创新生态，提升实验室创新体系整体效能

党的二十大报告指出，完善科技创新体系，培育创新文化，营造创新氛围，形成具有全球竞争力的开放创新生态。未来中原食品实验室应围绕现代食品产业发展，从战略策略、要素配置、力量组合、区域协同等多个方面系统布局实验室功能，构建一流创新生态体系，综合提升实验室创新体系整体效能。一是促进科技创新交流与合作，加强一流科研队伍建设。利用柔性引进高层次人才和团队等政策，汇聚食品行业核心科研力量，重点突破行业"卡脖子"难题，形成具有全球竞争力的一流创新人才队伍。二是加强协同联动，推动创新链、产业链、资金链、人才链深度融合，加强区域间交流与合作，促进创新要素集聚水平的整体提升，营造协同创新的一流创新氛围。三是强化纵向联动、横向协同，推动创新主体间高效协同及政策衔接。强化中原食品实验室科技创新中心的牵引带动作用，发挥食品创新企业的创新主体作用，建立共建、共享、共治的科研诚信体系，强化全社会知识产权保护意识和法律思维，形成一流的创新制度环境。

## 参考文献

《2023年河南省国民经济和社会发展统计公报》，河南省人民政府网站，2024年3月30日，https://www.henan.gov.cn/2024/03-30/2967853.html。

李晓冰、张祝平：《河南打造一流创新生态的主要制约因素与路径突破》，《黄河科技学院学报》2024年第1期。

卢松：《漯河全力开辟食品名城新赛道》，《河南日报》2023年9月7日。

任晓刚：《提升国家创新体系整体效能》，《人民日报》2024年5月21日。

# B.18
# 河南省科协服务创新发展的亮点、不足与对策建议

刘建军*

**摘 要：** 科协组织承担服务科技工作者、推动学会发展、组织科学普及活动、协助开展高层次人才引育活动、建设科技智库等职责。近年来，河南省科协主动担当作为，丰富载体抓手，主动对接国家战略科技力量、引育科技创新人才、服务区域产业发展、建强科普阵地等，切实发挥了其作为推动科技创新重要力量和科学普及主要社会力量的作用。

**关键词：** 科技社团 科技创新 大科普格局

近年来，河南省科协紧紧围绕习近平总书记在2016年5月中央"科技三会"上对科协提出的"四个服务"职责定位和"科技创新、科学普及是实现创新发展的两翼"理论，并组织动员全省科协系统协同发力，团结引领全省广大科技工作者以科技自立自强为使命，有力助推河南省国家创新高地和重要人才中心建设。

## 一 河南省科协服务创新发展的工作亮点

依据角色职责定位，按照省委"创新驱动、科教兴省、人才强省"战

---

\* 刘建军，博士，中共河南省委政策研究室文化社会处副处长，研究方向为政府经济学、政治社会学。

略部署和中国科协"三国一家"（"科创中国""科普中国""智汇中国"平台和"科技工作者之家"）建设要求，河南省科协积极发挥桥梁纽带作用，搭建平台载体，有效发挥其职能作用。

（一）作为党领导下的人民团体，加强联系组织、团结引领，为科技工作者服务

作为人民团体、人民政协和爱国统一战线的组成部分，科协组织是党委政府联系科技工作者的桥梁和纽带，加强联系组织、团结引领是首要职责。

一是加强思想组织引领，着力提升学会管理水平。各级科协组织享有法律法规赋予的政治权利、代表范围广泛、社会影响力大、参政议政能力强，必须加强政治建设。加强河南省科协党校思想教育，举办科学家精神展、河南省科技社团党建论坛，评选发布"最美科技工作者"，推动143家省级学会党委抓好党的创新理论宣传阐释，严明党的政治纪律和政治规矩，弘扬科技伦理、科学道德，初步形成以党建带会建、以会建促党建融合发展格局，引领广大科技工作者坚定不移听党话、跟党走，夯实党在科技界的执政基础。

二是推动学会加强内部治理和规范化建设。树立依法办会理念，完善学会工作指南，加强行业自律。开展全省一流学会建设试点工作，与"十优十佳学会"评选活动，着力优化学会布局，指导学会顺利换届。

三是加强科技工作者联谊。发挥人才服务载体作用，持续举办青年科技人才国情研修班、河南省青年科学家论坛、"科创中原"青百会，搭建产学研各领域人才交流合作平台，营造联合创新生态。推荐院士后备人才，帮助其与省内外院士建立更加紧密的合作关系，举办院士沙龙系列活动，促进学科交叉融合。在开展学术交流、增进友谊的同时，丰富了科技群体的精神文化生活。

（二）作为国家创新体系的重要组成部分，瞄准科技创新重要力量的定位，主动为创新驱动发展服务

一是对接国家战略科技力量。依托2018年11月成立的中国工程科技发

展战略河南研究院，组织省内外院士围绕河南省战略需求和产业发展实际，开展前沿性、针对性、储备性重大战略咨询研究，突破了一批制约河南省产业转型升级和经济社会发展的重大工程科技问题。2022年6月、8月，河南省科协承办了世界传感器大会、中国超硬材料产业发展大会等一系列重要科技活动。2023年6~7月，邀请省内外院士28人分别在郑州、鹤壁、洛阳、新乡等4地举办"院士中原科技行"和"聚焦中原—院士座谈会"系列活动。2024年5月，积极申请承办中国科协2024年高层次人才国情考察活动，并举行3场对接交流座谈会。实施"全国学会入豫计划"，相继成立中国机械工程学会金刚石制品及装备分会、中国生物物理学会肥胖症研究分会，柔性引进一批紧缺、高端人才。

二是推动科技创新人才培养。坚持人才为本，完善青年科技人才成长全链条支持机制，助力科技工作者成长成才。开展青少年科技创新大赛、青少年科学素质竞赛、实施中学生"英才计划"、中学生五项学科竞赛等，着力培育覆盖广泛的科技后备人才。联动开展"青年人才托举工程""青年科技拔尖人才""河南省青年科技奖""河南省科学技术奖"等人才遴选、支持、奖励工作，引导全省学会积极吸纳优秀青年人才进入学会领导机构，着力培育青年科技人才，形成高层次人才后备力量。实施卓越工程师培养工程，引导企业与全省学会、高校、科研院所开展人才共育，着力培育高端科技人才。健全院士、"国家工程师奖"后备人选遴选、培育支持、奖励举荐机制等，积极发挥科协推荐渠道作用，推荐优秀专家和学科带头人到全国学会、海外知名学术组织任职，参与高端学术交流和重大科研活动，会同制定院士增选"一人一策"，制定实施助力高端人才培育"十条具体举措"，推动建设国家重要人才中心。2023年河南院士增选实现从多年一人到一年多人的重大突破，2名个人和2个团队荣获"国家工程师奖"，数量居全国前列。

三是构建科技创新服务平台。发挥学术引领创新作用，实施"一流学术平台建设提升计划"，搭建一系列高端论坛等学术交流平台，截至2023年上半年，已举办近50期"科创中原论坛"，100多位两院院士及国际知名学者出席活动。建设区域创新协作网络,2023年河南省建立近20家"科创中国"创新基地、"科创中原"创新基地、学会专家工作站及60家"科创中原"协同创新服务平台,促进学科集成创新和科技资源共享。加强与科技发达国家、共建"一带一路"国家科技组织交流合作。开展民间科技交流合作,实施"海智计划",组织"海智专家中原行"活动,举办海峡两岸暨港澳物流业大会、海峡两岸暨港澳中医药科技创新大会等,把海外科技人才、创新资源引入河南省。

### (三)践行"一体两翼"理论,强化科学普及主力军作用,为提高全民科学素质服务

科学普及是科技创新的基石,稳步均衡提高全民科学素质是涵养创新的源泉。为此,河南省科协积极发挥省全民科学素质工作领导小组办公室的作用,推动顶层设计,加强示范引领,搭建共享平台。

一是加快构建大科普格局。河南省出台《河南省支持加强科学普及提升全民科学素质的若干政策措施》与《关于促进公民科学素质持续均衡提升的意见》,加快构建大科普格局,指导市县科协进行科普资源筹集开发、科普阵地与科普队伍建设,并建立共享机制,着力破解河南区域、城乡和重点人群科学素质发展不均衡的问题。2023年,河南省公民具备科学素质比例为13.21%,比上年提高1.21个百分点,是自2001年发布调查结果以来的最大增幅。

二是着力把各级科技馆建成科普核心阵地。构建以省科技馆为龙头引领、市县科技馆为骨干支撑的实体科技馆体系,以流动科技馆、科普大篷车、数字科技馆、农村中学科技馆等为延伸补充的现代科技馆体系,使科普服务网络基本覆盖乡村地区。锚定"国际一流、国内领先"的建馆目标,全力推进省科技馆新馆建设运行。2023~2024年省科技馆新馆接待访客400多万人次,日接待量、总接待量均位居全国第三。

三是以科普赋能乡村振兴。深入开展科技志愿服务,探索科技志愿服务助力乡村振兴的"兰考模式",为农村地区提供急需的科技培训、科普讲

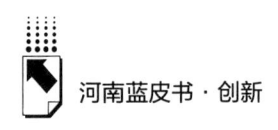

座、产业指导等科技服务。推动各级科技学会派人为县域提供产业咨询、科技指导等服务。全省108个"科技小院"常态化开展农业技术推广等志愿服务活动。

四是延伸服务对象。把省科协层面对口援疆提升为全省科协系统援疆，河南省多次召开豫哈科协系统对口援建工作推进会，推动智力共享、企业合作、科普平台共建、人员交流合作，首批组织111名新疆孩子来豫参加科技夏令营活动，在全国形成广泛影响。

### （四）作为联系高端科技人才的纽带，开展智库建设和建言献策，为党和政府科学决策服务

一是打造高端科技智库平台。打造"河南科技智库—智库研究基地—调查站点"三级体系，提升智库基地建设管理水平，动态优化河南省科技智库核心专家团队，提高科技智库建设水平。中国工程科技发展战略河南研究院围绕河南省战略需求和产业发展实际，仅2023年就组织开展13项战略咨询研究，是中部地区主持参与院士最多的工程科技类智库。

二是举办一系列高端论坛。围绕河南省重点产业发展情况和区域科技创新能力，持续举办科创中原论坛，申请承办中国科协高端学术交流活动，从院士专家学术报告的意见建议中，整理提炼形成高质量决策建议报送省委、省政府领导参阅。

三是积极发挥政协界别作用。凝聚科协界别委员和科技工作者智慧，围绕全省创新发展大局开展调查，认真反映科技管理、创新转化和科技工作者状况、意见诉求，提出多项提案，并以高质量完成提案办理任务为抓手，提升参政议政、建言献策水平，使科技创新相关问题得到有效解决。

### （五）助推科技成果转移转化，主动搭建载体平台，服务区域经济发展

牵头24家职能部门和高校科创力量，起草并推动省委、省政府以"两办"名义印发《"科创中原"三年行动计划（2023—2025年）》，明确河南

省科协的牵头地位。启动"科创中原"试点城市建设。这些从顶层设计层面为各级科协推动科技成果转化、推进科技与经济深度融合提供了工作遵循。

一是赋能壮大优势产业。把推进"会市合作"作为落实"省会合作"的重要载体，围绕地方主导产业发展需求，实施"会市合作"专项。以基层科协组织建设为纽带，健全协同创新服务平台体系，围绕河南省制造业重点产业链加大组建"科创中原"协同创新联合体、"科创中原"科技服务团等创新组织力度，省机械工程学会、省纺织工程学会分别牵头组建"科创中原"超硬材料创新联合体、"科创中原"纺织服装创新联合体，协同开展高水平科技攻关，促进创新资源整合、产业链上下游融通创新。全省举办20多场"一市一品"产业技术发展大会和"会市合作"暨优势产业科技赋能大会，仅2023年就达成产业合作项目100多项。

二是推动企业技术创新。在落实"万人助万企"部署中创新性组织开展"百会链千企"助力企业创新科技志愿服务活动，搭建学会服务产业创新发展平台，组织省级科技学会和省辖市科协成立区域（产业）服务团、专业服务团等，开展科技助企活动，联动开展河南省创新方法大赛、"创新达人"选树及宣讲活动，促进创新方法在企业生产实践中应用推广，助力企业科技创新能力提升。

三是助力科技人才创业。依托"科创中国"平台资源和服务功能，整合"科创中国·河南中心"这一供需对接的技术服务和交易平台。聚焦全省重点产业科技需求，健全技术需求"问题库"、科技成果"项目库"、科技人才"专家库"，培养技术经理人队伍，以线上共享促线下交易，提高技术转移转化对接实效，打破科技与经济融合壁垒。加大科技人才创业金融支持力度，启动"科创中原"金融伙伴计划，与中原银行签署战略合作协议，实现地方科协与金融机构合作推进金融与科技人才双向赋能。创建国家海外人才离岸创新创业基地，吸引海外科技创新领军人才来豫开展交流合作和创新创业。

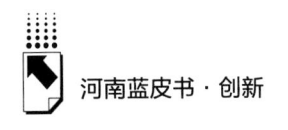

## 二 河南省科协服务创新发展的不足之处

近年来,河南省科协主动担当作为,丰富载体抓手,切实发挥了其作为推动科技创新重要力量和科学普及主要社会力量的作用。然而,面对党的要求、群众的期盼,河南省科协工作还存在一些短板弱项。

### (一)"三型"科技服务组织建设需要强有力的工作抓手

目前,河南省科协主动作为,围绕创新发展、科学普及搭设了很多载体平台,涉及科协组织建设、科协干部队伍素质提升、加强自身管理、高层次人才引育、科技成果转化平台建设、科技人才创业支持、智库建设、科普阵地建设、资源统筹到创新文化培养等众多工作领域,而科协自身资源有限、能力有限,如何找到工作支点调动学会组织和其他省直部门的积极性,确保各项载体抓手高效落地落实,尤其是在打造开放型、枢纽型、平台型科技服务组织方面发挥纽带作用和"四两拨千斤"的杠杆效应,而不是亲自上阵,更不是偏离主业主责,这个问题值得深入研究。

### (二)未能有效统筹主管学会与基层科协

科技工作者是科技创新的主体,"团结引领广大科技工作者"是科协的任务,但河南省科协作为科技工作者的群众组织,对全省学会、基层科协人才资源的整合还缺少行之有效的机制保障,对会员的管理能力显著弱于会员人事关系所在单位。企业科协、高校科协、医疗卫生机构科协和科研院所科协等基层科协活动开展、作用发挥不平衡。对团体会员管理难度较大。这些都导致智力密集、联系广泛的科协组织在科技创新策源上功能较弱。学会缺乏集中的日常办公场所和专家工作站,这在一定程度上限制了学会高质量建设。

## （三）科技智库服务党和政府决策的作用未充分发挥

由于河南省科协主要作为会员活动交流的平台、科技工作者的群众组织，其对学会会员的凝聚力不够强，不少会员更倾向于从人事关系所在单位申报智库课题。一是省级层面缺乏选题统筹机制。这造成不少课题重复立项研究，一些科研人员拿着同一份研究成果重复申报以获取资金支持。二是科技评价体系不健全。虽然河南省科协强化过程管理，建立了依结项评价等次后补助支持方式和中期项目评估机制，促使研究人员在获得立项资助后不敢松懈、认真提高研究质量，但课题质量鉴定仍多流于形式，缺乏创新性及相应的创新程度认定机制。三是研究质量有待提高。突出表现在进入省委、省政府决策层面的成果还不够多。如2022年河南科技智库调研课题立项85项，仅7项成果获副省级以上领导批示。

## （四）科普工作发展不平衡问题突出

区域、城乡和重点人群科学素质水平差距显著，农村科普水平较低。一是组织领导力不足。全民科学素质领导小组和科普工作联席会议机制落实不到位，成员单位职能重叠、力量分散。二是全社会科普投入不足。全社会科普经费筹集金额远低于全社会研发投入，在地区生产总值和政府财政支出中占比均较低。三是科普阵地建设薄弱与工作方式低效的问题并存。个别省辖市和多数县（市、区）没有科技馆这一科普主阵地。不少科普阵地资源利用率不高，科普专职人员队伍规模较小，其中专职科普创作、专职讲解人员比例更小，科普方式质效、专职流动科普队伍建设等亟待加强。

# 三 增强河南省科协服务创新发展能力的对策建议

河南省科协在服务建设国家创新高地、全国重要人才中心方面展现担当作为，要对标中央党的群团工作会议精神，按照群团组织"强三性""去四化""建三型"要求，依据角色定位，提升能力、拓展功能、发挥优势。

## （一）提高科协组织影响力和凝聚力

权威性号召力来自政治地位和资源保证。河南省科协充分运用党领导的人民团体和"四合一"单位①政治地位优势，加强对学会和会员的管理，既要扩大组织覆盖面和工作覆盖，又要提高先进性、纯洁性和服务性。一是提高服务支撑力。要主动对接省委人才工作，加大高端人才引进力度，做好全省高层次人才服务工作，推荐河南省优秀专家前往全国学会任职。二是增强凝聚力。理顺与科技主管部门和行业主管部门的关系，吸引更多优秀人才投身科技创新，建议参照"国家工程师奖"设立"河南省工程师奖"，进一步培育壮大新时代河南卓越工程师队伍，助力制造业强省建设。三是全面从严约束。加强省科技社团党委对学会党委的领导和纪律建设，实行会员履职记录制度，建立省科技社团党委与会员所在单位双向信息沟通和联动管理机制，加强学会党委和会员所在单位对会员的双重领导。开展示范学会、示范基层科协创建活动，将党的建设写入学会章程，探索学会特色党建活动，推动学会科学化法治化治理和规范化建设。

## （二）引导推动科技社团发挥社会功能

科技社团具有繁荣学术交流、引领科技创新、促进开放合作、涵养创新生态等功能。作为团结联系广大科技工作者的桥梁纽带，河南省科协要在组织学会专家对接服务经济发展和促进科技创新中发挥作用。一是推动学会活动走深走实。要顺应当前形势，优化调整学会布局，在前沿新兴交叉学科领域支持成立新学会。开展学会综合评价和达标创建活动，推动其围绕应用基础研究增进创新资源协同互动，加速产业链与创新链融合，指导各学会围绕研究领域开展学术论坛、学术沙龙、研究成果报告会等学术

---

① 一是党委领导下的人民团体；二是承担政府的具体工作，河南省科协是"省会合作"办公室、"省院合作"办公室、全民科学素质工作领导小组办公室这三个办公室所在单位；三是人民政协的组成界别之一；四是权威的第三方机构，是院士、"国家工程师奖"等顶尖人才评选的推荐渠道。

交流活动。二是组织各学会开展协同攻关。聚焦全省重点产业创新发展需求，加强对外合作和横向交流，丰富产业科技需求对接活动载体和平台载体，有效汇聚跨界创新资源，组织跨学科、跨领域、跨地域学术交流与合作，推动大联合、大协作、大攻关、大创新。积极为科技成果转化落地提供保障。三是加强学会科技服务团建设。持续深入推进"百会链千企"活动，提供引导资金，推动各级科协、全省学会创新资源下沉，围绕地方产业发展和企业需求开展科技服务对接、联合科技攻关等科技助企活动，动员学会会员直面经济建设主战场开展科技创新。

### （三）提高科技智库研究质量和社会影响力

围绕课题研究、成果运用加强科技智库建设，建设具有科协特色的柔性科技智库网络。一是打造"小中心、大外围"智库体系。分领域汇聚省内外高水平专家组成的科技智库核心团队。依托中国工程科技发展战略河南研究院这一"省院合作"、区域性智库平台建设，开展重大战略咨询、共建高端创新平台、推动联合技术攻关、培养顶尖科技人才，力争突破一批制约河南省产业转型升级和经济社会发展的重大工程科技问题，助力河南省加快培育战略科技力量，推动产业结构优化升级，打造省院合作的"河南样本"。二是建立选题统筹机制。建议河南省科协加强与中共河南省委宣传部、中共河南省委政策研究室、河南省人民政府研究室、河南省社会科学院、河南省科学技术厅、河南省教育厅、中共河南省委党校等部门的常态化联系，河南省科技智库课题选题遵循省委、省政府关注、与科技相关的基本原则，组织开展一系列具有战略性、前瞻性、综合性的对策研究。三是推动央地协同创新。发挥河南省科协的桥梁纽带作用，主动与国家实验室、国家科研机构、高水平研究型大学、科技领军企业等国家战略科技力量对接合作，支持省内科研单位承接国家课题中局部配套性子项目，也可以邀请国家战略科技力量牵头开展本地重大科技攻关，这两种形式均有利于省管科研单位与"国家队"展开交流与合作。四是提高科技成果的价值与应用水平。对科技智库调研课题优秀研究成果、战略咨询研究

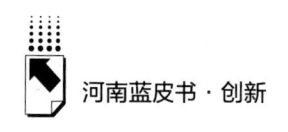

和学术会议交流成果及时汇总梳理、加工提炼和进行话语体系转换，形成高水平决策咨询专报，拓展成果报送渠道，更广泛地报送省委、省政府和成员单位职能部门领导参阅，更广泛有效地服务科学决策。

### （四）构建社会化大科普生态

一是加强组织协同。健全完善全民科学素质工作协调机制，召开全民科学素质领导小组会议，建立成员单位间沟通合作机制，开展成员单位品牌科普活动，推动更多市县将科普和科学素质建设纳入当地政府的目标管理体系。以科普专项、"全国科普日"等重大活动为牵引，推动全省科普工作深度协同，建设社会化科普阵地，形成多元主体参与、共建共治共享的现代科普治理体系和大科普生态。二是建立科普资源筹集和共享机制。增强科技创新主体的科普责任，支持高水平科普创作，探索科技馆、博物馆、科普教育基地等科普阵地场所和工业企业、教育、科研等机构科技资源科普化、项目化、产业化的路径与激励机制建设。依托河南省科技馆推进省内科技馆联盟建设，汇聚优质科普资源打造科普资源库，加强科普资源共享和数字科技馆建设。促进科普资源在与文化、旅游、体育等产业融合发展中发挥教育作用，丰富科普渠道，提高受众的观赏体验质量。利用广播电视、互联网、新媒体等开展科普宣传活动，推进科协融媒建设，增强科普立体化全媒体传播效应。三是建强科普队伍。构建多渠道科普投入机制，建设专职流动科普队伍，壮大科普志愿者队伍。跟踪推动《河南省科学技术协会条例》提出的开设科学传播专业技术职称评审、设立科学技术普及基金等政策的落地实施。以流动科技馆、科普大篷车、数字科技馆等科普阵地和专职科普队伍为依托，推动科普活动向农村地区延伸。

**参考文献**

闫亚婷：《山西省现代科技馆体系建设发展现状及思考——以山西省科技馆为例》，

《科技资讯》2023年第8期。

苏芳晨：《治理现代化视角下开放式智库建设的创新路径研究——以S省为例》，硕士学位论文，济南大学，2021。

李钊等：《地方智库服务科学决策的问题与对策研究——以山东省为例》，《智库理论与实践》2017年第3期。

郭瑞茹：《基于开放式创新的智库知识管理模型构建及应用》，《河南图书馆学刊》2019年第8期。

《日照市人民政府关于印发〈日照市全民科学素质行动规划纲要实施方案（2021—2025年）〉的通知》，日照市人民政府网站，2022年7月24日，http://www.rizhao.gov.cn/art/2022/7/24/art_ 207427_ 10432775. html。

# B.19 强化河南省科技馆建设运营经费保障机制研究

刘记强 刘国洁[*]

**摘 要：** 科技馆的运营经费是其建设运行的重要保障，直接关系到科技馆的日常运行、设备维护、科普活动的开展以及公众服务的质量和效率。目前，河南省科技馆的财政拨款收入相对较低，与其规模不匹配，随着新馆效应的减弱，预计未来收支压力将增大。为此，本报告建议制定科技馆运营支出预算标准，探索公益性与市场化相结合的新模式，建立财政保障制度，并建立健全绩效评价体系，从而提高财政资金的使用效益，提升科技馆的服务质量和效能，确保科技馆的稳定运行和持续发展。

**关键词：** 科技馆 运营经费 保障机制

科技馆是科学普及的重要场所，是展示最新科技成果、促进科学知识传播和科学思想交流的重要载体，在推动社会整体科学素养提升和创新发展中扮演重要角色。2023年，河南省科技馆正式试压运行后迅速"出圈"，成为新晋"网红"，单日最大观众接待量突破25000人次，为社会公众提供了丰富多彩的科普教育体验活动。但是河南省科技馆的开放时间较短，在财政经费保障机制的建立、运行评价机制的构建、运营支出预算标准的确定等方面还存在诸多需要完善和改进的地方。为此，特对广东科学中心等先进科技馆

---

[*] 刘记强，河南省科学技术馆副馆长，研究方向为场馆运行与财务管理；刘国洁，河南省科学技术馆财务资产部主任、高级经济师，研究方向为财务管理。

进行调研学习，形成本调研报告，为建立河南省科技馆建设运营经费保障机制提供借鉴。

## 一 充分认识强化河南省科技馆建设运营经费保障机制的重要意义

### （一）贯彻落实习近平总书记关于科普工作重要论述的客观要求

党的十八大以来，习近平总书记高度重视科普工作，指出"科技创新、科学普及是实现创新发展的两翼，要把科学普及放在与科技创新同等重要的位置"[1]，为新时代科普工作高质量发展指明了前进方向、提供了根本遵循。科技馆是体现国家和地区科学技术与经济文化发展水平的重要标志，集科技教育、展示、交流等功能于一体，是科学普及的主阵地，在传播科学思想、普及科学知识、弘扬科学精神等方面起到重要作用。特别是随着国家对科技的重视，公众对科学知识的兴趣日益浓厚，这种趋势对科技馆发展提出了更高要求。河南省科技馆在全省科技馆体系中起到"领头雁"的作用，在这种形势下，建立建设运营经费保障机制进而促进科技馆平稳运行是贯彻落实习近平总书记关于科普工作重要论述的具体行动，也是符合发展需求和形势要求的必要之举。

### （二）打造展示现代化河南建设成就重要窗口的必要手段

科技馆展示的成果反映了一个地区或国家在特定历史时期的科技水平和经济社会发展态势，具有鲜明的时代特征，是体现国家或地区科技、文化和社会发展水平的重要窗口。河南省科技馆是全省有史以来规模最大、投资最多的公益性建设项目，时尚的外形、高科技的内涵，特别是巨大的流量和极高的社会关注度使其迅速成为全省新的文化地标，成为展示河南形象的"看

---

[1]《新华时评：让创新和科普两翼齐飞》，中国政府网，2016年6月1日，https://www.gov.cn/xinwen/2016-06/01/content_ 5078735.htm。

台"、世界看河南的"窗口",不仅承担着传播科学知识的职责,还肩负着促进文化创新与传承、提升文化软实力的使命,社会效益巨大。当前,河南省与全国一道踏上了现代化建设的新征程,也迫切需要展示河南省令人鼓舞的深刻变化、更加美好的发展前景,为中原儿女奋进新征程、建功新时代加油鼓劲。在这种情况下,逐步建立河南省科技馆建设运营经费保障机制,发挥财政资金的作用,提升科技馆的社会效益成为使命所系、群众所盼、发展所需。

### (三)为全省现代科技馆体系建设提供引领示范的现实需要

近年来,随着科教兴国、人才强国、创新驱动发展战略的深入推进,省委、省政府对科普工作愈加重视,全省科技馆事业发展迅速,18个地级市建成开放了12座市级科技馆和14座县级科技馆,已投用科技馆总建筑面积近20万平方米,开放面积步入全国第一方阵。2023年,全省27家科技馆年接待量排全国第1位。但是目前省内尚无科技馆被评定为A级景区,且重场馆建设投入、轻展览内容建设,重主体建设规模、轻持续运营投入等问题较为突出,资金来源单一、人才配备不足、管理制度不健全、文化建设较滞后等成为全省科技馆运行中普遍存在的问题,不利于塑造河南省科普事业品牌和现代科技馆体系建设。河南省科技馆于2023年1月试压运行开馆,建筑总面积居全省第1位、全国科技馆第2位、科协系统科技馆第1位,年度观众接待量居全国前列,可以说,河南省科技馆运行在省内乃至国内科技馆中具有代表性、典型性以及示范性。因此,从经费投入、资金管理、绩效评价等方面探索建立河南省科技馆建设运营经费保障机制,对全省科技馆建设运营有较强的借鉴价值。

## 二 全国省级科技馆建设运营经费保障机制现状分析

### (一)全国科技馆运营经费总体情况

截至2023年,全国建成并对外开放科技馆477座,特大型科技馆(建筑面积在 3 万平方米及以上）有 39 座，其中建筑面积在 5 万平方米及以上的有 10 座，包括中国科技馆、广东科学中心、河南省科技馆、辽宁省科技馆、上海科技馆、山东省科技馆、湖北省科技馆、江西省科技馆、甘肃科技馆、安徽省科技馆，相关数据如表 1 所示。

表 1　2023 年全国部分科技馆相关运营指标数据

| 名称 | 建筑总面积（万平方米） | 开放时间 | 年接待观众（万人次） | 人员总计（含聘用人员）（人） | 财政拨款收入（不含人员经费）（万元） | 自有资金收入（万元） | 运营经费支出（万元） |
|---|---|---|---|---|---|---|---|
| 中国科技馆 | 10.20 | 2009 年 | 531 | 898 | 34900 | 1100 | 36000 |
| 广东科学中心 | 14.07 | 2008 年 | 309 | 629 | 6800 | 3135 | 9935 |
| 河南省科技馆 | 13.04 | 2023 年 | 170 | 200 | 4136 | 1939 | 4683 |
| 辽宁省科技馆 | 10.25 | 2015 年 | 252 | 580 | 5200 | 1500 | 6700 |
| 上海科技馆 | 10.06 | 2001 年 | 56 | 508 | — | — | — |
| 山东省科技馆 | 8.00 | 2022 年 | 109 | 252 | 6748 | 776 | 7068 |
| 湖北省科技馆 | 7.03 | 2021 年 | 101 | 303 | 6843 | 788 | 6858 |
| 江西省科技馆 | 6.59 | 2020 年 | 276 | 418 | 6021 | 262 | 6051 |
| 甘肃科技馆 | 5.01 | 2017 年 | 54 | 163 | 3137 | 370 | 3201 |
| 安徽省科技馆 | 5.00 | 2023 年 | 48 | 206 | 2362 | — | 4000 |

资料来源：各省份科技馆网站。

运营经费是科技馆建设运营的重要组成部分，它直接关系到科技馆的日常运营、设备维护、科普活动的开展以及服务的质量和效率。运营经费支出规模与科技馆的建筑面积、辐射范围、观众接待量和人员数量等因素密切相关。从表 1 可以发现，超大的场馆面积一方面意味着场馆有更多的展览空间、更健全的配套设施、更丰富的功能区域、更强大的观众接待能力和更充足的科普资源，另一方面意味着科技馆有更高的管理、维护、运营成本。而科技馆作为公益性机构，财政拨款收入是其运营经费支出的重要来源。从表 1 也可以看出，科技馆运营经费主要依赖财政拨款，大部分科技馆财政拨款收入占总收入的八成以上，用于展品的更新和扩充、设施条件的改善、服务质量的提升等方面。此外，在全国建筑总面积 5 万平方米及以上的科技馆

中，除河南省科技馆、甘肃科技馆和安徽省科技馆外，财政拨款收入均在5000万元以上，运营经费支出均在6000万元以上。除河南省科技馆因未完全开放运营经费支出较少外，其他面积较大的省级科技馆单位面积运营经费支出都在650~1000元/米$^2$。

### （二）全国科技馆建设运营经费保障的特点

**1. 以财政保障为主**

基于科技馆的公益性质和科普教育功能，全国科技馆运行主要依靠财政保障，包括中央和地方财政拨款，这些资金用于科技馆的基本建设、设施维护、人员工资、展览和教育活动的组织与实施等方面。以财政保障为主的模式有助于确保科技馆的稳定运行和持续发展，使其能够更好地履行科普教育职责，满足公众对科学知识的需求。同时，要求科技馆在运营过程中注重资金使用效率，合理规划预算，提高科普教育的质量和效果。

**2. 以市场化运行为补充**

尽管财政保障是科技馆运营的主要资金来源，但是面对日益增长的科普教育需求和科技馆设施更新压力，财政拨款往往难以满足所有需求。市场化运行可以通过多种渠道筹集资金，尤其在一些经济发达地区，因客流量大、市场需求旺盛，引入一定的市场机制可以为科技馆开放运行造血输液、缓解财政压力，如广东科学中心、上海科技馆通过社会捐赠、与企业合作、销售科普产品等方式来筹集资金，为科技馆运营提供必要的资金补充。此外，引入一定的市场竞争机制还可以激发科技馆创新活力，提高管理水平和服务质量。

## 三 河南省科技馆建设运营经费收支现状、成效及存在的问题

### （一）河南省科技馆建设运营经费收支情况

河南省科技馆建筑面积达到13.04万平方米，在全国规模较大的科技馆中排名第二。就用工规模而言，2023年河南省科技馆共有人员200名，其

中在编人员97人（含从事报刊编辑出版工作的锁定编制人员15人，在科技馆老馆工作的有7人，实际从事新馆运营的仅有75人），劳务派遣人员103人，人员总数在全国规模较大的省级科技馆中排名靠后，不足中国科技馆的1/4，广东科学中心的1/3，辽宁省科技馆的1/2，与其建筑规模排名全国第二的地位不匹配。就观众接待量而言，2023年河南省科技馆接待观众总量达170万人次，在全国规模较大科技馆中排名第五，在省级科技馆中排名第四，与广东科学中心、江西省科技馆、辽宁省科技馆相比还有一定的差距。一方面，由于河南省科技馆2023年进行了试运行，前期每周开放3天；另一方面，场馆建设还未全部完成。随着每周开放天数达到5天，以及后期开放区域的进一步扩大，预计未来河南省科技馆观众接待量将大幅攀升。

从以上影响科技馆建设运营经费支出的主要因素来看，河南省科技馆未来支出较高。由表1可知，2023年河南省科技馆运营经费支出为4683万元，在全国规模较大的科技馆中支出较少。原因是河南省科技馆刚建成不久，目前几乎没有房屋、信息化等基础设施运维费用，场馆基础设施设备、展品展项仍处于保质期内。但随着时间的推移和接待人数的增加，馆内公共服务设施设备运维费用、展品展项的维修费用等将大幅增加，展教活动费用以及研发支出也会逐渐增加；运营管理人员及其基本开支增加，未来河南省科技馆运营经费支出将大幅上涨。但从科技馆收入情况来看，河南省科技馆财政拨款收入明显少于同级别科技馆。从表1可以看出，2023年河南省科技馆财政拨款收入（不含人员经费）为4136万元，在全国规模较大的科技馆中排名靠后，仅是中国科技馆（3.49亿元）的11.9%、广东科学中心（6800万元）的60.8%。

从河南省科技馆建设运营经费收支及其构成情况来看，2023年河南省科技馆可支配运维资金收入为6075.34万元，其中财政资金收入为4136.22万元，包括运维保障经费、免开资金、承担科研项目及科普活动专项资金等；自有资金收入为1939.12万元，包括年初转结、新馆事业收入、新馆经营收入、老馆房租收入及其他收入。可支配运维资金支出为4682.83万元，主要是能耗支出、物业及专用设施设备运行维护支出、非全供人员经费支出、科普活动支出以及其他支出。其中，财政资金支出为3684.50万元，自有资金支出为998.33万元（见图1~4）。

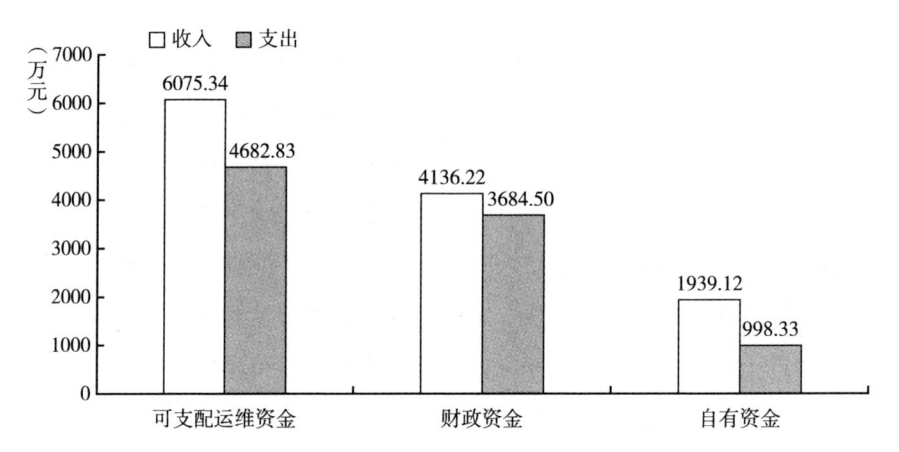

**图1　2023年河南省科技馆可支配运维资金、财政资金和自有资金收支情况**

资料来源：河南省科技馆统计数据。

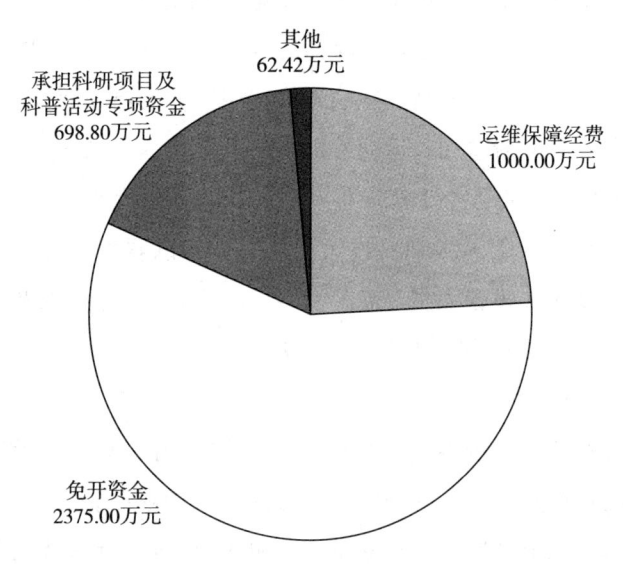

**图2　2023年河南省科技馆财政资金收入构成情况**

资料来源：河南省科技馆统计数据。

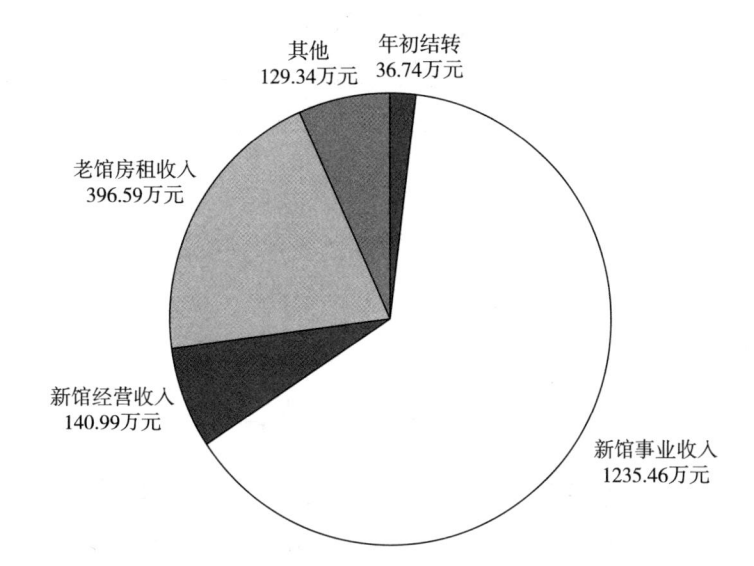

图 3　2023 年河南省科技馆自有资金收入构成情况

资料来源：河南省科技馆统计数据。

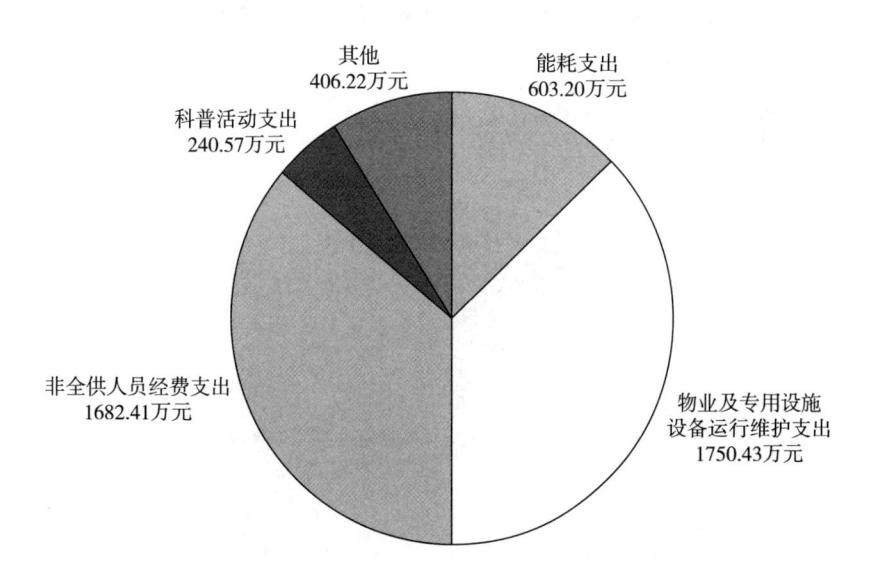

图 4　2023 年河南省科技馆可支配运维资金支出构成情况

资料来源：河南省科技馆统计数据。

2024年上半年，河南省科技馆可支配运维资金为7285.81万元，其中财政资金收入为4710.72万元，自有资金收入为2575.09万元；可支配运维资金支出为2952.00万元，其中财政资金支出为2035.01万元，自有资金支出916.99万元（见图5~8）。

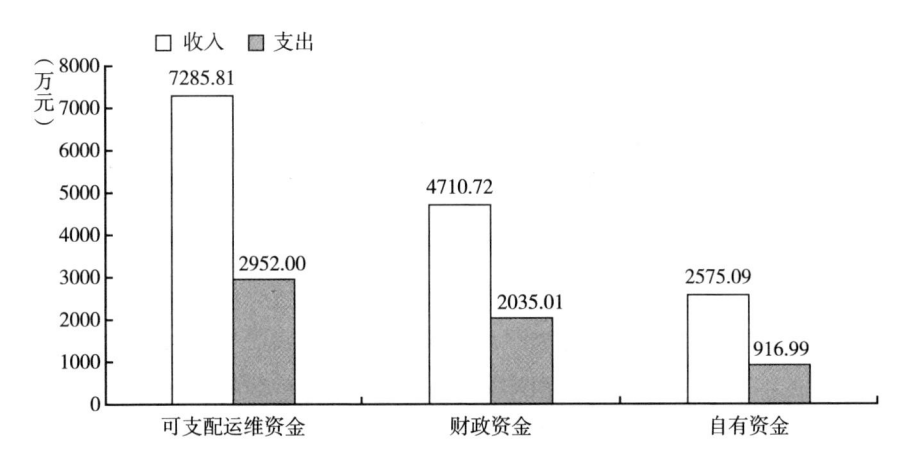

**图5　2024年上半年河南省科技馆可支配运维资金、财政资金和自有资金收支情况**

资料来源：河南省科技馆统计数据。

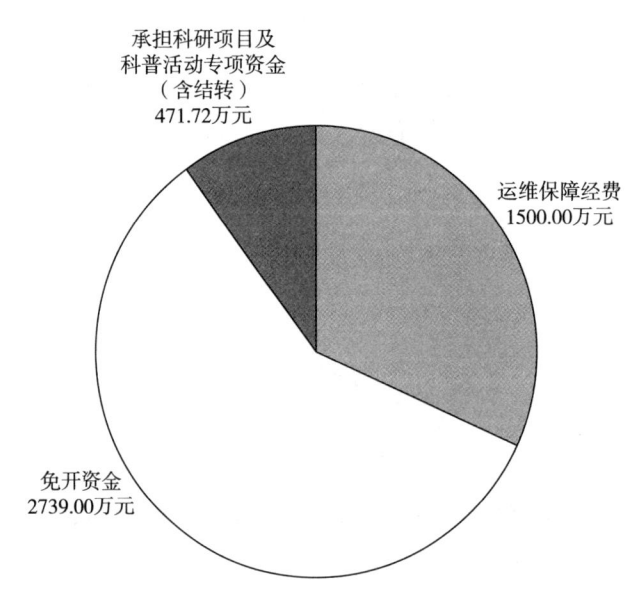

**图6　2024上半年河南省科技馆财政资金收入构成情况**

资料来源：河南省科技馆统计数据。

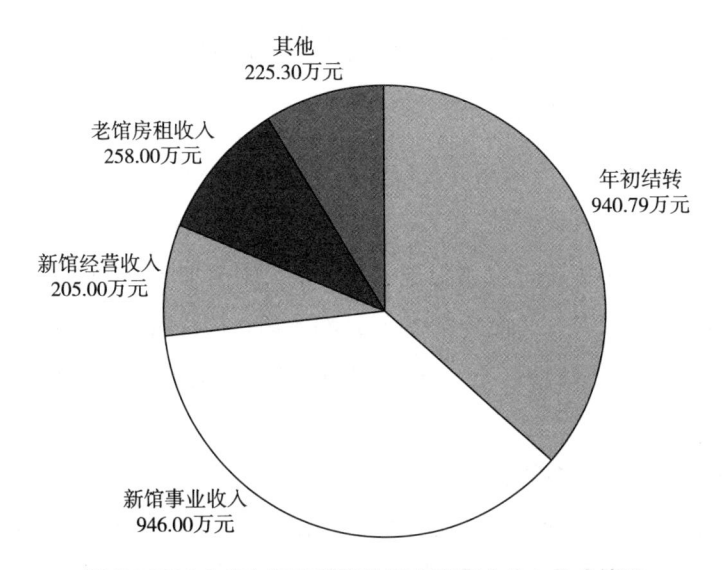

**图7　2024上半年河南省科技馆自有资金收入构成情况**

资料来源：河南省科技馆统计数据。

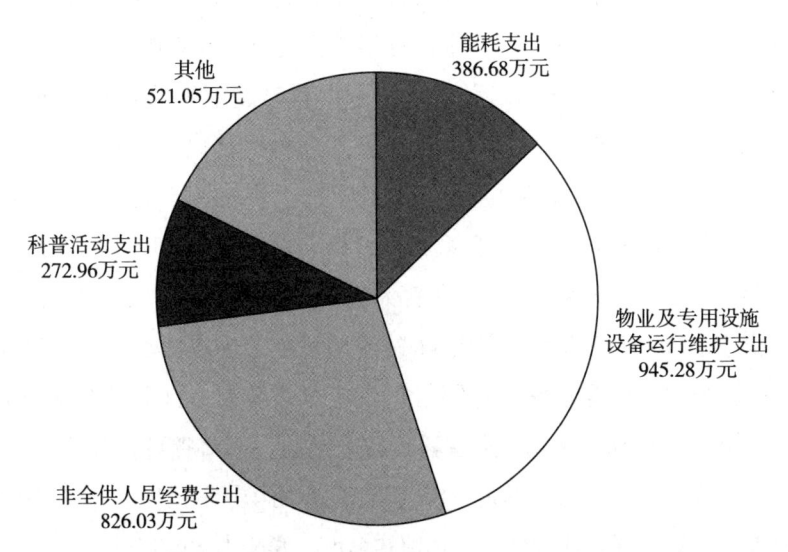

**图8　2024上半年河南省科技馆可支配运维资金支出构成情况**

资料来源：河南省科技馆统计数据。

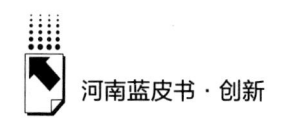

## （二）近两年河南省科技馆建设运营的主要成效

### 1. 接待服务能力日益提升

自2023年面向公众试压开放以来，河南省科技馆克服经验不足、人员短缺等难题，实现开放区域10万平方米以上，开放天数由每周3天增加至5天，每天放票量由3000张增加至18000张；截至2024年8月底，累计接待观众达380万人次，科普影片播放近4608场，接待团体近1300个，其中组织开展弘扬科学家精神"三个一"活动，116个省直团体，10000余名党员干部参加活动。

### 2. 科普服务能力逐渐增强

河南省科技馆充分发挥科普教育主阵地作用，用好科普场馆和科教资源优势，以形式多样的科普活动为抓手，提高科普服务能力。一是实现优质资源"引进来"。展厅面向公众开展教育活动近5321场，累计时长2714小时；承办2023"奋进科普新征程"全国科技馆联合行动"健康中国"主题活动、全国科普日河南主场活动、全国青年科普创新实验暨作品大赛河南赛区活动等，创建"象湖科学讲坛"品牌、举办科学魔术秀系列专场演出、健全科技志愿服务管理制度，场馆服务能力全面提高。二是推动科普服务"走出去"。积极组织科普活动进社区、进学校，承办中国科协翱翔之翼志愿服务活动，联合高校志愿团队开展活动12次，服务覆盖15000余人；开展8场"i科普"志愿服务活动；开展科普大篷车系列活动30次，累计行程3348公里，服务公众45750人次；完成41站流动科技馆巡展活动，服务观众290万人次，初步实现科普服务"外辐射"效应。三是大力打造科普基地品牌。先后荣获全国科普教育基地、全省科普教育基地、河南省科普基地、全省首家"少年科学院"科普实践基地、河南省5G应用场景示范项目、河南省全民数字素养与技能培训基地等称号，场馆知名度、影响力大幅提升。

### 3. 综合服务能力显著提高

高质量接待中共河南省委台湾工作办公室、中共河南省委外事工作委员会办公室、共青团河南省委、河南省妇女联合会、河南省残疾人联合会、台湾河南同乡总会、香港智行基金会等组织来馆开展主题活动；承办"豫疆融情石榴籽，携手共筑科学梦"2023年豫新青少年科技夏令营活动，接待123名新疆师生；开展"豫哈青少年夏令营"探馆之旅，接待来自新疆哈密的200名各族青少年来馆交流。

### （三）河南省科技馆建设运营过程中存在的主要问题

#### 1. 收支压力将增大

河南省科技馆目前由于新馆效应，热度高、参观人数多，收费展厅门票收入、电影票收入以及相应的餐饮收入相对较高。新馆效应减弱后，随着参观人数的回落，相应的票务收入、餐饮收入等将锐减。与此同时，科技馆的基础运维费用支出、展厅展品更新支出、影片租赁和购买支出、展教活动费用支出、活动研发支出、人员成本及其他相关费用支出都将显著增加，且单位面积运营经费支出为359元/米$^2$，远低于其他面积较大的省级科技馆（650~1000元/米$^2$）；后期随着"智慧人类""人工智能""交通天地"3个新展厅及创新教育区、圭表塔的建成与开放，各种运营经费开支都将增加，场馆运行保障压力将大幅增加。

#### 2. 运营管理经验欠缺

一是人员总数少、结构不合理，运营经验匮乏。目前，河南省科技馆工作人员仅有200人，这与科技馆的规模及其承担的工作任务严重不匹配。另外，河南省科技馆原有人员以工勤岗为主，缺乏运营管理经验，特别是新馆建成后，大批新入职的年轻员工对科技馆的运营缺乏深刻认识和理解，相关能力亟待提高。二是人员编制和职称评聘制度有待健全。受到人员编制的限制，河南省科技馆劳务派遣人员较多，加之职称评定机制的不完善，导致人员流动性过大，稳定性较差，高水平人才引进难、留不住，这在一定程度上制约了科技馆的创新发展。三是专业人才队伍建设不足。河南省科技馆现有人员中"生手"居多，缺乏相应的专业技能培训，考察、学习、交流的机会较少；现有人员的创新能力不足，对展教活动研发，发挥创新教育区、天文馆等科普资源作用，助力"双减"等能力有待提升，要解决这些问题还需要充足的经费保障。

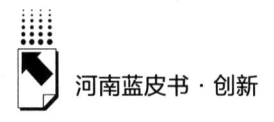

### 3.拓展经费来源的能力不足

第一,科技馆的建设发展高度依赖财政资金,经费来源相对单一。特别是在现阶段地方财政收支压力较大的情况下,对于科技馆后期维持场馆正常运转、完善配套设施、更新展厅展品、开发科普产品等形成了一定的制约。第二,目前河南省科技馆在多元化合作的市场运作方面还缺乏有效的实践探索,尚未很好地调动与整合社会力量,导致目前社会力量投入科技馆建设与发展的资金十分有限。第三,科技馆建设运营过程中对如何运用市场化手段实现公益项目社会效益最大化,还缺乏充分的谋划和有效的举措。目前科技馆处于"边建设边试压"阶段,建设任务和运营压力较大,收入主要集中在展厅和影院的门票上,政馆、馆企、馆校联动协作等多元化合作模式的探索力度不够;另外,由于人员数量不足,经验匮乏,高水平人员较少,经营管理理念创新意识不强,还未形成规范有序、实施性强的全馆商业体系,对外合作的主动性和专业性不够,不能充分发挥科技馆的优势,影响科技馆未来的高效运行以及功能的发挥。

### 4.运营管理评价机制不完善

河南省科技馆开放运营时间较短,相应的关于人员保障、经费管理、展教研发、绩效评价、开放合作等方面的评价机制不健全。例如,社会化合作的长效机制还有待完善,科技馆与企业、高校、科研院所等外部机构协同发展的主动性不强、办法不多,运用社会化方式开展"大联合、大协作",以整合各方资源、提升科普服务能力和质量的渠道狭窄、效果不佳。同时,缺乏一个行之有效的激励机制,不能很好地调动人员积极性;科技馆从业人员的职业标准、资格准入和职称评聘等方面的制度不健全,不利于科技馆高质量可持续发展。

## 四 部分科技馆建设运营经费保障机制建立的典型经验

### (一)广东科学中心:多渠道拓展收入来源

一是积极开展政馆合作。广东科学中心发挥自身优势,加强与相关部门合作，共同探索建立"合作共建、信息共享、资源共用"机制，形成了紧密务实的合作关系，实现了经济效益、社会效益双赢。例如，广东科学中心与广东省药品监督管理局（原广东省食品药品监督管理局）联合打造了3500平方米的国内首家大型食品药品科普体验馆，由广东省药品监督管理局出资6300万元，并按每年10%折旧给予运维费支持，广东科学中心负责设计、布展、运营管理，双方紧密合作打造了政馆合作的典范。此外，场馆内"应对气候变化和低碳科普体验馆"由广东科学中心与广东省生态环境厅合作共建。二是积极开展馆企合作。广东科学中心通过与不同企业合作，扩大了收入来源，也推动了科普教育的发展和创新。"低碳＆新能源汽车"科普体验馆近2400平方米，其中"新能源汽车科普体验馆"由广东科学中心和原广汽新能源合作共建，以广汽传祺新能源技术和产品为依托，展示广东汽车产业科技创新成果，并引领公众践行低碳环保、绿色节能的生活方式；场馆建设由原广汽新能源出资3000万元，每年给予广东科学中心150万元运维经费。此外，广东科学中心还积极开展"走出去"服务，与云南白药跨界合作，在云南昆明打造了多感官互动、沉浸式的全新展馆"云南白药体验馆"，成为当地工业旅游的亮丽名片。三是打造研学活动品牌。广东科学中心面对学生和儿童群体，自主开发了品牌教育活动——科学探究营地（研学）活动（见表2），主题丰富、形式新颖，受到孩子们的欢迎，在拓展收入渠道的同时，激发了孩子们对科学的兴趣与好奇心，培养了孩子们的创新精神和实践能力。

表2 参加科学探究营地（研学）活动费用

| 团队类型 | 活动项目 | 活动项目 | 项目费用 | 备注 |
| --- | --- | --- | --- | --- |
| 面向学生团体或亲子团体 | 基础培训 | 展馆基础教育活动 | 40元/人 | 3岁以内的小孩免收基础培训费，3岁及以上小孩及学生不论身高按人头收取基础培训费，老师、家长也需收取基础培训费 |

续表

| 团队类型 | 活动项目 | | 项目费用 | 备注 |
|---|---|---|---|---|
| 面向学生团体或亲子团体 | 组合项目培训 | 木偶DIY | 40元/套 | 木偶DIY、帆船制作等DIY课程只收取学生或小孩的费用。其他套件或课件的材料费按中心批准的价格体系执行 |
| | | 帆船制作 | 60元/套 | |
| | | 万花筒拼装 | 60元/套 | |
| | | 太空奥秘知多D | 70元/套 | |
| | | 折纸密码 | 50元/套 | |
| | | 自制免洗洗手液 | 35元/套 | |
| | | 科普电影 | 15或20元/人 | 科普电影为4D或虚拟航行动感科普影片时，按15元/人收取；科普电影为巨幕或球幕科普影片时，按20元/人收取。科普电影按人头收取，不设免费座位 |

资料来源：广东科学中心。

### （二）上海科技馆：发展科普产业与会务咨询服务

上海科技馆通过打造科普产业和开展会务咨询服务，取得了良好的社会效益和经济效益。围绕发展科普产业，上海市科技馆重点做好了以下三个方面的工作。首先，在思想认知层面，认为创新城市与科普产业是一个共生发展的关系，科普很适合规模化生产，因为它非常有机会建立标准的生产流程，形成标准的产品；科普创作具备非常强的IP延展性，可以无缝融入大文创产业，如融入衣服设计、游学产品、书店、线下"秀"场和文化综合体。因此，公益性科普事业与经营性科普产业完全可以并且应该双向并进，在这种理念指引下，上海科技馆开始了发展科普产业的探索。其次，加强原创科普产品开发。例如，上海科技馆推出了具有自主知识产权的纪录片和四维影片，并在国内外有偿放映，形成了从创意策划到产品输出的一整套成熟的创新机制。再如，作为上海最大的科普事业群，上海科技馆加大基于展品资源的科普衍生品开发力度，迅速成为上海科普产业链的中心环节之一，直接带动了一批市场主体的兴起，仅科普文创一项，就推出400多款产品，销售额逾600万元，在创造经济效益的同时，提高了品牌知名度。最后，积极争取产业政策的支持。针对相关政策法规有所缺位的问题，上海科技馆积极与相关部门沟通争取政策支持。例如，上海市通过调动财税杠杆、利用税后优惠，吸引部分市场主体成为科普基地，不断推动科普公共服务市场化改革走向深入，促进科普事业和科普产业有机融合发展。在开展会务咨询方面，上海科技馆早在2001年就成立了上海科技馆管理有限公司会展部，依托科技馆的资源优势，承办、协办各类国内外展览、活动、会议及广告策划，通过市场化运作的模式，在努力提升上海科技馆品牌知名度的同时，取得了良好的经济效益和社会效益。

## 五 强化河南省科技馆建设运营经费保障机制的建议

### （一）制定科技馆运营支出预算标准

运营经费预算标准的制定是解决科技馆运营经费边界不清、列支内容不规范、保障标准不统一等问题的前提和基础。因此，建议结合2024年省科技馆成本预算绩效管理试点工作，加快出台《河南省科技馆运行维护预算支出标准》，从科技馆功能定位和运营管理目标出发，厘清科技馆水、电、物业管理、设施设备维保、人员工资等基本运维支出内容，分类制定预算标准并细化支出标准，突出科技馆展品用电需求高等运维特点，综合采用定性与定量评定、定标与定额核算相结合等方法，逐项核定费用标准。此外，要强化结果导向，实行动态管理。结合场馆实际运营数据和市场价格变化等因素建立预算支出标准的应用和调整机制，作为预算批复和执行的依据，并根据执行情况对标准进行动态调整，为下一步科技馆运营经费的合理支出提供依据。

### （二）探索公益性与市场化相结合的新模式

公益性与市场化两者并不矛盾，市场化只是手段，提升公共文化服务质量和效能才是目的。因此，科技馆运行策略要在"活"上动脑筋，充分挖掘自身潜力和特色，在满足公众对科学知识普及需求的同时，树立运营思维，实现场馆全产业链运营，将展览教育、展教活动与经营创新统一起来，充分利用场馆优势，建立公众餐厅、商超、会务、研学等合作模式，拓宽市场运营面。同时，加强自身品牌的塑造和宣传，建立全民科普品牌、文创品牌、餐饮品牌等科技馆的全品牌体系，深度挖掘品牌的商业价值，为品牌赋予科普文化内涵，以实现社会效益和经济效益最大化的目标。鼓励科技馆探索建立与场馆运营相适应的市场化激励机制，以推动科技馆持续健康发展。

## （三）建立科技馆运营经费财政保障制度

第一，明确科技馆公共服务内容，确定财政保障范畴。基于成本效益衡量现行补贴范畴及考核指标的科学性、准确性与可持续性，进一步明晰科技馆的公共服务范围，从而确定科学合理的财政兜底保障范畴。第二，加强对科技馆建设的重视。将河南省科技馆纳入省重点保障对象，不断加大对科技馆建设运营经费的公共投入力度，及时解决科技馆开放运行中遇到的相关保障问题。第三，突出财政兜底，减少市场化和公益性的矛盾。强化科技馆展教区域的公益科普属性，减少科技馆展厅和科普影院的收费项目或降低收费标准，由相关主管部门明确项目收费标准、范围和程序，充分发挥科技馆作为科普主阵地的作用，向公众提供公平可及的高质量科普公共服务，不断提升公众的获得感和满意度。

## （四）建立健全省科技馆开放运行绩效评价体系

开展绩效评价是健全科技馆建设运营经费保障机制的重要内容。建议河南省科技馆以提高财政资金的使用效益为目的开展绩效评价，依据公开性、公正性、可行性、可持续性以及与个人挂钩的原则建立健全绩效评价指标体系，不仅要对科技馆的经济效益、社会效益和文化效益等方面进行全面评估，还应依据科学计算方法评价资金落实情况、实际支出情况、会计信息质量和财务管理状况，以此在同类型科技馆之间进行比较、找到差距，提高管理水平。同时，加强评价结果的反馈和优化，评价结果作为预算安排、改进管理、完善政策的重要依据，不断改进建设运营经费保障工作，实现科技馆建设运营绩效评价的日常化、制度化、规范化。

## 参考文献

刘玉花、谌璐琳、莫小丹：《新格局下科技馆体系共建共享机制研究》，《自然科学博物馆研究》2022 年第 1 期。

夏婷、王宏伟、罗晖：《我国科技馆免费开放政策：现状、问题与建议》，《今日科苑》2018 年第 8 期。

孙娟：《公益性场馆全成本预算绩效分析在新时期的应用》，《财会学习》2023 年第 27 期。

# B.20 鹤壁市创新平台助力产业发展的三种模式分析*

河南省社会科学院鹤壁分院课题组**

**摘　要：** 扎实推进创新平台建设是推进中国式现代化建设的重要举措。近年来，鹤壁市委、市政府深入贯彻落实省委、省政府决策部署，把创新摆在发展的逻辑起点，以创新平台汇集创新要素资源、持续推动产业转型升级、促进创新链与产业链融合，基本形成了创新平台助力产业发展的产业园发展模式、汽车产业转型升级模式以及卫星产业发展模式，创新主体活力持续迸发，城市高质量发展持续推进。

**关键词：** 创新平台　育化模式　高质量发展　鹤壁市

## 一　引言

"创新平台"这一概念最早出现在美国竞争力委员会题为《走向全球：美国创新新形势》的研究报告中，其内涵主要包括以下四个方面。一是创新基础设施以及创新过程中不可或缺的要素，二是人才和前沿研究成果的可靠性，三是促进理念向创造财富的产品和服务转化的法规、会计和资本条

---

\* 本报告得到"中原英才——中原青年拔尖人才计划"（2022）、河南省博士后科研经费项目（2023）的支持。
\*\* 课题组组长：石涛，河南省社会科学院经济研究所副所长、副研究员，研究方向为金融发展与科技创新。课题组成员：李凯，河南省社会科学院鹤壁分院研究实习员，研究方向为科技创新和产业发展；候淑贤，河南省社会科学院鹤壁分院研究实习员，研究方向为科技创新和绿色发展。

件，四是使创新者能收回其投资的市场准入和知识产权保护。上述任何一个因素的弱化都会削弱整个创新平台的作用。现阶段，科技创新作为国际战略博弈的主要战场，竞争空前激烈，但我国科技创新系统的效率偏低，基本技术、基础工艺和核心技术等依然匮乏。而高能级创新平台的建设，对于实现高水平科技自立自强、建设科技强国起着关键作用。一方面，创新平台可以通过汇集创新要素资源、推动产业转型升级、促进创新链产业链融合等方式为城市高质量发展提供不竭动力；另一方面，将创新平台作为关键抓手，加快建设步伐，增强承载功能，有利于形成创新成果迸发的"磁场效应"，让新兴产业布局水到渠成、重大项目落地花开有声。因此，建立创新平台对实现高质量发展以及城市科技自强具有非常重要的现实意义。

近年来，鹤壁市高度重视创新平台的打造，将其作为推动区域经济发展的重要引擎，在创新平台的构建上投入大量资源，不断优化政策环境，成功建设了一批功能完善、特色鲜明的创新平台。2024年，鹤壁市拥有国家级企业技术中心2家；省工程技术研究中心达60个，比2022年增加5家；省级企业技术中心达38家，比2020年增加14家；新增市工程技术研究中心32个。产业研究院建设不断提速。2024年，鹤壁产业技术研究院和鹤壁密码先进技术研究院获评河南省新型研发机构；鹤壁市光子集成芯片基地、高性能尼龙纤维中试基地、汽车电子电器研究院分别入选省中试基地、省产业研究院名单，涵盖种业育种、生物医药、电子信息和新型材料等领域，推动鹤壁市创新实力稳步提升。鹤壁市创新平台涵盖信息技术、汽车电子、卫星制造等多个领域，汇聚了的高端的科技人才、强大的研发机构和优秀的企业，促进了一系列创新成果接连涌现，形成了具有示范引领效应的创新平台助力产业发展的鹤壁模式，为新时代鹤壁高质量发展奠定了坚实基础。

## 二 创新平台汇集创新要素资源的产业园发展模式

创新要素资源是创新推动高质量发展的基础所在。创新平台的建设有利于集聚高校、企业、社会等各方面的创新力量，整合区域内外的创新资源，打造协作增效创新网络，可以逐渐形成具有颠覆性技术创新、前沿产业技术的开发与大规模应用、系统性技术解决方案研发供给、高成长型科技企业投资孵化作用或功能的重要创新中心。为加快构建"一流产业生态、一流创新生态"，鹤壁市探索实施"研究院（鹤壁产业技术研究院）+公司（钜能产研院公司）+园区（5+3产业园）"产业孵化模式，构筑了"一楼一产业"发展模式，持续推进产业园区高质量发展。

### （一）以平台优势集聚生态资源

通过实施"研究院+公司+园区"模式，鹤壁市兼具集聚要素资源、推动试点经济、赋能企业创新、营造产业生态的先发优势。在县区级率先成立政府主导型新型研发机构——鹤壁产业技术研究院，作为新兴产业培育平台，设有产业发展基金，为项目团队、创新主体提供产业扶持资金；聘请以国家和省级产业技术为主的专家，组建专家人才库，持续提供专家评审、产业咨询、项目评估等专业服务；与河南省科学技术厅《创新科技》杂志社建立了战略合作关系，为企业提供创新方法培训、申报高新技术企业辅导、省市新型研发机构备案等服务。钜能公司作为投资平台，通过引入社会资本，扩大金融合作，培育发展新动能，形成"国有资本+民营资本+上级资金"的产业投资模式，承接、引进和培育重点项目及企业。鹤壁科技创新城百佳智造产业园从一个濒临倒闭的物流园区转变为"百·千·万·亿·兆"五大高端智造平台的先行示范点，园区一体规划、分步实施，高品质定位、高起点规划、高标准建设，为园区内企业提供资源共享平台，克服外部负效应，实现区域经济发展，带动关联产业升级，有效推动高质量产业集群形成。

### （二）以先进模式创新运行体系

鹤壁产业技术研究院内部管理实行"2113"运行体系。"2113"即"两会"（理事会、专家委员会）、"一院"（产研院）、"一公司"（钜能产研院公司）、"三产业"（数字经济、人工智能、现代服务业）。具体运行机制为研究院理事会决策机制、专家委员会咨询机制、产业研究院执行机制、研究院公司运营机制。围绕市、区政府签订合作协议的高新技术产业项目，由鹤壁产业技术研究院理事会牵头，组建专家委员会和研究院，鹤壁产业技术研究院负责承接省、市产业项目，提交专家委员会评审论证、研究院理事会研究决定后，由百盈、钜能产研院公司按市场规律开展股权投资等。

### （三）以专业评审保障投资高效

鹤壁产业技术研究院组建由高校、科研院所、政府等多部门不同领域的高层次人才组成的专家委员会，加强委员会管理，确保决策科学、运行高效。发挥专家库的作用，组建由首席专家、合作专家、储备专家组成的多层次专家队伍，涉及集成电路、投资金融、人工智能、产业政策等多个领域。围绕市、区政府签约的高新技术产业项目，鹤壁产业技术研究院先后组织专家评审会、专家咨询会等专业性咨询会，对高品质芯片领域技术研究院、中国交通信息科技集团有限公司、北京分音塔、深圳市中贸源丰芯片测试封装、河南凯陆电子等项目开展专家评审，为项目落地提供了专业意见。

### （四）以头部企业引领产业拓展

鹤壁科创城产业园区已孵化培育河南辰芯科技芯片封测、海思威视5G智慧终端智能制造产业园、高品质电子芯片领域技术研究院和半导体器件专用设备制造等高新技术产业项目，重点洽谈延链强链项目，加速打造集成电路全产业链。通过设立百佳智造产业园专业招商组，开展招商引资集中攻坚行动，鹤壁产业技术研究院重点依托百佳智造产业园，以辰芯科技、中芯万为等头部企业为依托，围绕芯片封测、SMT贴片、智能传感器、智能终端等产业链上下游企业开展招商；开展千慧智造产业园、钜北双创园、应急智能制造产业园、中介服务开发区招商工作，不断提升鹤壁市产业发展水平。

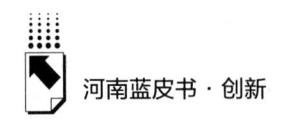

## 三 创新平台持续推动汽车产业转型升级模式

创新平台的搭建可以整合产业链条上所需的各种资源，打通产业链条上的堵点、痛点、难点，为产业发展提供成本最低、服务最优、成效最好的一体化服务解决方案，从而推进产业转型发展。鹤壁市严格贯彻落实省委"十大战略"，立足汽车电子电器产业，搭建产业发展平台，持续推动产业集聚，汽车电子电器产业实现跨越式发展，汽车零部件产业主导地位不断强化，产业集聚效应明显，逐步形成鹤壁市汽车产业转型升级模式。

### （一）搭建技术研发平台，提升技术实力

鹤壁市依托天海省级产业研究院、上汽·天海汽车电子电器新材料新技术联合实验室，与大连理工、吉林大学、嵩山实验室、中电科二十二所等高校、科研院所形成合力，上游联合仕佳、正华、合聚、海昌等企业实施跨界融合，与下游上汽、吉利、北汽、奇瑞、宁德时代等主机厂开展深度合作，针对"高压换电技术""整车动态电性能仿真测试""车身及关键总成轻量化""FPC新型线束技术应用""小线径铝导线技术应用""智能电器盒""激光焊接双层端子"等课题进行专项研究，牵头起草国家（行业）标准，持续提升汽车电子产业的技术实力。

### （二）搭建工业互联网平台，提升产业效率

鹤壁市搭建天海集团汽车线束行业"5G+工业互联网"平台，配置生产管理、设备管理、供应链协同等54个工业应用，为汽车线束行业提供设备管理、高级排产、物料配送、供应链管理等服务，增强汽车线束企业的设备管理能力，加强生产过程管控，建立行业内有效的供应链，降低企业生产成本、提升产品性能与质量。

## （三）建设共享检测中心，降低检验成本

通过建设鹤壁电子电器检测中心，对全市企业开放汽车电子、通信电子等电子电器产品的环境试验、可靠性试验、功能性能检测，打造面向全市、服务周边的公共服务检测平台、检测人才集聚及培养平台、检测技术交流与合作平台。

# 四 创新平台促进创新链产业链融合的卫星产业发展模式

创新链与产业链的深度融合可使各链条相互配合并高效协同，有利于促进科技创新、实体经济、现代金融、人力资源协同发展，构筑起自主可控、安全可靠、竞争力强的现代化产业体系，加快推动经济高质量发展。近年来，鹤壁市抓住卫星产业发展重大机遇，以航天宏图等重点企业为龙头，加快建设"一星座两中心两基地"，推动构建"研发—转化—制造—运营—应用"卫星产业生态体系，形成了卫星产业从无到有、从小到大、集聚发展的良好态势，形成了特色鲜明的鹤壁市卫星产业发展模式。

## （一）抢占产业风口，优化发展格局

鹤壁市把大力培育发展以卫星互联产业为代表的战略性新兴产业作为抢占先机、制胜未来的突破口，及时组建推进卫星产业工作专班，研究制定《测绘地理信息和卫星遥感产业发展的实施意见》《卫星及应用产业发展行动计划》等政策文件，配套制定了加快创新体系建设、强化基础设施建设、构建特色应用场景等方面的18条措施，着力打造集卫星生产研发、卫星产业服务和遥感应用于一体的产业集群。目前，鹤壁市卫星产业已纳入《河南省卫星产业发展规划》《河南省卫星及应用产业发展行动计划（2022—2025）》，成为全省"2+N"卫星产业发展格局中的两大全链条卫星产业集群之一，实现卫星产业由"一区之产业"到"一市乃至一省之战略"的转变。

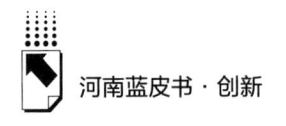

## （二）坚持项目为王，促进产业集群化发展

鹤壁市加快推进"一星座、两中心、两基地、一集群"（全球最大的中低轨融合星座、卫星地面运营中心、服务与推广中心、卫星生产研发基地、航天科创基地、500亿级卫星互联产业集群）建设，依托河南航天宏图信息技术有限公司（以下简称"航天宏图"）、河南天章卫星科技有限公司等重点企业，加大上游卫星设计和研制、中游卫星运营和数据处理、下游卫星应用和业务服务等领域布局力度，加快推进一批卫星研发、制造、运营、应用等重大项目落地，卫星互联产业集群雏形初现，实现了卫星产业由"关键一环"到"全链发展"的转变。

## （三）加强星座建设，提升核心竞争能力

鹤壁市瞄准国家重大战略需求，围绕卫星互联网新业态，推动建设由111颗卫星组网的"女娲星座"，构建全球自主可控实时遥感混合星座。2023年3月30日发射的"中原1号""鹤壁1号"等4颗卫星目前可正式提供遥感服务，日测图面积超过50万平方公里，可实现低轨遥感卫星星上信息实时处理、星间信息传输、协同控制系统研发和空间验证，融合通信、导航、遥感三项功能，形成"通导遥"空天地一体化卫星互联网，实现了卫星应用由"单一遥感"到"通导遥"一体化、航天宏图由"单一卫星数据应用商"到"集卫星研发制造运营应用于一体的综合商"的突破性转变。

## （四）深化场景应用，引领模式理念创新

鹤壁市持续推动卫星产业与城市公共服务深度融合，政企联手创新研发多场景共享模式，加大资金投入力度，建成全国首个"1+1+N"自然灾害综合监测预警指挥系统，即1个时空大数据支撑平台、1个综合应急指挥系统、N个领域信息共享，带动遥感技术在应急管理、防汛、生态环境、自然资源等多个领域的创新应用，有效避免系统的重复建设和资金浪费。同时，

鹤壁市建立了"常态化和非常态"结合的联动机制，推动实现从"灾害被动防御"到"险情主动发现"的转变，逐渐形成企业投资建设、政府购买服务、资源集成共享、投资集约节约、平台永久使用、提升能力水平的"产业模式"，为智慧城市建设打下基础。目前该模式正在山东、陕西两省进行推广，实现了应用场景由"单一产品"到"集成共享"、"先试先行"到"示范带动"的转变。

### （五）聚力平台建设，营造一流创新生态

鹤壁市坚持把科技创新作为产业发展壮大的核心动力。一方面，强化企业创新主体地位。鹤壁市支持航天宏图注册成立河南航天宏图卫星产业研究院有限公司，申建省级卫星产业研究院、省工程技术中心等，获批建设高分辨率对地观测系统河南数据与应用中心鹤壁分中心。航天宏图与国内应急管理领域顶尖院士团队——岳清瑞院士科研团队签订战略合作协议，就共建河南省城市应急管理卫星应用院士工作站达成合作意向。另一方面，开展院地常态化合作。鹤壁市与中国测绘学会、河南省测绘学会、河南测绘职业学院、黄河水利职业技术学院测绘工程学院、河南城建学院测绘与城市空间信息学院等行业协会和院校签订合作协议，重点在产业发展等方面开展合作。此外，鹤壁市同步加强地理信息领域人才培养，与河南所有涉及测绘专业的高校全部共建实训基地，航天宏图与鹤壁职业技术学院合作开设无人机专业，实现了卫星产业创新工作由"全面起势"到"加快成势"的跨越性转变。

**参考文献**

崔滨：《长春市科技创新平台评价研究》，硕士学位论文，吉林大学，2007。

习近平：《加快建设科技强国，实现高水平科技自立自强》，《求是》2022年第9期。

楼阳生：《传承弘扬伟大建党精神在建设现代化新征程上阔步前进》，共产党员网，

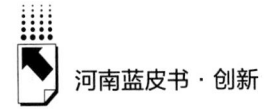

2021年8月12日，https：//www.12371.cn/2021/08/12/ARTI1628761960549781.shtml。

《"推进中国式现代化建设河南实践"系列主题鹤壁专场新闻发布会》，河南省人民政府网站，2024年9月27日，https：//www.henan.gov.cn/2024/09-27/3067954html。

《"中原一号""鹤壁一号、二号、三号"雷达遥感卫星发射成功》，人民网，2023年3月31日，http：//henan.people.com.cn/n2/2023/0331/c378397-40359008.html。

# Abstract

2024 is a crucial year for implementing the spirit of the 20th National Congress of the Communist Party of China, a tough year for promoting the comprehensive implementation of the goals and tasks of the 14th Five Year Plan, and a breakthrough year for the transformation of Henan's "Ten Major Strategies" into momentum. In the past year, the province has thoroughly implemented the decisions and deployments of the Party Central Committee and the State Council on cultivating and developing new quality productive forces, adhered to placing innovation at the logical starting point of development and the core position of modernization construction, led the development of new quality productive forces with scientific and technological innovation, grasped innovation carriers, high-end platforms, innovation subjects, talent attraction, and supporting reforms. The province's innovation capability has been significantly improved, and innovation development continues to maintain a strong momentum of progress.

*Annual Report on Innovation Development of Henan (2025)* was compiled under the supervision of the Henan Academy of Social Sciences. The book systematically analyzes the main trends of innovation and development in Henan in 2024 and the prospects for innovation and development in Henan in 2025. It comprehensively and multi dimensionally studies and explores the measures and achievements of Henan in cultivating and developing new quality productive forces through scientific and technological innovation, and puts forward countermeasures and suggestions for Henan to explore new situations of innovation and development under the new situation. The whole book uses various research methods such as data analysis and comparative research, striving for detailed content and accurate analysis. At the same time, well-known experts and scholars from relevant research institutes, universities, and government departments are invited to participate in the research, deeply integrating the spirit of General Secretary Xi Jinping's important speeches and instructions, in order to provide high-quality decision-making reference for the provincial party committee, government, and various industries. The whole book is divided into five parts: main report, sub report, reform section, special topic section, and practice section.

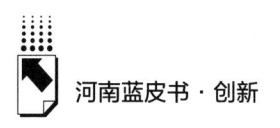

The overall report of this book is an annual analysis report on the innovative development of Henan Province, written by the research group of Henan Academy of Social Sciences, representing the basic views of this book on the analysis and prospects of the innovative development situation in Henan Province from 2024 to 2025. The report believes that in 2024, Henan will firmly follow the path of innovation driven high-quality development, lead the development of new quality productivity with scientific and technological innovation, deploy the entire chain, layout in all fields, and promote overall development. The province's scientific and technological innovation will show an upward and positive development trend. In 2025, facing a new round of scientific and technological revolution and the in-depth development of industrial reform, Henan's scientific and technological innovation is at a critical stage from accumulating momentum to achieving a leap. We must continue to focus on scientific and technological innovation, deepen the reform of scientific and technological systems and mechanisms, comprehensively enhance scientific and technological strength and innovation capabilities, strive to build a national innovation highland and an important talent center, and provide fundamental support for the promotion of Chinese path to modernization in Henan.

The sub report of this book mainly establishes a relevant indicator system and quantitative model, and uses a combination of quantitative analysis and qualitative analysis research methods to conduct in-depth comparative analysis and research on the regional scientific and technological innovation capacity of Henan Province in 2024 and the main scientific and technological innovation indicators of the six central provinces. It also summarizes, sorts out, and studies the main achievements and development prospects of Henan's scientific and technological innovation in the 14th Five Year Plan period.

# Abstract

The reform section of this book mainly focuses on the development of Henan's new quality productivity, the construction of scientific and technological innovation platforms, the integration of education, technology, and talent reform, the transformation of scientific and technological achievements to support the development of new quality productivity, the layout of major scientific and technological infrastructure, and the strengthening of enterprise led deep integration of industry, academia, and research. Through literature research, comparative analysis, and other methods, development ideas and countermeasures are proposed around the hotspots and difficulties of the reform.

The special section of this book conducts research on strengthening the dominant position of Henan enterprises in scientific and technological innovation, the innovative development of provincial state-owned enterprises, R&D investment in Henan, the development of private high-tech enterprises in Henan, and the innovative development of talent recruitment and intelligence introduction in Henan. Using data analysis, survey research and other methods, it proposes innovative ideas and corresponding measures to promote the province's scientific and technological innovation to a new level from multiple perspectives.

The practical section of this book mainly focuses on the construction of Zhongyuan Agricultural Valley, the operation of Zhongyuan Food Laboratory, the funding guarantee mechanism for the construction and operation of Henan Science and Technology Museum, and the model of Hebi City's innovation platform to support industrial development. Through case analysis and field research, practical and feasible strategic measures are proposed for the development of different fields, industries, and innovation platforms.

**Keywords**: Technological Innovation; New Quality Productivity; Henan Province

# Contents

## I General Report

**B**.1 Leading the Development of new Quality Productivity with Technological Innovation

—*Analysis and Prospect of Innovative Development Situation in Henan Province from 2024 to 2025*

*Research Team of Henan Academy of Social Sciences* / 001

**Abstract**: In 2024, Henan Province will firmly follow the path of innovation driven high-quality development, lead the development of new quality productivity with technological innovation, deploy the entire chain, layout in all fields, and promote overall development. The province's scientific and technological innovation will show an upward and positive development trend. In 2025, facing the in-depth development of scientific and technological revolution and industrial transformation under the new development pattern, we must continue to focus on scientific and technological innovation, accelerate the cultivation and development of new quality productivity, comprehensively enhance Henan's scientific and technological strength and innovation ability, strive to build a national innovation highland and an important talent center, and provide fundamental support for the promotion of Chinese path to modernization in Henan.

**Keywords**: Science and Technology Innovation; New Quality; National Innovation Highland; Henan Province

# Contents

## II  Sub-Report

**B.2**  Evaluation Report on Regional Science and Technology Innovation Capability in Henan Province

*Research Group of Henan Academy of Social Sciences / 020*

**Abstract:** In 2024, the Third Plenary Session of the 20th CPC Central Committee and the Seventh Plenary Session of the 11th CPC Henan Provincial Committee will be held successfully. Henan Province will implement the central decision and deployment, adhere to the new development concept to lead the reform, and solidly promote the Chinese path to modernization practice in Henan. In this context, this article draws on existing achievements in evaluating regional scientific and technological innovation capabilities, follows the principles of scientificity, systematicity, and objectivity, and constructs a regional scientific and technological innovation capability evaluation index system in Henan Province consisting of 5 primary indicators and 27 secondary indicators. Combined with relevant data, the scientific and technological innovation capabilities of 17 provincial cities and Jiyuan demonstration zones in the province are evaluated. The results indicate that the comprehensive scores of scientific and technological innovation capabilities in Zhengzhou, Luoyang, Xinxiang, Jiaozuo, Nanyang, and Luohe are relatively leading. In the process of cultivating and developing new quality productive forces through technological innovation, Henan Province should adhere to the "dual wheel drive" of technological innovation and institutional mechanism innovation, promote the deep integration of industrial chain and innovation chain, accelerate the allocation of innovative resource elements, and build a high-quality regional innovation system as the starting point, fully stimulate the efficiency of the innovation system, and comprehensively enhance the regional scientific and technological innovation capability of Henan Province.

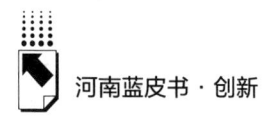

**Keywords:** Technological Innovation Capability; High-quality Regional Innovation System; Henan Province

**B.3** Achievements and Prospects of Science and Technology Innovation Development in Henan Province During the 14th Five-Year Plan and Prospects for the 15th Five-Year Plan　　*Research Team of Henan Academy of Social Sciences* / 036

**Abstract:** During the 14th Five Year Plan period, Henan Province adhered to placing innovation at the logical starting point of development and the core position of modernization construction, focusing on promoting the reshaping and reconstruction of the innovation system, accelerating the improvement of innovation platforms, continuously optimizing the innovation environment, unleashing innovation vitality, and achieving excellent results in scientific and technological innovation. This continuously demonstrates the Henan Provincial Party Committee and Government's firm determination to take the "Huashan Road" of innovation driven high-quality development and accelerate the construction of the national innovation highland. During the "Tenth Five Year Plan" period, Henan needs to further grasp the new round of global scientific and technological revolution and new opportunities for industrial reform. It insists that innovation is the first driving force, takes scientific and technological innovation as the lead, on the one hand, comprehensively deepen reform and opening up, on the other hand, cultivate and grow new quality productivity, constantly open up new fields and new tracks for development, shape new advantages and new driving forces for development, constantly enhance the core advantages, overlapping advantages and competitive advantages of Chinese path to modernization's practice of Chinese style modernization, and blaze a new path of high-quality development in line with Henan's reality.

**Keywords:** National Innovation Hub; New Quality Productive Forces; Henan Province

**B.4** Comparative Analysis and Research on Major Scientific and Technological Innovation Indicators in Six Central Provinces  *Research Team of Henan Academy of Social Sciences* / 054

**Abstract**: Technological innovation is the core element that leads the construction of a modern industrial system and promotes the development of new quality productivity, and is an important strategic support for the rise of the central region. This article compares and analyzes the main indicators of scientific and technological innovation in the six central provinces in recent years, including innovation investment, innovation output, achievement transformation, cultivation of technology-based enterprises, construction of innovation platforms, and attraction of scientific and technological talents. It comprehensively and systematically analyzes and displays the achievements of scientific and technological innovation in the six central provinces, as well as the continuous investment and policy guidance in the field of innovation in each province. Henan should learn from its experience and model, pay attention to the construction of high-level platforms, the needs of industrial development, the innovation of mechanisms and systems, the transformation of scientific and technological achievements, the development and growth of innovative enterprises, and the attraction and retention of high-level talents.

**Keywords**: Central Six Provinces; Technological Innovation; Henan Province

## III Reform Chapter

**B.5** Research on the Focus of Establishing a New Quality Productivity Development System and Mechanism in Henan Province  *Wang Nan* / 072

**Abstract**: Developing new quality productive forces is an inherent requirement and important focus for promoting high-quality development. How to construct a new quality productive force development system and mechanism that is in line with the actual development of Henan in accordance with General Secretary Xi Jinping's instructions of "firmly grasping the primary task of high-quality development and developing new quality productive forces according to local conditions" is a major issue. Currently, Henan's technological innovation strength is rapidly growing, and cutting-edge technologies are constantly making breakthroughs. On the other hand, it is currently a critical period of transition between new and old driving forces, with intensified technological competition among provinces. Whether Henan can seize a favorable position in technological competition and accelerate the formation of new quality productive forces, there are still many issues that need to be addressed. Therefore, Henan must accelerate the construction of a new quality productivity system and mechanism, cultivate new driving forces and advantages, and achieve the transformation of old and new driving forces in order to promote high-quality development in Henan. This is a key measure to accelerate the modernization construction of Henan, and it is also the key to victory.

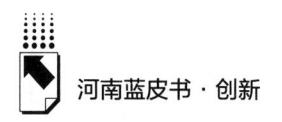

**Keywords**: New Quality Productivity; Technological Innovation; Henan Province

**B.6** Research on Countermeasures for Accelerating the Construction of High Quality Development of Science and Technology Innovation Platforms in Henan Province

*Research Team of Henan Academy of Social Sciences / 086*

**Abstract**: The technology innovation platform is an important component of the technology innovation system, playing a key role in gathering innovation resources, capital, talents, incubating innovative enterprises, and promoting the transformation of scientific and technological achievements. In recent years, Henan has achieved significant results in the construction of science and technology innovation platforms by continuously increasing investment and promoting open cooperation. However, there are still problems such as uncoordinated main structure, uneven spatial layout, uncoordinated demand and supply, and unsmooth achievement transformation. Embarking on a new journey, facing new situations, tasks, and requirements, Henan should focus on major strategic needs, key technologies, advantageous leading industries, and scientific and technological innovation services, comprehensively accelerate the construction of high-quality scientific and technological innovation platforms, continue to work hard and achieve long-term results, and help the construction of the national innovation highland achieve new breakthroughs.

**Keywords:** Technology Innovation Platform; High Quality Development; Henan Province

**B.7** Research on the Integrated Reform of Education Technology Talent System and Mechanism in Henan Province

*Wang Yuanliang / 106*

**Abstract:** The integrated reform of the education technology talent system and mechanism is an inevitable requirement for the in-depth implementation of the strategies of rejuvenating the country through science and education, strengthening the country through talent, and innovation driven development. At present, Henan has achieved remarkable results in promoting the integrated reform of the education technology talent system and mechanism. The leading role of science and technology in education and talent is increasingly prominent, and the supporting role of education in science and technology and talent is continuously improving. The promoting role of talent in education and technology is constantly increasing. Faced with the practical difficulties of promoting the integrated reform of education technology talent, we need to deepen the reform of higher education and vocational education, accelerate the construction of a high-quality education and high-end talent introduction and evaluation system; Propose countermeasures and suggestions for promoting the reform of educational technology talents through integration and ensuring the achievement of the goals of integrated reform.

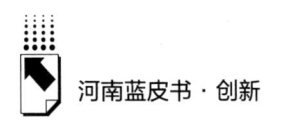

**Keywords**: Education; Technology; Talents; Integrated Reform; Henan Province

**B.8** Research on Countermeasures for Henan Province to Promote New Quality Productive Forces through the Transformation of Scientific and Technological Achievements　　　　　　　　　　*Cui Lan* / 115

**Abstract**: Improving the efficiency of the transformation of scientific and technological achievements is the key link to cultivating and developing new quality productive forces, which can provide an effective path to promote the deep integration of scientific and technological innovation and industrial innovation. In recent years, under the strong promotion of the strategy of innovation-driven, revitalizing the province through science and education and strengthening the province with talents, the construction of the policy system, platform carrier and talent ecology of scientific and technological achievements in Henan Province has been good, and the overall work has achieved remarkable results. At the same time, we should also be aware that deep-seated problems still exist, such as supply mismatch, coordination imbalance, the need to improve systems and mechanisms, and the integration of factors of production, which hinder the vitality and efficiency of the transformation of scientific and technological achievements. In the future, Henan will help the development of new quality productive forces with the transformation of scientific and technological achievements, and need to make continuous efforts from strengthening the support of platform carrier, optimizing policy creation, enhancing effective supply, and improving the factor input mechanism, so as to provide an important engine for the construction of modern Henan.

**Keywords:** Transformation of Scientific and Technological Achievements; New Quality Productive Forces; Henan Province

**B.9** Suggestions on Accelerating the Layout and Construction of Major Scientific and Technological Infrastructure in Henan Province　　　　　　　　　　　*Hu Meilin* / 129

**Abstract:** Major technological infrastructure is an important component of the national innovation system, with abundant output of scientific and technological achievements, significant technology spillover and talent agglomeration effects, and is the core element and important support of the national innovation highland. The construction of major scientific and technological infrastructure in our province started late, with a small number and scale, which is a prominent shortcoming in the province's innovative development. In this regard, this article proposes to seize the opportunity of reshaping the layout of national strategic scientific and technological forces, anchor the strategic goal of building a "national innovation highland and important talent center", strengthen top-level design, forward-looking planning, and planning guidance, identify key points, breakthrough points, and support points for the layout and construction of major scientific and technological infrastructure, and follow the principle of "building a batch, pre researching a batch, and reserving a batch" to concentrate on creating a batch of distinctive, efficient, and strongly supported major scientific and technological infrastructure, seize the leading edge of scientific and technological innovation and the high ground of future industrial development, and provide strong support for the construction of national innovation highland and important talent center.

**Keywords:** Major Science and Technology Infrastructure; Innovation Driven; Henan Province

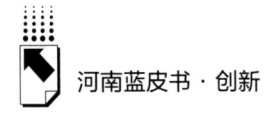

**B.10** Study on Countermeasures of Strengthening Enterprise-led Deep Integration of Industry-University-Research in Henan Province　　　　　　　　　　*Yuan Jinxing* / 142

**Abstract:** The deep integration of industry, academia, and research led by enterprises is an effective way to activate scientific and technological innovation resources, improve the efficiency of innovation systems, enhance the continuity and competitiveness of industrial development, and is also the core content and important form of innovation driven development. In recent years, Henan Province has continuously strengthened the main role of enterprises in innovation decision-making, R&D investment, scientific research organization, and achievement transformation. It has strengthened policy creation, created a "flying geese formation" of enterprises, consolidated support systems, built high-level platforms, and promoted achievement transformation. It has solidly promoted the deep integration of industry, academia, and research, with outstanding achievements and significant results. However, there are still shortcomings and weaknesses in Henan, such as insufficient innovation capability, insufficient depth of industry university research integration, and weak integration ability of leading enterprises in innovative elements. It is necessary to further learn from the experience of advanced provinces and cities, focus on creating an innovative ecosystem, improving the scientific and technological governance system, implementing major scientific and technological projects, and driving application scenarios. Multiple measures should be taken to continuously promote the deep integration of industry university research led by enterprises, and help modern Henan construction achieve new breakthroughs and new glories.

**Keywords:** Industry University Research Cooperation; Corporate Entity Status; Henan Province

# Ⅳ  Special Topic

**B.11** Study on Strengthening the Main Position of Enterprise Scientific and Technological Innovation in Henan Province    *Feng Fanxu* / 154

**Abstract**: It is becoming an important force to promote scientific and technological innovation in our country. At the same time, although a series of measures have been introduced and obvious results have been achieved in strengthening the dominant position of enterprise innovation in Henan Province, there are still problems such as insufficient enterprise innovation ability, insufficient connection of innovation elements, lack of high-level achievements and outputs, and insufficient basic research layout. In the future, Henan should take multiple measures to consolidate the main position of enterprise R&D investment, scientific and technological decision-making, achievement transformation, talent gathering, fully strengthen the main position of enterprise scientific and technological innovation, stimulate the internal impetus of scientific and technological innovation, and let scientific and technological innovation inject strong momentum into the development of new quality productivity.

**Keywords**: Enterprise; Innovation Main Body; Henan Province

**B.12** The Practice, Effectiveness, and Countermeasures of Henan Province's Management of Innovative Development of State Owned Enterprises    *Du Heming* / 166

**Abstract**: In recent years, Henan Province has implemented the "Innovation Leading Action" for state-owned enterprises, strengthened the dominant position of enterprises in scientific and technological innovation, gradually improved the innovation mechanism of enterprises, further released innovation momentum, implemented the construction of innovation talent highland, further optimized the innovation ecology, strengthened scientific and technological research and innovation capabilities, laid out new tracks, and further improved the modern industrial system. At the same time, the new round of technological revolution and industrial transformation has brought new opportunities and challenges for the management of state-owned enterprises in Henan Province. Therefore, the following countermeasures have been proposed: to expand and strengthen leading enterprises, gather enterprises into chains, and gather chains into momentum; Consolidate the dominant position of state-owned enterprises in scientific and technological innovation, and promote the deep integration of innovation chains and industrial chains; Focus on enhancing core functions and strengthening core competitiveness; Focus on deepening institutional and mechanism reforms, accelerate the formation of production relations that are more compatible with the development of new quality productive forces.

**Keywords:** State-owned Enterprises; Innovation-driven Deve-lopment; High Quality Development of Enterprises

**B.13** Research on the Shortcomings and Countermeasures of R&D Investment in Henan from a Comparative Perspective *Song Zhengyu / 177*

**Abstract:** In 2022, Henan's R&D expenditure reached 114.326 billion yuan, maintaining double-digit growth for seven consecutive years, and the province's R&D investment intensity reached 1.96%, continuing the good trend of continuous improvement. However, compared with the national average, Henan's R&D expenditure has a rapid growth rate and low intensity, and the proportion of basic and applied research investment is relatively low. Compared with the six central provinces, Henan's overall R&D investment is large and has increased significantly, and it is one of the four provinces with R&D expenditure exceeding 100 billion yuan. At the same time, there are still problems such as the decline in the proportion of government R&D investment, the lack of scientific and educational resources, the weak R&D capacity, and the lack of investment in basic research.

**Keywords:** R&D Investment; Innovative Finance; Henan Province

**B.14** The Main Factors Restricting the Development of Private High-tech Enterprises in Henan Province and the Breakthrough Path   *Zhang Zhuping, Qian Peng* / 193

**Abstract:** Promoting the development of private high-tech enterprises is an important foundation for achieving high-quality development in Henan and a solid support for building a modern Henan. Although the development of private high-tech enterprises in Henan has certain market and location advantages, there are still some constraints in policy support, reward and subsidy implementation, talent attraction, professional title evaluation, and innovation capabilities. In response to the existing problems, this report proposes countermeasures and suggestions to promote the development of private high-tech enterprises in Henan Province, including effectively implementing the reward and subsidy policy, improving the policy support system, focusing on strengthening talent attraction and education, optimizing the professional title evaluation system, and accelerating the improvement of innovation capabilities.

**Keywords:** Private Economy; High-tech Enterprise; Henan Province

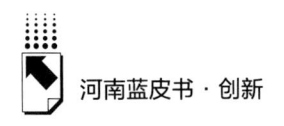

B.15 The Effectiveness and Suggestions of Henan's Talent Recruitment, Intelligence Introduction, and Innovative Development  *Zhao Jingjing* / 203

**Abstract**: The China Henan Talent Recruitment and Innovation Development Conference is not only a solid platform for Henan to attract talents, but also provides a broad stage for talents to display their talents. The text further elaborates on the significance of holding the Talent Recruitment and Intelligence Innovation and Development Conference in Henan Province, summarizes the main achievements of the 6th Henan Province Talent Recruitment and Intelligence Innovation and Development Conference, and proposes a focus on development strategy based on the new situation of innovation and development in the province, forming a positive interaction between talent introduction and high-quality development; Continuously increasing policy support to fully stimulate the vitality of talent development; Continuously optimizing the talent development mechanism and building a first-class talent ecological environment; Combining "dual recruitment and dual introduction" to increase efforts in attracting urgently needed and scarce talents; Innovative talent introduction models, creating overseas talent introduction workstations and "talent enclaves", and other measures to further improve the recruitment and intelligence work in Henan Province.

**Keywords**: Attracting Talent and Intelligence; "Talent Enclaves"; Henan Province

# V  Practice Section

B.16  Thoughts and Suggestions on Speeding up the Construction of Central Plain's Agricultural Valley  *Gao Zemin* / 213

**Abstract**: In 2022, the Henan Provincial Party Committee and Government will deeply implement the important instructions of General Secretary

Xi Jinping's inspection of Henan, plan to build the Central Plains agricultural valley with a forward-looking vision of 30 years, and strive to create a national and international agricultural innovation highland with seed industry as the core. Since its construction more than two years ago, Zhongyuan Agricultural Valley has shown a good development trend around the development goals of "laying the foundation in one year, achieving results in three years, becoming a highland in five years, and entering the global first-class in ten years". However, it should also be noted that there are still some problems and challenges in the current construction of agricultural valleys in the Central Plains. It requires the joint efforts of the government, enterprises, research institutions, and all sectors of society to coordinate and continuously promote it in all aspects, fields, and processes, gather the "valley" into momentum, and make the Central Plains agricultural valley an international first-class "agricultural Silicon Valley" with "innovative elements gathering, distinctive innovative characteristics, and innovative vitality bursting".

**Keywords:** Zhongyuan Agricultural Valley; Agricultural Innovate; Henan Province

**B.17** Practice and Countermeasure Research on the Construction of Zhongyuan Food Laboratory  *Yao Chen* / 226

**Abstract:** General Secretary Xi Jinping pointed out that "pursuing innovation is pursuing development, and seeking innovation is seeking the future." In recent years, focusing on building a national innovation highland, Henan has unswervingly followed the "Huashan Road" of innovation-driven high-quality development, and constantly promoted the support point of steady growth, the breakthrough point of structural adjustment, and the growth point of new drivers with the power of innovation. As the "No. 1 Innovation project" of Luohe Municipal Party Committee and Municipal government, Zhongyuan Food Laboratory has been inaugurated for more than two years, introducing 12 academicians, breaking through 16 key technologies, releasing 36 innovative results, promoting 257 projects of industry-university-institute cooperation, and gathering nearly 120,000 talents in the food industry, playing an important role in the development of the province's food industry. The innovation practice of Zhongyuan Food Laboratory is the concentrated epitome of Henan Province's integrated and reorganized laboratory system, reflecting the development trajectory of a large province that "longs for innovation, calls for innovation, respects innovation, and relies on innovation".

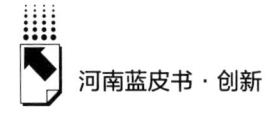

**Keywords**: Zhongyuan Food Laboratory; Food Industry; Innovation Driven

**B.18** Research on the Highlights, Shortcomings, and Countermeasures of Henan Province Association for Science and Technology's Service in Promoting Innovation and Development  *Liu Jianjun* / 236

**Abstract**: The science and technology association organization is tasked with providing ideological guidance to scientific and technological workers, promoting the development of the society, organizing science popularization, assisting in the recruitment and cultivation of high-level talents, and establishing a scientific and technological think tank. In recent years, the Henan Provincial Association for Science and Technology has proactively taken on its role, diversifying its approaches and actively aligning with national strategic scientific and technological forces. It has recruited and nurtured innovative scientific and technological talents, served regional industrial development, and strengthened science popularization fronts. This has effectively positioned it as a key driving force for scientific and technological innovation and a significant social force in science popularization.

**Keywords**: Technology Associations; Scientific and Technological Innovation; Large-scale Popular Science Pattern

## Contents

**B.19** Research on Strengthening the Funding Guarantee Mechanism for the Construction and Operation of Henan Science and Technology Museum

*Liu Jiqiang, Liu Guojie / 248*

**Abstract:** The operating budget of a science museum is a crucial aspect of its construction and operation, directly impacting its daily operations, equipment maintenance, the conduct of science popularization activities, as well as the quality and efficiency of public services. Currently, the financial allocation revenue for the Henan Science and Technology Museum is relatively low, which is not commensurate with its scale. As the new museum effect diminishes, it is anticipated that the pressure on revenue and expenditure will intensify in the future. Therefore, it is suggested to introduce budget standards for the operation and expenditure of Henan science and technology museum, explore new models that integrate public welfare with marketization, establish a financial security system, and establish a robust performance evaluation system. This will enhance the efficiency of financial fund utilization, improve the service quality and efficiency of the museum, and guarantee its stable operation and sustained growth.

**Keywords:** Science and Technology Museum; Operating Expenses; Guarantee Mechanism

**B.20** Analysis of the Cultivation Practice Model of Innovation Platform in Hebi City

*Research Group of Henan Academy of Social Sciences / 266*

**Abstract:** To firmly promote the construction of innovation platform is an important measure to promote the construction of Chinese path to modernization. In recent years, the Hebi Municipal Party Committee and Government have deeply implemented the decisions and deployments of the Provincial Party Committee and

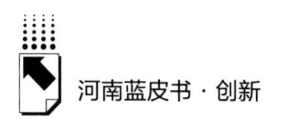

Provincial Government, placing innovation as the logical starting point of development. Through innovation platforms, they have gathered innovative resources, continuously promoted industrial transformation and upgrading, and facilitated the integration of innovation and industrial chains. They have basically formed industrial park development models, automobile industry transformation and upgrading models, and satellite industry development models. The innovation source is stronger, the vitality of the main body continues to burst, and the innovation effect of high-quality urban construction is significant.

**Keywords:** Innovation Platform; Yuhua Model; High Quality Development; Hebi City

**权威报告·连续出版·独家资源**

# 皮书数据库
## ANNUAL REPORT(YEARBOOK) DATABASE

### 分析解读当下中国发展变迁的高端智库平台

**所获荣誉**

- 2022年，入选技术赋能"新闻+"推荐案例
- 2020年，入选全国新闻出版深度融合发展创新案例
- 2019年，入选国家新闻出版署数字出版精品遴选推荐计划
- 2016年，入选"十三五"国家重点电子出版物出版规划骨干工程
- 2013年，荣获"中国出版政府奖·网络出版物奖"提名奖

皮书数据库　"社科数托邦"微信公众号

**成为用户**

登录网址www.pishu.com.cn访问皮书数据库网站或下载皮书数据库APP，通过手机号码验证或邮箱验证即可成为皮书数据库用户。

**用户福利**

- 已注册用户购书后可免费获赠100元皮书数据库充值卡。刮开充值卡涂层获取充值密码，登录并进入"会员中心"—"在线充值"—"充值卡充值"，充值成功即可购买和查看数据库内容。
- 用户福利最终解释权归社会科学文献出版社所有。

数据库服务热线：010-59367265
数据库服务QQ：2475522410
数据库服务邮箱：database@ssap.cn
图书销售热线：010-59367070/7068
图书服务QQ：1265056568
图书服务邮箱：duzhe@ssap.cn

社会科学文献出版社　皮书系列
卡号：634346451352
密码：

# 基本子库
# SUB DATABASE

## 中国社会发展数据库（下设 12 个专题子库）

紧扣人口、政治、外交、法律、教育、医疗卫生、资源环境等 12 个社会发展领域的前沿和热点，全面整合专业著作、智库报告、学术资讯、调研数据等类型资源，帮助用户追踪中国社会发展动态、研究社会发展战略与政策、了解社会热点问题、分析社会发展趋势。

## 中国经济发展数据库（下设 12 专题子库）

内容涵盖宏观经济、产业经济、工业经济、农业经济、财政金融、房地产经济、城市经济、商业贸易等 12 个重点经济领域，为把握经济运行态势、洞察经济发展规律、研判经济发展趋势、进行经济调控决策提供参考和依据。

## 中国行业发展数据库（下设 17 个专题子库）

以中国国民经济行业分类为依据，覆盖金融业、旅游业、交通运输业、能源矿产业、制造业等 100 多个行业，跟踪分析国民经济相关行业市场运行状况和政策导向，汇集行业发展前沿资讯，为投资、从业及各种经济决策提供理论支撑和实践指导。

## 中国区域发展数据库（下设 4 个专题子库）

对中国特定区域内的经济、社会、文化等领域现状与发展情况进行深度分析和预测，涉及省级行政区、城市群、城市、农村等不同维度，研究层级至县及县以下行政区，为学者研究地方经济社会宏观态势、经验模式、发展案例提供支撑，为地方政府决策提供参考。

## 中国文化传媒数据库（下设 18 个专题子库）

内容覆盖文化产业、新闻传播、电影娱乐、文学艺术、群众文化、图书情报等 18 个重点研究领域，聚焦文化传媒领域发展前沿、热点话题、行业实践，服务用户的教学科研、文化投资、企业规划等需要。

## 世界经济与国际关系数据库（下设 6 个专题子库）

整合世界经济、国际政治、世界文化与科技、全球性问题、国际组织与国际法、区域研究 6 大领域研究成果，对世界经济形势、国际形势进行连续性深度分析，对年度热点问题进行专题解读，为研判全球发展趋势提供事实和数据支持。

# 法律声明

"皮书系列"（含蓝皮书、绿皮书、黄皮书）之品牌由社会科学文献出版社最早使用并持续至今，现已被中国图书行业所熟知。"皮书系列"的相关商标已在国家商标管理部门商标局注册，包括但不限于LOGO（ ）、皮书、Pishu、经济蓝皮书、社会蓝皮书等。"皮书系列"图书的注册商标专用权及封面设计、版式设计的著作权均为社会科学文献出版社所有。未经社会科学文献出版社书面授权许可，任何使用与"皮书系列"图书注册商标、封面设计、版式设计相同或者近似的文字、图形或其组合的行为均系侵权行为。

经作者授权，本书的专有出版权及信息网络传播权等为社会科学文献出版社享有。未经社会科学文献出版社书面授权许可，任何就本书内容的复制、发行或以数字形式进行网络传播的行为均系侵权行为。

社会科学文献出版社将通过法律途径追究上述侵权行为的法律责任，维护自身合法权益。

欢迎社会各界人士对侵犯社会科学文献出版社上述权利的侵权行为进行举报。电话：010-59367121，电子邮箱：fawubu@ssap.cn。

社会科学文献出版社